山东省社会科学规划研究项目文丛·一般项目

"山东运河文化遗产保护、传承与利用研究（20CWYJ39）"研究成果

聊城市城校融合文旅项目"聊城市大运河国家文化公园样板工程规划与建设方案（R20WD2101）"阶段性成果

山东运河文化遗产保护、传承与利用研究

胡梦飞 著

中国社会科学出版社

图书在版编目（CIP）数据

山东运河文化遗产保护、传承与利用研究／胡梦飞著 .—北京：中国社会科学出版社，2021.5

（聊城大学运河学研究院研究丛书）

ISBN 978-7-5203-8278-6

Ⅰ.①山⋯　Ⅱ.①胡⋯　Ⅲ.①大运河—文化遗产—研究—山东　Ⅳ.①K928.42

中国版本图书馆 CIP 数据核字（2021）第 066859 号

出 版 人	赵剑英
责任编辑	安　芳
责任校对	张爱华
责任印制	李寡寡

出　　版	中国社会科学出版社
社　　址	北京鼓楼西大街甲 158 号
邮　　编	100720
网　　址	http://www.csspw.cn
发 行 部	010-84083685
门 市 部	010-84029450
经　　销	新华书店及其他书店
印　　刷	北京明恒达印务有限公司
装　　订	廊坊市广阳区广增装订厂
版　　次	2021 年 5 月第 1 版
印　　次	2021 年 5 月第 1 次印刷
开　　本	710×1000　1/16
印　　张	17.25
插　　页	2
字　　数	287 千字
定　　价	98.00 元

凡购买中国社会科学出版社图书，如有质量问题请与本社营销中心联系调换

电话：010-84083683

版权所有　侵权必究

自 序

中国大运河由京杭大运河、隋唐大运河、浙东运河三部分组成，是世界上建造时间最早、使用最久、空间跨度最大的人工运河。2014年6月22日，在卡塔尔多哈召开的第38届世界遗产大会宣布，中国大运河项目成功入选世界文化遗产名录，成为我国第46个世界遗产项目。大运河遗产点段涉及中国8个省、直辖市，27座城市，包括大运河河道遗产27段，河道总长度1011公里，以及运河水工遗存、运河附属遗存、运河相关遗产共计58处。2017年2月，习近平总书记在视察通州运河森林公园时指出："大运河是祖先留给我们的宝贵遗产，是流动的文化，要统筹保护好、传承好、利用好。"2019年初，中共中央办公厅、国务院办公厅联合印发《大运河文化保护传承利用规划纲要》，为运河文化遗产的保护、传承和利用提供了难得的历史机遇。

京杭大运河山东段南起苏、鲁两省交界处的大王庙闸，北至德州市德城区第三店，从北到南流经德州、聊城、泰安、济宁、枣庄5市18个县、市、区，全长643公里，历史上就是通行条件最困难，维修保护工程技术最复杂、最巧妙的著名河段。会通河水道和水源工程规划，以及水资源调度和管理，代表了中国大运河乃至整个农业社会卓越的水运技术成就。运河沿线的德州、临清、东昌、济宁、台儿庄，成为历史上交通转输和贸易的重镇，积淀了深厚的运河文化，留下了丰富的历史文化遗存。在大运河申遗名录中，大运河山东段有南运河德州段、会通河临清段（元运河、小运河）、会通河阳谷段、会通河南旺枢纽段、小汶河、会通河微山段、中河台儿庄段等8个河段，占全部27个河段的近三分之一，总长186公里；山东段运河共15处遗产点入选，占全部58处遗产点的四分之一。不仅运河沿线5市均有遗产点列入，而且遗产点涵盖了各类水工设施，充分体现了劳动人民的智慧和创造性，成为大运河整体申遗最有力的支撑点段之一。除此之外，山东境内还有大量的水利工程、名胜古迹、民间技艺、地方戏曲、音乐与舞蹈、武术杂技、饮食文化等，它们都属于运河沿岸地区重要的物质与非物质文化遗产。这些遗产大多因运河而产生，或伴随运河而成长，属区域社会重要的标志性建筑物或标识，有着丰富的运河文化内涵。对其开展相关研究，可为政府相关部门的决策提供参考和借鉴，对于增强山东文化旅游资源的吸引力、提高山东运河文化旅游的知名度、促进沿线地区经济社会发展亦具有重要意义。

本书以山东运河文化遗产为研究对象，在对其内涵、特点和价值进行论述和梳理的同时，剖析遗产保护所面临的困境及问题，并在此基础上，归纳和总结运河文化遗产保护和传承的具体路径，探寻其开发和利用的策略和方法，以期有助于提高社会各界对运河文化遗产的了解和认识，更好地实现对运河文化遗产利用的合理化、科学化和人性化，从而有助于提升山东运河城市形象和城市品位，增强山东文化旅游资源的吸引力，更好地服务于沿运地区经济、社会和文化的发展。限于本人的能力和水平，书中难免存在诸多问题和不足，还请方家和读者给予批评指正。

胡梦飞

2020 年 12 月

目 录

绪 论 …………………………………………………………（1）

第一章 山东段运河的历史与现状 ………………………（7）
  第一节 山东段运河的历史变迁 …………………………（7）
  第二节 山东段运河的发展现状 …………………………（27）

第二章 山东运河文化遗产的构成和价值 ………………（46）
  第一节 运河文化遗产的构成及分布 ……………………（46）
  第二节 沿线城市历史文化遗存 …………………………（60）
  第三节 运河物质文化遗产的内涵和价值 ………………（67）
  第四节 运河非物质文化遗产的内涵和价值 ……………（81）

第三章 山东运河文化遗产的现状及问题 ………………（91）
  第一节 运河文化遗产现状分析 …………………………（91）
  第二节 运河文化遗产保护面临的问题 …………………（101）

第四章 运河文化遗产保护和传承的举措 ………………（105）
  第一节 运河文化遗产保护的总体要求 …………………（105）
  第二节 运河文化遗产保护和传承的举措 ………………（111）
  第三节 政府保障措施 ……………………………………（117）

第五章 运河文化遗产资源的开发和利用 ………………（121）
  第一节 运河文化旅游发展现状 …………………………（121）
  第二节 运河文化遗产开发的基本原则 …………………（128）

· 1 ·

第三节　运河文化遗产开发和利用举措 …………………………（132）

第六章　运河文化遗产保护与开发的个案研究 ………………………（139）
　　第一节　德州运河文化遗产的保护与开发 ………………………（139）
　　第二节　聊城运河文化遗产的保护与开发 ………………………（147）
　　第三节　泰安运河文化遗产的保护与开发 ………………………（158）
　　第四节　济宁运河文化遗产的保护与开发 ………………………（167）
　　第五节　枣庄运河文化遗产的保护与开发 ………………………（177）

第七章　运河非遗保护和传承的个案研究 ……………………………（186）
　　第一节　民间文学的保护与传承：以武城四女寺传说为例 ……（186）
　　第二节　传统戏曲的保护与传承：以聊城八角鼓为例 …………（195）
　　第三节　传统美术的保护与传承：以聊城东昌
　　　　　　葫芦雕刻为例 ……………………………………………（209）
　　第四节　传统技艺的保护与传承：以临清贡砖烧制
　　　　　　技艺为例 ……………………………………………………（218）
　　第五节　传统音乐的保护与传承：以武城运河号子为例 ………（226）
　　第六节　传统舞蹈的保护与传承：以聊城伞棒舞为例 …………（238）

结　语 …………………………………………………………………（248）

参考文献 ………………………………………………………………（251）

后　记 …………………………………………………………………（267）

绪　　论

一　研究意义

（一）学术价值

2014年6月，中国大运河成功申遗，运河文化遗产的保护逐渐引起社会各界的重视。但是，有关运河遗产保护的理论研究却相对滞后，存在"重利用、轻保护"的倾向。相比运河沿岸其他省市，从宏观、整体上探讨山东运河文化遗产的研究成果相对较少，尚有进一步深化和拓展的空间。有鉴于此，本书以山东运河文化遗产为研究对象，从遗产构成、特点和价值以及保护、传承和利用等方面对其进行全面、系统的梳理和研究，以期推动相关研究更加走向深入。

（二）应用价值

2019年初，中共中央办公厅、国务院办公厅联合印发《大运河文化保护传承利用规划纲要》，这为运河文化遗产的保护、传承和利用提供了难得的历史机遇。发展和传承大运河文化，既是对民族优秀文化传统的继承和发扬，也是提升国家文化软实力，增强民族自尊心和凝聚力，实现经济和社会全面、协调、可持续发展的重要途径。具体到山东而言，对运河文化遗产开展相关研究，可为政府相关部门的决策提供参考和借鉴，对于增强山东文化旅游资源的吸引力、提高山东运河文化旅游的知名度、促进沿岸地区经济社会发展亦具有重要意义。

二　国内外研究现状

京杭大运河作为活态的、线性的文化遗产廊道，不仅在山东境内留下了异常丰富的物质文化遗产，也留下了内涵深厚、外延广泛的非物质文化遗产。归纳起来，学界有关山东运河文化遗产的研究成果主要集中于以下两个方面：

一是有关运河文化遗产本体的研究。此类成果可以分为两大类：一类是将特定区域的文化遗产视作一个整体，对其进行宏观性、整体性的考察。如郭文娟、郑民德分别对济宁和聊城运河文化遗产的构成和保护进行了系统梳理与研究；① 徐奇志、王艳则对山东运河文化遗产的基本构成及"活态保护"策略进行了探讨。② 另一类则是将运河文化遗产分为物质文化遗产和非物质文化遗产部分，对其进行专题性、区域性的研究。前者大多从历史学、水利史、考古学、建筑学的角度，对运河沿岸的河道、闸坝、驿站、钞关、码头、桥梁等物质文化遗产等进行考察。如赵鹏飞、姜珊等人对山东运河建筑景观的研究以及赵一诺、张超对微山湖南阳古镇和山东运河古桥的探讨等。③ 后者则在研究非物质文化遗产本身的同时，还对其保护和传承情况进行探讨。如王哲、梁辰、王颖等人对临清时调、"运河秧歌"、聊城"运河伞棒舞"的研究，范丽丽、白心玉、李龙骁等人对聊城和德州运河船工号子的研究等。④

二是有关运河文化遗产开发和利用的研究。旅游开发是保护和利用运河文化遗产的主要方式，学界有关这方面的研究成果相对较多。黄洁在对山东运河文化旅游发展状况进行梳理的同时，探讨了其开发过程中出现的

---

① 郭文娟：《京杭大运河济宁段文化遗产构成和保护研究》，硕士学位论文，山东大学，2014 年；郑民德：《聊城运河文化遗产的保护》，《中国名城》2018 年第 10 期。
② 徐奇志、王艳：《大运河（山东段）文化遗产及其活态保护》，《理论学刊》2018 年第 6 期。
③ 赵鹏飞：《山东运河传统建筑综合研究》，博士学位论文，天津大学，2013 年；姜珊：《京杭大运河山东段建筑文化遗产的景观地理研究》，硕士学位论文，山东大学，2019 年；赵一诺：《文化线路视角下京杭运河沿岸古镇保护发展探究——以山东段微山湖区域南阳古镇为例》，硕士学位论文，中央美术学院，2017 年；张超：《大运河山东段古桥遗产价值与保护策略研究》，硕士学位论文，北京建筑大学，2019 年等。
④ 王哲：《临清时调研究》，硕士学位论文，河南师范大学，2011 年；边懿：《山东"临清时调"研究》，硕士学位论文，山东大学，2010 年；赵涛：《临清时调艺术研究》，硕士学位论文，河北大学，2015 年；梁辰：《山东聊城"运河秧歌"艺术特征研究》，硕士学位论文，聊城大学，2014 年；许士红：《运河（聊城段）三种民间乐舞的变迁研究》，硕士学位论文，哈尔滨师范大学，2016 年；王颖：《聊城"运河伞棒舞"的功能研究》，硕士学位论文，福建师范大学，2017 年；范丽丽：《山东聊城运河号子研究》，硕士学位论文，聊城大学，2014 年；商怡：《山东德州运河号子研究》，硕士学位论文，聊城大学，2016 年；李龙骁：《德州地区运河船号调查与研究》，硕士学位论文，山东大学，2017 年；白心玉：《聊城运河号子的音乐艺术研究》，硕士学位论文，聊城大学，2018 年等。

问题及对策。① 吴元芳在对枣庄市运河旅游开发现状进行分析的同时，提出了相应的开发策略和建议。② 许海华在对山东运河沿岸城市旅游资源进行探讨和梳理的同时，从旅游产品开发和旅游市场营销等方面提出一些具体的建议和措施。③ 狄静、方百寿对京杭运河山东段的旅游资源进行了分析，并依据资源特点提出了旅游产品体系的初步构建。④ 彭远新、龙梅雪在分析山东运河区域旅游发展现状的同时，提出了沿运地市旅游合作的构想。⑤ 钟行明分析了山东运河遗产廊道旅游协作的基础、制约因素，并提出旅游协作的策略与路径。⑥ 徐淑升在分析运河山东南段旅游发展问题的基础上，从旅游创新和供给侧改革的角度提出旅游开发的几点建议。⑦ 李建君、张钦分别以聊城和枣庄为例，探讨了运河文化资源用于旅游开发的路径和方法。⑧ 贾飞对大运河山东段文化旅游资源进行了梳理，提出了解决措施和建议。⑨ 郑亚鹏、唐金玲在分析山东运河文化遗产品牌生存现状的基础上，剖析它在"互联网+"时代的机遇与挑战，建设性地提出相关对策和措施。⑩ 运河区域美食文化遗产是运河文化遗产的重要组成部分。刘玉梅、郑民德、岳广燕以枣庄和聊城为例，探讨了山东运河区域美食文化资源的开发和利用。⑪

---

① 黄洁：《山东运河文化旅游开发现状分析及对策》，《山东省经济管理干部学院学报》2004年第5期。
② 吴元芳：《基于遗产廊道模式的运河旅游开发研究——以山东省枣庄市为例》，《枣庄学院学报》2008年第1期。
③ 许海华：《鲁运河城市带旅游资源整合开发研究》，硕士学位论文，扬州大学，2008年。
④ 狄静、方百寿：《京杭运河旅游产品体系初探——以京杭运河山东段为例》，《德州学院学报》2008年第2期。
⑤ 彭远新、龙梅雪：《京杭运河山东段区域旅游合作探讨》，《国土与自然资源研究》2011年第2期。
⑥ 钟行明：《山东运河遗产廊道的旅游协作策略与路径》，《中国名城》2014年第5期。
⑦ 徐淑升：《京杭大运河遗产廊道生态文化旅游开发探讨——以山东南段为例》，《旅游纵览（下半月）》2017年第2期；
⑧ 李建君：《聊城运河旅游资源开发研究》，硕士学位论文，扬州大学，2012年；张钦：《枣庄市运河文化资源的旅游开发》，硕士学位论文，山东艺术学院，2017年。
⑨ 贾飞：《大运河山东段文化旅游开发研究》，硕士学位论文，山东师范大学，2018年。
⑩ 郑亚鹏、唐金玲：《山东运河文化遗产品牌开发探究：基于"互联网+"思维》，《美术大观》2018年第9期。
⑪ 刘玉梅：《山东运河区域美食文化遗产资源的开发与利用——以枣庄美食为例》，《美食研究》2016年第4期；郑民德、岳广燕：《运河文化建设中的饮食文化研究——以清末山东聊城县为例》，《聊城大学学报》（社会科学版）2018年第6期。

综上所述，学界有关山东运河文化遗产的研究可谓成果丰硕，为今后的研究奠定了基础，但仍存在一些问题和不足。从研究内容上看，有关运河旅游资源开发的研究成果较多，探讨文化遗产保护和传承的成果相对较少，存在"重开发、轻保护"的倾向；从研究对象上看，相关成果多侧重于宏观、整体的考察，缺少微观、个案的研究。从研究方法上看，多侧重于依据文献资料从理论层面进行研究，较少进行实地调研和口述访谈，研究方法和资料来源较为单一。有鉴于此，本书将在夯实文献资料研究的基础上，结合实地调研和口述访谈等资料，在对山东运河文化遗产进行宏观、整体考察的同时，采用个案研究和比较研究的方法，对重点区域和典型案例进行深入、细致的研究和考察，力求在勾勒文化遗产发展全貌的同时，为运河文化遗产的保护、传承和利用提供经验与启示。

三 研究方法

（一）文献研究与理论研究相结合

本书最大范围地搜集文献、考古资料和国内外相关研究成果，在此基础上对其进行整理、分析、归纳和总结，同时运用历史学、文化遗产学、艺术学、民俗学、社会学等多种学科的理论知识对其开展综合而细致的研究，以期达到良好效果。

（二）实地调研和科学求证相结合

在本书撰写过程中，笔者通过现场观察记录、场景拍摄、口头访谈等方式，对山东运河沿岸的运河河道、水工设施、建筑遗址、古街古镇、传统技艺、音乐舞蹈等文化遗产进行实地调研，根据调研结果分析其保护、传承与利用过程中存在的问题，提出相应的解决对策和建议，实现运河文化遗产的科学保护和合理开发。

（三）个案研究与宏观研究相结合

山东运河文化遗产数量众多，且类型多样。本书在对其进行宏观、整体考察的同时，采用个案研究的方法，对典型区域和代表性非遗项目进行深入、细致的研究，力求在勾勒运河文化遗产全貌的同时，找寻其中的特点和规律。

四 研究内容

本书在对山东运河文化遗产内涵、特点和价值进行论述和梳理的同时，剖析运河文化遗产保护所面临的困境及问题，并在此基础上，归纳和总结文化遗产保护和传承的具体路径，探寻其开发和利用的策略和方法。本书主要分为七章，内容简介如下：

第一章：山东段运河的历史与现状。山东运河始凿于元至元二十年（1282），至正二十六年（1289）会通河开凿之后全线贯通。明清两代是运河鼎盛时期，这种状况持续了四百年之久。在运河通航的五百多年间，运河沿岸积淀形成了丰厚的运河文化遗产，这一切构成了运河沿岸地区丰富多彩的旅游资源。本章主要对山东段运河的历史和现状进行分析，探讨运河文化遗产形成的社会背景。

第二章：山东运河文化遗产的构成和价值。山东运河文化遗产内容丰富，既包括河道、闸坝、堤防、驿站、码头、钞关、桥梁、城镇等有形的物质文化遗产，也包括文学、戏剧、民俗、信仰、礼仪、节庆等无形的非物质文化遗产。这些类型多样、特色鲜明的运河文化遗产，凝结了山东运河两岸劳动人民的智慧和心血，具有很高的历史、科学和艺术价值。本章在探讨山东运河文化遗产构成及分布情况的同时，重在分析其文化内涵、价值以及传承和发展的作用和意义。

第三章：山东运河文化遗产的现状及问题。近年来，在各级部门和社会各界的共同努力下，包括运河文化遗产在内的文化遗产保护工作取得了显著成效，但仍存在一些问题。大运河成功申遗后，列入《世界遗产名录》的河段和遗产点大多得到了妥善的管理与维护，状态良好，但没被列入《世界遗产名录》的文化遗产却得不到有效重视和保护，运河非物质文化遗产保护和传承更是状况堪忧，部分遗产项目如果不进行紧急保护，有可能面临消失的危险。很多运河城市将申遗成功作为终点，而对于后申遗时代文化遗产的保护、利用缺乏全面、系统、深刻的认识。本章主要对山东运河文化遗产的现状以及其所面临的困难和问题进行研究和探讨。

第四章：运河文化遗产的保护和传承。运河文化遗产的保护是一项长期而艰巨的工程。要通过网络、媒体、出版物等方式扩大运河文化的宣传，增强全社会保护运河文化遗产的意识。各地相关部门要结合当地实际，制定运河文化遗产保护工作规划，完善和健全相关法律法规，明确保护范围、措施和目标，并认真付诸实施。本章主要探讨运河文化遗产保护和传承的总体原则和具体路径，并提出相应的政府保障措施。

第五章：运河文化遗产的开发和利用。大运河山东段文化遗产极为丰富，如何在保护的前提下实现山东运河文化遗产旅游的可持续发展是一项重要的现实课题。旅游开发作为文化遗产保护和利用的有效方式，能够更好地展示和宣传文化遗产，为遗产保护注入资金，培养受众群体，促进文化遗产更好的保护和传承。本章在详细分析山东运河文化遗产资源利用与开发现状的基础上，提出促进运河文化遗产科学开发和合理利用的具体对策和建议，以求更好地为沿岸地区经济社会发展服务。

第六章：运河文化遗产保护与开发的个案研究。大运河山东段全长643公里，由北向南依次流经德州、聊城、泰安、济宁、枣庄5市。沿运5市自然和社会环境不同，运河文化遗产也各有千秋，采取的保护、传承和利用举措也有所区别。本章以山东沿运5地市为例，在对其运河文化遗产概况和现状进行梳理的同时，重在探讨其保护和开发措施的异同，从中找寻运河文化遗产保护和开发的特点与规律。

第七章：运河非遗保护和传承的个案研究。运河在孕育了丰富灿烂的物质文化遗产的同时，也孕育了大量非物质文化遗产。这些非物质文化遗产是运河两岸劳动人民勤劳和智慧的结晶，是具有重要价值的珍贵文化资源。本章选取山东运河区域六种较有代表性的非物质文化遗产作为研究个案，在分析其发展概况及传承现状的同时，重在探讨运河非物质文化遗产保护和传承的具体策略与措施。

第一章

山东段运河的历史与现状

京杭大运河山东段南起苏、鲁两省交界处的大王庙闸，北至德州市德城区第三店，流经枣庄、济宁、泰安、聊城、德州5市18个县（市、区），全长643公里。山东段运河始凿于元至元十九年（1282），至元二十六年（1289），会通河全线贯通。明清两代是运河鼎盛时期，这种状况持续了四百年之久。在运河通航的五百多年间，不仅在山东境内留下了异常丰富的物质文化遗产，也留下了内涵深厚、外延广泛的非物质文化遗产。本章在对山东段运河的历史和现状进行分析的同时，重在探讨运河文化遗产形成的社会背景。

第一节 山东段运河的历史变迁

山东段运河历史悠久，早在春秋战国时期，山东境内就有了人工开挖的运河。隋朝大业年间，隋炀帝开凿大运河，其中的永济渠从山东临清一带穿境而过，后来这条运道曾长期发挥作用，对沿岸地区经济、社会和文化发展产生深远影响。元代为解决漕粮北运问题，在对隋唐运河河道进行截弯取直的同时，在山东境内先后开凿济州河、会通河，使得京杭大运河全线贯通。经过明代的改造、整修以后，会通河河道基本定型。在明清两代五百多年的时间里，山东运河作为大运河的关键河段，在促进沿线区域社会经济发展方面发挥了重要作用。本节主要以时间为线索，对山东段运河的历史变迁进行梳理和介绍。

一　隋代以前的山东运河

考古资料说明，最迟在距今5000年以前，我们的祖先就已经发明了舟筏，利用自然河道，从事水上交通。大约在4000年前，他们开始用人力开挖沟渠，治理水患。《国语》说禹"疏川导滞，钟水丰物"；《论语》说禹"尽力乎沟洫"，都是说大禹曾经开挖沟渠，疏导川流积水，减少洪水泛滥的灾害。由于生产工具的局限，那时人们开挖的沟渠都十分窄浅、水量较小，无法用来进行水路运输。春秋战国时期，中国境内可以行舟的自然水道几乎都被利用了起来，于是有人便想在全国范围内建立一个水路交通网。成书于战国时期的《尚书·禹贡》篇的作者对这种想法作了系统的说明。"在《禹贡》设计的水运交通网中，凡东西方向的水路运输，都十分顺畅，切实而可行。而南北的水路交通，便十分迂远或事实上无法通行。原因在于，中国的自然水道都是东西走向，东西交通很容易利用自然水道实现，但南北交通便很难或无法通过水路实现。"① 随着南北之间经济文化交流的加强，南北之间的军事冲突也愈演愈烈。各国开始兴修大型水利工程，开挖面宽水深的河道，这一时期的水利工程已不单单是用于泄洪、灌溉，而且还用来通航运输，中国历史上最早的人工运河就这样产生了。②

春秋后期，地处长江下游的吴国强大了起来。吴王夫差战胜越国后，急欲北上中原，争当霸主。他调集民夫开挖自今扬州向东北，经射阳湖到淮安入淮河的运河（即今里运河），因途经邗城，故得名"邗沟"，全长170公里，把长江水引入淮河，成为大运河最早修建的一段。周敬王三十六年（前484），吴王夫差率舟师渡过淮河，溯泗水北上，假道鲁国，在艾陵（今山东莱芜东北）之战打败齐国后，为转师向西与晋国争霸，于山东鱼台至定陶间开凿了沟通泗水与济水的人工运河。因其水源来于古菏泽，故称"菏水"。菏水沟通了原来相邻但不直接相通的泗水和济水，使吴国的军队可以从淮河进入泗水，并通过菏水转入济水，进而抵达中原腹地。公元前482年，夫差经菏水运道会晋定公于济水岸边的黄池（今河南封丘县南）。菏水成为山东历史上第一条人工运河，也是黄河流域最早的

---

① 李泉、王云：《山东运河文化研究》，齐鲁书社2006年版，第2页。
② 李泉、王云：《山东运河文化研究》，齐鲁书社2006年版，第2页。

第一章　山东段运河的历史与现状

人工运河。菏水的开凿与邗沟一脉相承，使得山东运河于开凿伊始便被纳入春秋战国时期的运河体系中。菏水的开凿第一次实现了江、淮、河、济四大水系的沟通，对其后山东运河的发展有着十分深远的影响。①

进入战国以后，魏国发展为综合国力最为强大的国家。公元前361年，惠王将国都从今山西西南部的安邑迁到了今河南中部的大梁，乃积极谋求开辟水路交通，以加强与东方国家的联系。从地理环境看，大梁东南地区分布着若干水道河流，如汳水、获水、睢水、鲁沟水、涡水等，为运河的开凿提供了充足的水源。在这样的情况下，魏惠王审时度势，开凿了中国历史上著名的水利工程——鸿沟。鸿沟不是一条单一的水道，而是由几条运河共同构成的水系。鸿沟在大梁附近开始有了许多分支。其中有经过今河南杞县、睢县、商丘、夏县和安徽宿县、灵璧等县，东至宿迁县流入泗水的睢水；有经过今河南太康鹿邑和安徽亳县、涡阳、蒙城县，至怀远县入淮的涡水。其中流过今山东境内的是"汳水"。春秋时已有了"汳水"的名称，可见早在鸿沟开凿以前它就已存在。《水经·获水注》引《竹书纪年》记载："宋杀其大夫皇瑗于丹水之上。"郦道元在其《水经注》一书中解释说，丹水就是汳水的"变名"。"宋杀大夫皇瑗事"又见于《左传》哀公十八年，即公元前477年，时处春秋末年，比魏惠王开鸿沟早百余年。可见汳水早在春秋时期就已存在，是一条自然水道。后来，鸿沟主水道开凿后，又对它进行了疏浚、开挖和整理，于是它便成了鸿沟的支流。汳水流到今河南兰考和民权县（今江苏徐州）之间称"甾获渠"，至商丘北进入今曹县、单县境内，往东则称"获水"，再往东流至彭城入于泗水。本来汳水向南流入睢阳（今河南商丘）城中，这是汳水的正流，但后来鸿沟开凿后。遏汳水入获水，于是汳水进入睢阳城的流量减少，成为末流。总的说来，汳水是一条由自然河道改造而成的运河。②

鸿沟是继菏水之后第二条沟通黄淮水系的人工运渠。整个鸿沟系统在战国时期发挥了重要作用，既满足当时魏国政治经济变革的需要，同时也加强了各地区之间的经济、文化联系。另外，鸿沟系统对战国以后政治经济格局产生更为深远的影响，为后来秦汉统一创造了条件，是早期运河定

---

① 《山东运河航运史》编纂委员会编：《山东运河航运史》，山东人民出版社2011年版，第31页。
② 李泉、王云：《山东运河文化研究》，齐鲁书社2006年版，第4页。

型的标志。至战国时期，山东运道的走向基本确立，东西向的黄河航线，以济、漯两水为主干，西通黄河，东入渤海。介于济、淮之间的有汴、菏、泗水连接，沟通了江、淮、济、河，这是南北航线。这一状况一直维持到西汉中期。①

秦及西汉时期，没有在山东境内开挖新的运河。汉武帝时，黄河在濮阳附近决口，历20余年才被堵塞。河水一直流入大野泽，而后从泽中溢出，顺着菏水流进泗水，进而流入淮水。鸿沟水系中离黄河比较近的几条支流全遭河水淤积，离黄河比较远的支流也彼此不能连通。此后，黄河仍时常泛滥，鸿沟日受其害。汉平帝时，黄河再次决口，鸿沟遭到彻底破坏。东汉明帝时，黄河决口经数十年冲刷，既宽且深，泛滥程度亦愈演愈烈，兖、豫二州农田已无法耕种。这时，社会趋于安定，经济也有所发展，治理黄河的条件已经成熟。永平十年（69），乃开挖汴渠；同年夏，遂发卒数十万，遣王景与王吴修渠筑堤，自荥阳东至千乘海口千余里。王景乃商度地势，凿山阜，破砥碛，直截沟涧，防遏冲要，疏决壅积，十里立一水门，"令更相回注"，无再次溃决之患。这一次对黄河的治理，取得了前所未有的成功，在此后的数百年中，黄河没有发生大的水患。②

黄河虽然有了固定的河道，但中原一带鸿沟水系的许多人工河，却因黄河水的多年淤塞而废弃，最后只剩下一条汴渠。汴渠从黄河南岸的荥阳流到开封，从开封入原鸿沟水系中的汲水，经过今山东的曹县、单县的南部边境，然后东南流入泗水，最后到达淮水。它是中原通向东南部地区的水运干道，也是东汉时期经过今山东境内的唯一一条运河。由于漕运的需要，东汉政府十分注重修治汴渠。顺帝阳嘉年间（132—135 年），曾大举动工，由汴口到淮口，沿岸积石为堤，加固堤防。灵帝建宁年间（168—171 年），又在汴口增修石门，不使河水大量流入。东汉末年，天下大乱，兖、豫诸州为群雄割据争战之地，汴渠残破堙塞，不复为用。直到曹魏末年，邓艾开挖通于陈、蔡之间的广漕渠之后，才又整理汴渠，使得黄河与淮河之间可以重新通行舟楫。③

---

① 《山东运河航运史》编纂委员会编：《山东运河航运史》，山东人民出版社2011年版，第34页。
② 李泉、王云：《山东运河文化研究》，齐鲁书社2006年版，第5—6页。
③ 李泉、王云：《山东运河文化研究》，齐鲁书社2006年版，第6页。

第一章　山东段运河的历史与现状

魏晋南北朝时期，因战乱频繁，军事运输成为运河的主要功能。据史书记载，东晋时曾在今鲁西一带挖河运兵。《晋书·穆帝纪》及《荀崧传附荀羡传》记载，东晋穆帝时，前燕的慕容隽攻占了冀州，继而攻段龛于青州（今山东淄博市东南），东晋政府派荀羡前往救援。当时燕将慕容兰退至东阿（今山东东阿县南），荀羡从洸水引汶水，开挖渠道，兵抵东阿。桓温北伐前燕时，也曾在今山东境内开挖过运河。晋废帝太和四年（369），桓温第三次出兵北伐，他的军队分作两路，一路由涡水北上攻取荥阳附近的石门，一路由淮、泗水入济水，北攻前燕的都城邺城。当时，汴渠水浅，难以整修，要想从泗水进入济水，只好重新开挖运河。桓温开挖的运河分为两段段自薛训渚向南和源自巨野泽的黄水合流，再向东南流经今山东金乡县，东入于泗水；一段向北流与汶水合流，再北流与济水汇合。这两段合在一起长约150公里，后人称其为"桓公渎"或"桓公沟"。当时，桓温的舟师由泗水通过桓公沟进入济水，然后自济水北行，至四渎口（今山东临邑县东）入黄河，逆水而上，转到枋头（河南浚县西南）。①

二　隋唐五代时期的山东运河

隋的建立结束了西晋末年以来长期分裂割据局面，为运河的开凿带来了新的契机。隋文帝建都长安，除关中地区开挖广通渠、沿邗沟故道开挖山阳渎之外，还在山东境内开挖了"丰兖渠"。隋炀帝迁都于洛阳，乃以此为中心，开挖贯通南北的大运河。炀帝先后开挖修整了通济渠、邗沟和江南运河，同时开挖了从今山东境内流过的永济渠。

大业四年（608）春，炀帝"诏发河北诸郡男女百余万，开永济渠，引沁水南达于河，北通涿郡"②。永济渠由洛阳向东北经修武、新乡、内黄、馆陶、临清至天津西转永定分支直抵涿郡，与洛阳通向江淮的通济渠相连而被视同一渠。永济渠的开凿，使海河、黄河、淮水、长江四大水系得以贯通。隋朝通过引沁济运解决永济渠水源问题。永济渠是以沁水与黄河的交汇处为渠首，由今武陟县西北的沁水北岸向东北开渠入卫水、再由卫水通淇水、洹水、漳水，接漯水（今永定河）以达涿郡。

永济渠全长1000多公里，历时一年便完工，这么短的时间内完成如

---

①　李泉、王云：《山东运河文化研究》，齐鲁书社2006年版，第7页。
②　（唐）魏征等撰：《隋书》卷3《炀帝纪上》，中华书局1973年标点本，第70页。

此巨大的工程是根本不可能的，隋朝实际传承了以前已开凿的运河故道和自然河道，很大程度上是利用曹操开通的白沟—清河—平房渠水运干线。从引沁水会淇水的地方（今河南淇县）至内黄的首段，主要利用曹操所修的白沟；内黄至馆陶南，在今卫河以西；馆陶至临清附近，大约有一段和今卫河重合；临清至武城附近，在今运河以西；武城至德州市南，在今运河以东；德州以北，经东光、沧州市、静海至独流段，主要利用清河河道。永济渠为隋朝南北大运河行经山东之始。①

唐代永济渠在山东境内的路线大体与隋代相同。从《元和郡县图志》的记载看，永济渠在馆陶县附近进入今山东境内，然后沿今山东、河北省界东北流，经过今临西、清河到德州又北流进入河北境内。当时永济渠的功能主要是运粮及运兵，所以政府十分重视对它的维护与治理，贞观、永徽、开元年间，政府都曾组织民工，修筑石堰、开挖支渠，对于减少水患、保证河道畅通起了重要的作用。②

唐高祖武德七年（624），徐州经略尉迟敬德疏浚洸水及丰兖渠，分别导汶水和泗水至任城（今山东济宁）分水，并在分水口建会源闸。至开元二十六年（738），唐玄宗东巡任城（今山东济宁），"令于其县东造桥，以为跨泗别流之上，则丰兖渠固自通流也"③。可见唐玄宗时期丰兖渠依然发挥着航运效益。武则天载初元年（689），引汴水为源，由开封向东行，经曹州至巨野泽开湛渠。白沟在汴城（今河南开封）东北，其西段原系先秦时期鸿沟水系的汳水故道；东段原系济水、菏水故道，是从河南通向山东的古运道，后来由于上源淤断，这两段古河"以潦涸为盈竭"，便不能通航。自开凿湛渠后，白沟复为通漕山东的一条重要航道。唐穆宗长庆年间，又"自兖开盲山故渠，自黄队抵青丘"，④将泰山附近也都归属于运河体系，使以洛阳为中心的航运网通航范围更加广阔。到唐朝末年，为满足中央政府的粮食及赋税需要，唐朝曾重新修治湛渠，复在开封引汴水，入

---

① 《山东运河航运史》编纂委员会编：《山东运河航运史》，山东人民出版社2011年版，第83页。
② 李泉、王云：《山东运河文化研究》，齐鲁书社2006年版，第9页。
③ 潘守廉修；唐烜、袁绍昂纂：民国《济宁直隶州续志》卷3《山川志》，中国地方志集成·山东府县志辑第77册，凤凰出版社2004年版，第285页。
④ （宋）欧阳修、宋祁撰：《新唐书》卷164《崔弘礼传》，中华书局1975年标点本，第5051页。

白沟，以东通曹、兖地区。①

三 宋金时期的山东运河

唐末五代时期，黄河连年决口，永济渠因之淤塞，难以全线畅通。进入北宋以后，永济渠北端的涿郡被契丹人所控制，所以宋代的永济渠只剩下南边一段，习惯上称其为"御河"。宋代御河的水量尚且充足，卫州以下，一年四季有水，可以通行载重三四百石的船只。庆历八年（1048），河决商胡（今河南濮阳境内）后，黄河由东流改为北流，或横穿御河，或夺御河河道，或纳御河于黄河堤内，使御河河道紊乱不堪，御河水运大受影响。于是朝廷经常征调夫役进行疏浚整修。熙宁二年（1069）治河，一次便征调镇、赵、邢、洺、磁、相诸州军民6万人。时隔一年，黄河在大名、澶州决口，御河又遭破坏。熙宁八年（1075），刘昉等人提议在卫州（今河南卫辉）开挖沙河故道，引黄河水由沙河入御河，使京城往来船只出汴河后，就近进入沙河，然后转入御河。德（治所在今山东陵县）、博（治所在今山东聊城）二州的漕运可以不再经过黄河，避免倾覆之险。朝廷采纳了他们的建议。工程很快竣工，的确便利了漕运。但是这条引河入运的河流，其入黄河口处，只是靠着一条大堰阻挡黄河大溜水流的灌入，很容易受到黄河的侵害。百余天后，御河便淤浅上百里。后来黄河多次决口，灌入御河，不仅破坏了御河漕运，还给沿岸人民带来深重的灾难。元丰年间，朝臣建议重开御河，后或作或辍。至北宋末年，黄河东流，御河复出，于是又有人提出修复御河的建议。崇宁元年（1102），御河水枯，乃令侯临等主持，开临清坝子口，增修御河西堤，开置斗门，并将大名、恩州、冀州、沧州、永静军等处积水引入运河。次年，黄河水涨，侵入运河，运河决溢，流浸大名、馆陶，政府只得征调夫役，修筑堤防。②

山东境内的广济河也是北宋时期的一条重要运道。广济河，原是唐朝武后所开的湛渠，因渠宽五丈，故又名"五丈渠"或"五丈河"。开宝六年（973），更名"广济河"。唐末到五代，军阀混战，社会动荡，北方运河大都因年久失修而淤塞，五丈河也不例外。直到后周显德四年（957），

---

① 《山东运河航运史》编纂委员会编：《山东运河航运史》，山东人民出版社2011年版，第87—88页。
② 李泉、王云：《山东运河文化研究》，齐鲁书社2006年版，第9—10页。

周世宗才征发民工加以疏浚，且引入汴河水以补充水源。此后山东各地的船只可通过此河到达开封。两年以后，周世宗又疏浚五丈河的下游，过定陶，入于济水。这样一来，往来京城的船只便可从开封进入五丈河，东北行至定陶，达济州合蔡镇（今山东巨野西北），进入梁山泊。由梁山泊进入济水，由济水达于郓州（治所在今山东东平县），经过一段陆路，便可达于青州（治所在今山东青州市）。

入宋以后，朝廷对东南运送军需，多赖此河，故对疏浚、治理广济河十分重视。建隆二年（961），北宋政权刚刚建立，太祖便征发曹、单诸州丁夫万人，令给事中陈载督役，修治广济河。后又令右监门将军陈承昭从荥阳开水渠，引京、索二水入广济渠以增加其水量。景德二年（1005）六月，置巨石于汴河引水斗门处，分汴水入广济河。后又重新开挖菏水与泗水河道，使广济河的运输能力及通航地区有所扩大。天圣六年（1028），黄河决口，广济河自济州合蔡镇以下淤塞不通，政府乃征调夫役开挖水道，将广济河导入黄河，又导黄河通于泗水，后来这条水道就成为主要的运道。北宋政府十分重视运河的修护，令所过州县长官均以护河为要务，修筑堤岸，疏浚浅滩。但由于黄河泥沙淤塞严重，故亦时常因浅阻而影响通航。熙宁七年（1074），又开新河引汴河之水入广济河。但是广济河水源不足及受黄河侵淤的问题始终未能解决。元丰五年（1082），朝廷乃撤销当时专门的漕运管理机构——广济河辇运司，漕运物资改由清河经淮阳军（今江苏邳州南）界转入汴河以至京师，道路甚为迂远。两年后，复浚广济河，使之通航。元祐四年（1089），遣使督修沿运之月河石堤，修建船闸，以时启闭。至北宋末年，广济河与北方之清河、南方诸水道均可贯通。南宋初年，宗泽留守东京时，仍时加修浚。①

金朝政府也十分重视对北方运河的治理。当时流经山东境内的运道有两条，一条是北清河：南宋建炎元年（1127）黄河决口，水入梁山泊，后分南北两支流出，南流者曰"南清河"，乃黄河之岔流；北流者曰"北清河"，乃济水之旧道，由今山东中西部地区北流入海。当时北清河是金朝的重要水运道路，皇统三年（1143），置黄沁河堤都大管勾司，专门管理黄河、北清河修治、运输等事务。后来黄河不断侵淤梁山泊，北清河乏水，难以通航。另一条是北宋所经营的御河。章宗泰和年间规定，运河所

---

① 李泉、王云：《山东运河文化研究》，齐鲁书社2006年版，第11—12页。

经之州县长官皆加管河之官衔，如恩州（今武城县北）长官加"提控漕河事"，将陵（今德州市）、武城、夏津、馆陶（今馆陶北）、临清（今临清市南）等地长官均加"管勾漕河事"，负责养护河堤、督运漕粮。但是终金一代，运河水源匮乏的问题一直未能解决，所以运河运输量始终不大。①

四 元代山东运河的开凿

元世祖至元十九年（1282）十二月，政府下令开挖济州河，以济州任城（今山东济宁）为中心，向南至鲁桥镇与泗水沟通；向北经南旺、袁家口至须城之安民山（今梁山县小安山）入济水（大清河），全长150余里。为解决运河水源问题，"于兖州立闸堰，约泗水西流，堽城立闸堰，分汶水入河道，会于济州"②。在兖州城东泗水上筑金口坝，拦截泗水使之西流；在堽城（今山东宁阳北堽城里村）筑坝拦截汶水，使其南流入洸河；洸河在兖州西与泗水汇合，流至任城西注入马场湖后南北分流，南流以增泗水之流量，北流至安民山入济水。济州河开通后，南来漕船可经此直接进入济水，而后从利津入海。这条运道只通行了三年，就因济水入海处发生沙壅难以出海，不得不"舍舟而陆"，改从东阿陆运至临清入御河北上。陆运中茌平一段，地势低洼，遇到夏秋雨季，道路积水，泥泞不堪，艰阻万状，所以继续开挖安山至临清一段运河势在必行。

至元二十六年（1289）正月，元世祖采纳寿张县尹韩仲辉、太史院令史边源的建议，征调民夫3万人，开挖会通河，南起东昌路须城县安山之西南，由寿张西北至东昌（今山东聊城），又西北至于临清，接通隋唐时期的永济渠，全长250余里。③ 六月，河道开凿完成，元世祖忽必烈赐名为"会通河"。由于之前开凿的济州河与新开之会通河联为一体，故此二河通称"会通河"，济州河之名遂废而不用。会通河开通后，不仅使得京杭大运河全线贯通，而且较之隋唐时期的京杭大运河，航程缩短上千里。但是元代开凿的大运河在设计上也存在不少缺陷：首先，新开河段水量分配不合理，山东运河水源主要来自汶水和泗水，汶、泗之水自任城入运河后南北分流，但因济宁地势较高，故汶泗之水南流较易，而北流较难，

---

① 李泉、王云：《山东运河文化研究》，齐鲁书社2006年版，第12页。
② （明）宋濂等：《元史》卷64《河渠一》，中华书局1976年标点本，第1615页。
③ （明）宋濂等：《元史》卷64《河渠一》，中华书局1976年标点本，第1608页。

"北运每虞其浅阻"①。其次，运河本身开挖规格偏低，"河道初开，岸狭水浅，不能重负"②。加上黄河决口，侵淤运河，所以通过运河运至大都的漕粮每年最多不过二三十万石，不及漕粮总量的十分之一。

至正四年（1344），黄河在曹县白茅堤溃决改道北流，山东西南大部被黄河吞没，进而北侵安山，截断会通河后夺大清河入海，南流则侵入泗水运道。此后，黄河连年决溢，运道受阻。至正十一年（1351），黄河决溢已持续七年，朝廷不得不决定治河，征发民工15万人，任命工部尚书贾鲁为总治河防使，驻节济宁，主持堵塞白茅堤决口工程。贾鲁采取疏、浚、塞并举的方略，治河工程从四月二十二日兴工，七月，由中牟向南至周口入淮河凿成河道280多里；八月，将河水决流引入新挖河道；九月，通行舟楫；十一月，工程完工。修堵缺口170处，修筑北岸堤防250余里，黄河回复故道，由汴泗故道合淮入海，黄河治理初见成效。贾鲁河治理的初衷，主要是为了分流黄河洪水至淮河入海，而客观上也促进了航运的发展，新开贾鲁河水路运输功能随之而来，只是元朝此后不久，各地农民起义风起云涌，贾鲁河的交通运输功能还来不及发挥更大作用，就匆匆地退出历史舞台。③

元太宗时已建立了相对完善的运河管理制度，诏令沿河州县官员兼管河防事。《元史·河渠志》载，元朝立国之后，内立都水监，外设各处河渠司，以兴举水利、修理河堤为务。至元二十六年（1289），会通河始成，从次年开始元朝廷每年派官员巡视会通河运道。至元二十九年（1292），始建都水分监于东阿，掌河渠、闸坝之政。至正六年（1346），置河南、山东都水监以专疏塞之任。至正八年（1348），因河水为患，于济宁郓城设立行都水监；至正九年（1349），又设立山东、河南等处行都水监。至正十一年（1351），还设立河防提举司，隶属于行都水监，掌巡视河道事。④

---

① （清）张伯行：《居济一得》卷1《运河总论》，中华书局1985标点本，第1页。
② （清）叶方恒：《山东全河备考》卷2，《中国水利志丛刊》第18册，广陵书社2006年影印本，第252页。
③ 《山东运河航运史》编纂委员会编：《山东运河航运史》，山东人民出版社2011年版，第149—150页。
④ 《山东运河航运史》编纂委员会编：《山东运河航运史》，山东人民出版社2011年版，第159页。

至元年间，会通河初开存在河床浅窄、河堤质量差的问题，元朝廷采纳都漕运副使马之贞的建议实施统一管理，并设节制闸以调节水位。运河河道、堤防、闸坝、湖塘、泉源都有专门的管理维护人员，称为"夫役"。元朝运河夫役又分为军夫和民夫两种。军夫从沿河驻军中抽调；民夫，除编自均徭的徭夫之外，从民间随时雇募的，俗称"募夫"；借派民间的，不是徭编，又不给雇佣金的，称为"白夫"。当时负责维修运河的夫役，主要靠各段运河上驻守的军队和大量的民夫。运河各闸堰处，也各设官吏数人不等，并拨闸户，负责管理维修。直到元朝，运河船闸设有大使等官，"闸官"作为官名正式出现。据元代中期统计，会通河全程有闸官33人。①

在加强河道管理的基础上，元朝逐步建立了层次严密、职责分明的漕运管理体系。早在蒙古太宗四年（1232），朝廷就曾诏立漕司于京城，并兴建漕仓。至元十二年（1275），改漕运司（秩五品）为都漕运司（秩正四品）。元朝廷将漕运司再扩充为两个机构：京畿都漕运使司（秩正三品）和江淮都漕运使司，在元朝初年分别负责由中滦至大都、由江南至中滦的漕运。这两个机构都设运使二人，为主管官职，运使之下分别设同知二人，副使二人，判官二人，经历和知事各一人，此外，还有众多的下属胥吏。济州河开挖前，在济宁设立汶泗都漕运使。济州河开挖不久，为管理漕运，在至元二十年（1283）设都漕运司于济宁南之鲁桥，管理"自任城开河至东阿三百余里"运河航道。至元二十五年（1288）二月，改济州漕运司为都漕运司，"并领济之南北漕"。至元二十六年（1289）七月，设立了提举司，管理河渠之事。九月，罢济州泗汶漕运使司。至元二十七年（1290）十月，立会通汶泗河道提举司，从四品。②

五　明代山东运河的畅通

明初建都南京，"四方贡赋，由江以达京师，道近而易"③。南粮北运的数量不大，运河的作用也不那么突出。永乐初年，政治中心北移，漕运

---

① 《山东运河航运史》编纂委员会编：《山东运河航运史》，山东人民出版社2011年版，第160页。
② 《山东运河航运史》编纂委员会编：《山东运河航运史》，山东人民出版社2011年版，第160—161页。
③ （清）张廷玉等：《明史》卷79《食货三·漕运》，中华书局1974年标点本，第1915页。

形势也发生了根本变化。京师及北边粮饷,全部仰赖东南。因运河山东段淤塞,所以只能是河运、陆运"与海运相参","一仍由海,而一则浮淮入河,至阳武,陆挽百七十里抵卫辉,浮于卫,所谓陆海兼运者也"。① 海运艰险,漕船亡失甚多,而河运又难以直达京城。其中陆运170里,需历8处递运所方能入卫河,每处递运所需发3000民丁,车200余辆,繁重的漕粮运输给当地民众造成沉重负担。②

永乐九年(1411)春,济宁同知潘叔正经过长期勘察后,上书奏请修治会通河。他认为会通河全长450里,淤塞的只有三分之一,将其疏浚贯通之后,"非惟山东之民免转输之劳,实国家无穷之利也"③。朝廷采纳了他的建议,遂派工部尚书宋礼、都督周长等前往勘察。宋、周二人经过实地考察,力陈疏浚会通河之便。永乐九年(1441)二月,明政府征发山东济南、青州、兖州、东昌等府民夫15万,登州、莱州二府愿服役民夫1.5万,南直隶徐州、应天、镇江等府民夫、军卒10余万,令宋礼总领其事,周长及刑部侍郎金纯等协助,并力开挖会通河。六月,工程告竣。开通后的会通河从济宁至临清,计385里,深一丈三尺,广三丈二尺,自济宁至临清,置闸十五,设立专门的闸官,立标记水位的"水则",以时启闭。新修会通河的河道线路较元代有所改变。元代运河自汶上县过袁口(今属梁山县),至安民山西南,再经寿张(今梁山县寿张集)城东门,西北流至东昌。此水道接近黄河、济水,虽便于补给水源,但受黄河的影响较大。黄河一旦泛滥,极易造成运河淤塞。明代新修之会通河自汶上县袁口改道,东徙约20里,傍安山湖东,经蘄口、安山镇(今东平县安山)、戴庙而达于张秋,新开河道约130里。安山湖可为新河之调蓄水柜,黄河向东决口后,有湖作为缓冲,亦不致淤塞运道。

明代山东运河河段大部分河道浅涩,故须经常挑浚;各河段地势高低悬殊,水流方向不同,须大量设置水闸以调控水量;各河段水源紧缺,须以沿河泉源湖塘补充调剂,所以当时运河工程的管理,主要集中在河道堤

---

① (清)张廷玉等:《明史》卷85《河渠三·运河上》,中华书局1974年标点本,第2080页。

② (清)谷应泰:《明史纪事本末》卷24《河漕转运》,上海古籍出版社1994年影印本,第100页。

③ (清)谷应泰:《明史纪事本末》卷24《河漕转运》,上海古籍出版社1994年影印本,第100页。

防、闸坝及水源管理三个方面。

明代政府多次下令，管河官员及地方政府"俱要及时修筑堤岸，疏浚河渠，以济粮运。如遇非常冲决，亦要多方设处，亟行修筑。临期误事者，军卫、有司官员悉听漕司、河道衙门及巡仓、巡河御史参提，照依运官参降事例，阻浅十日，该管有司、军卫罚俸半年"①。嘉靖三十八年（1559）规定，主管河道的大小官员，务必将该管河道及时修筑疏浚，以便利漕粮的运输。如果怠玩误事，则要比照运官的参降事例惩处。② 万历元年（1573），户部下令地方掌印官和管河官将王家浅一带河道进行疏治。"如有司怠玩，许官旗具呈漕司照例查参降罚。"③ 此外，对运道的挑修、闸坝的启闭和泉源的管理，都做了严格的规定。④ 明代政府对山东段运河的疏通和治理总的来说取得了一定的成效，使得运道避开了黄河的侵害，较好解决了运道水源问题，因此终明一代，运河基本能够保持常年畅通。明代中后期又先后开凿南阳新河和伽河，至此，山东的南北运河已全线定形。此后，明末及清代仅就原有河道进行疏浚、维修与改造，增建部分闸坝等建筑物，没有再作大规模的改线、开河工程。⑤

六 清代山东运河的治理

明朝末年，国力衰微，运河失修，加上长期战乱，至清初，黄河决溢危及运河的事情经常发生。顺治初年，黄河多次决口泛滥，水漫曹、单、金乡、鱼台等县，曾于南阳湖等地流入运河，"侵淤运河"，又曾"由汶上决入蜀山湖"。⑥ 顺治七年（1650），河决荆隆口，直趋沙湾，"张秋以下堤尽溃，自大清河东入海"⑦。康熙、乾隆年间，黄河也曾频繁决口，侵入

---

① （明）陈仁锡撰：《皇明世法录》卷5《漕政》，《四库禁毁书丛刊》史部第15册，北京出版社2005年影印本，第456页
② （明）张学颜等撰：《万历会计录》卷35《河漕》，北京图书馆古籍珍本丛刊第53册，书目文献出版社1998年影印本，第1116页。
③ （明）张学颜等撰：《万历会计录》卷35《河漕》，北京图书馆古籍珍本丛刊第53册，书目文献出版社1998年影印本，第1116页。
④ 有关明代政府对山东运河的治理情况详见李泉、王云《山东运河文化研究》，齐鲁书社2006年版，第27—30页，在此不再详细论述。
⑤ 山东省地方史志编纂委员会编：《山东史志资料（第3辑）》，山东人民出版社1983年版，第167页。
⑥ 赵尔巽等：《清史稿》卷126《河渠一·黄河》，中华书局1976年标点本，第3716页。
⑦ 赵尔巽等：《清史稿》卷279《杨方兴传》，中华书局1976年标点本，第10110页。

运道。清代山东运河因黄河决口泛滥导致河道毁坏淤积而无法通航的现象已很少发生了，但是由于黄河漫流及鲁中山区的泗水、大沙河等河流挟带大量泥沙流入运河，使得运河河道淤浅的现象时有发生。所以，挑挖疏浚、定期修治成为清代治理山东运河的主要任务。清代沿袭明代制度，对运河的修治亦分为大修与小修，小修一般每年一次，称小挑或小浚；大修则隔年或几年一次，称为大挑或大浚。如顺治十年（1653），"令南旺、临清岁一小浚，间岁一大浚"①。一旦运道出现严重淤塞，清廷还会组织临时性的大规模修治，以此保证河道的正常通航。

　　元、明两代在山东运河上修建了许多闸坝，入清以后，这些闸坝因年代久远而有不同程度的损坏，所以清政府对它们进行了大规模的修整。如康熙年间，就曾对朱姬庄西岸闸、张阿南岸闸、嘉祥利运闸、南旺湖十字河斗门及丁庙、顿庄、侯庄、台庄、德胜、戴村等闸坝进行了重修，新建了滕县修水闸、杨家坝减水闸。雍正年间，重修戴村、坎河三坝，新建六里石闸、沙湾大坝。乾隆年间，再次重修戴村坝及戴庙、七级、新店、师庄、枣林、万年、顿庄各闸，新建了张秋平水三闸、彭口闸、湖口闸。这个时期，几乎是年年治河，年年修坝修闸，频繁的治河活动，基本保证了运河的畅通。②

　　咸丰五年（1855）六月，黄河于河南兰考铜瓦厢决口，改道山东，夺大清河入海。改道后的黄河在张秋附近穿过运河，将运河斩为南北两段，截断了汶水，使之不能注入张秋以北的运河河道，破坏了明清以来会通河的水源体系，极大地降低了会通河的通航能力。在最初的几年里，清政府始终没有放弃疏运保漕的努力。同治四年（1865），筹备修复会通河运道，在张秋以北的八里庙修筑堤坝；同治八年（1869），准备挑张秋运河淤段，值黄河在兰阳决口，大水再次倾注运河，冲坏河堤，张秋以北运河水源断绝。过了两年，黄河又在郓城侯家林决口，灌入会通河南段的南旺湖、南阳湖、昭阳湖诸水柜。南北往来的船只，只能从安山的三里堡进入大清河，绕行百余里，然后进入运河。

七　民国时期的山东运河

　　进入民国以后，军阀割据，连年内战；帝国主义入侵，特别是日本帝

---

①（清）张曜、杨士骧修，孙葆田等纂：光绪《山东通志》卷126《运河考》；转引自朱偰《中国运河史料选辑》，中华书局1962年版，第106页。

②李泉、王云：《山东运河文化研究》，齐鲁书社2006年版，第33页。

国主义发动大规模侵华战争，给中华民族带来深重灾难。当此社会动荡年代，处于民族危亡之际，运河的疏通管理自然无从谈起，济宁以北运河各河段均出现极度衰败的景象。①

山东运河的德州至临清河段，原为卫河之下游，通常称为"卫运河"。因以卫河为水源，故能勉强维持通航，其河面宽约百米，水深一般一二米，丰水之季可通行载重量不大的木船。春季河流干涸，仅余一线，"深才没胫，极小之船亦不能行驶"。②由于此段运河年久失修，河床淤积，堤岸倾颓。加上河道弯曲，不便于排水泄洪，所以每逢夏秋暴雨，便因河堤溃决而酿成水灾。1917年秋，华北连续降雨，卫运河水暴涨，10月中旬，运河在德州城南卢庄决口，水势浩大，数十村庄及农田成为泽国，德州城四周被水包围，对外交通断绝。与德州相邻的恩县也有村庄被淹，临清城北张家窑亦发生河决。据勘察，此段运河弯曲半径在400米以下的河段有上百处，解放区冀南河务局曾经组织民工将23处弯曲河道改直，以便泄洪，但因河底多胶泥，难以冲刷，河道不深，水流分散，以致新道旧道并存，无法航行。③

临清至黄河北岸的陶城铺（今阳谷县张秋镇东）段，因黄河阻断汶水流入，水源断绝，且直接受黄河侵扰，淤塞严重。其中临清至聊城段运河民国初年水深尚有一米左右，后因无水源而干涸。聊城至陶城埠段运河清末漕运停止后便基本干涸。自陶城埠黄河南岸至台儿庄的运河也无法全线贯通。由于河道年久失修，许多河段淤塞严重，加上为这段河道注入水源的汶水被黄河裹挟入海，运河水量不足，南旺附近的水脊将运河分割为南北两段。北段黄河南岸至安山间因地近黄河则完全淤塞，安山至袁口河段因靠近东平湖，尚可通行木船，袁口至南旺段因缺乏水源而干涸；南段柳林闸至夏镇间河段因靠近蜀山湖、南阳湖尚可维持航运，而由夏镇到台儿庄一段则时常断航。

山东运河南段多处淤塞断航以后，运河两侧诸水柜的蓄水排水功能大大减弱，运河本身的泄洪能力也大大下降，经常出现黄河泛滥侵漫运河，运河复决口造成水灾的现象。如1935年7月上旬，黄河决于鄄城县董庄，

---

① 李泉：《中国文化课本：运河文化》，山东大学出版社2013年版，第23页。
② 高志超主编：《运河名城临清》，山东友谊出版社1990年版，第29页。
③ 李泉、王云：《山东运河文化研究》，齐鲁书社2006年版，第36页。

其中小股水流由赵王河在东平县穿过运河，汇合汶水复归于黄河正流。大股黄水则漫过菏泽、郓城、嘉祥、巨野、济宁、金乡、鱼台等县，由运河南灌江苏。7月下旬，运河因排水不畅而决口于济宁以南的辛店，黄水四处漫流，济宁东至邹县，西至嘉祥、金乡的公路两旁水深两三米。运河附近村庄农田全被水淹，平地水深六七尺。数日后，东平县境内安山运堤决口，附近村庄全被水淹。夏秋多雨季节，运河本身决口的现象也有发生，如1947年鲁南普降大雨，运河及南阳诸湖水势大涨，运河排水不畅，造成河水湖水外溢，泛流沿线各县。济宁至鱼台的公路上可以行船，低处房屋倒塌，秋禾尽毁，重灾面积达40万亩。①

民国时期，北洋政府与南京政府都曾对山东运河进行过局部的修治，但没有改变运河残破的状况。北洋政府时期，中央成立了全国水利局，山东省也设有运河工程局，于1914年筹备修治山东运河，直到1916年9月，才由全国水利局副总裁潘复率领美国、荷兰及国内工程技术人员对山东运河进行实地勘察，拟订出治理规划。可北洋政府并不拨付治河经费，此计划也便成了一纸空文。为了解决山东运河水源问题，1930年初，山东省政府建设厅派人赴戴村坝进行勘察，而后拟订出修整计划，准备将旧坝拆除，改建成新式活动坝。旋因经费数额巨大无法解决，遂将旧坝略作修补，草草了事。1933年，山东省建设厅放弃修筑戴村坝工程，以麦3000吨，办理工赈，对山东运河南段进行疏浚。3月，征调沿河的东平、汶上、滕县、峄县等地民工，实施这项工程；次年完工，使山东运河南段恢复了通航，且达到了泄洪的要求。

1934年春，山东省建设厅设工程局于聊城，对山东运河北段进行疏浚，"令沿河阳谷、聊城、博平、堂邑、清平、临清等6县人民分担挑浚之任"②。各村按田地多少出工，计征调民工20多万人，历3月余，至7月中旬，工程告竣，使山东运河临清至陶城埠段一度可以行船。同年11月至次年6月，山东省政府与黄河水利委员会联合兴办小清河、黄河与运河通航联运工程，于是在黄河以北至临清段运河上修筑了两座新式船闸，又在陶城埠安装了抽水机，将黄河水引入运河。此后，又修建了陶城埠活

---

① 李泉、王云：《山东运河文化研究》，齐鲁书社2006年版，第37—38页。
② 李泉、王云：《山东运河文化研究》，齐鲁书社2006年版，第39页。

动桥、徒骇河、马颊河穿运涵洞、临清船闸和魏湾桥等设施。① 1947年至1948年初，国民政府曾拨款修筑台儿庄至韩庄运河及微山湖堤岸。通过对运河的局部修整，使得山东运河的通航能力提高，运河沿线的水灾有所减少。但是由于治河经费不足，技术水平低，工程标准低、质量差，维护管理不善，再加上这些工程都没有解决运河水源缺乏及运河穿黄等根本性问题，因此山东运河始终没有全线贯通，凋敝残破的局面没有改变。②

八　中华人民共和国成立以来的山东运河

从中华人民共和国成立至改革开放，是山东运河航运恢复发展的重要时期。党和政府对山东运河进行大规模的治理与开发，对大运河山东段及支流航道进行疏浚治理，建设实施了一批重点港航基础设施项目，运河航运逐步得以恢复，古老的大运河重获新生。

中华人民共和国成立初期，山东全省内河航道里程1082公里，其中，京杭运河山东段全长529公里，自冀鲁边界的德州第三店入境，由鲁苏边界的陶沟河口出境，流经德州、聊城、泰安、济宁、枣庄五地市。黄河将京杭运河山东段一分为二，其中鲁北运河长265公里，鲁南运河长264公里。有不少河段淤积严重，不能航行。运河航运业处于分散、多头管理状态，山东运河航运百废待兴。③

1951年以后，党中央发出兴修水利，解决水患的号召，从而把改建运河与治理黄河、淮河、海河结合起来。在毛泽东同志"一定要把淮河修好"的号召下，国家对山东运河进行了分期分批的治理，发挥其防洪、航运等综合功能。从第一个五年计划起，国家便把京杭运河航道开发与治理列入国家重点规划。1957年8月22日，由国家建委、计委、经委、水利部、河北省、山东省等有关单位和地区在北京召开会议，确定兴建四女寺枢纽工程。同年10月10日水利部审查了节制闸与船闸的初步设计，同意交通部关于船闸闸室长度定为210米的意见。12月7日，国家建委下文批准四女寺枢纽工程初步设计。四女寺枢纽工程位于山东省武城县四女寺村东北卫

---

① 李泉、王云：《山东运河文化研究》，齐鲁书社2006年版，第38—39页。
② 李泉、王云：《山东运河文化研究》，齐鲁书社2006年版，第39页。
③ 《山东运河航运史》编纂委员会编：《山东运河航运史》，山东人民出版社2011年版，第354—355页。

运河尾端，漳卫新河和南运河的入口，为漳卫河中下游主要控制枢纽。四女寺枢纽由进洪闸、节制闸、船闸、四女寺船闸灌渠、电站等建筑物组成。1958年，四女寺船闸竣工，通航1000吨级，设计年通过量464万吨。①

1963年，毛泽东提出"一定要根治海河"以后，进一步开展了卫运河治理工作。根据1967年水电部、交通部关于"卫运河临清至德州的复航规划报告"的意见，1972—1978年间，为恢复卫运河德州至临清段通航，在武城县修建祝官屯枢纽，设计水位和四女寺枢纽相衔接，其中，祝官屯船闸于1974年4月开工，1977年春竣工，船闸采用五级航道标准。投资757万元，浇注钢筋混凝土21222立方米，砌石13200立方米，挖填土1193500立方米。因卫运河无水断航，船闸未投入运营，工程验收后移交水电部十三工程局河道分局管理。②

1958年7月，交通部会同山东省大运河工程指挥部在济宁召开京杭运河改线实施方案座谈会，原则确定了济宁以北的河道开挖方案。1959年12月，交通部批准了山东省上报的《京杭运河整治山东段黄河以南航道工程扩大初步设计》，同意对京杭运河山东南段实施大规模改线工程，分为梁济运河、南四湖区、韩庄运河三个区段，结合淮河流域治理分步实施。③

1959年至1967年间，由济宁、菏泽两专区先后组织19万群众，分三次开挖了北起梁山县路那里村东，南至任城区李集村入南四湖口的全长88公里的人工河道，1967年正式定名为"梁济运河"。开挖梁济运河属于平地开河，基本上摆脱了元明时期开挖和治理的原济州河、会通河。由于梁济运河整治工程标准高，费用大，人力物力不足，故航道建设实际未能达到六级标准，济宁至梁山未能实现正常通航。延续到20世纪70年代，只能季节性通行百吨级驳船。但对减轻流域内的洪涝灾害，发展引水灌溉，发挥了重要的作用，也为当今实施南水北调工程和京杭运河济宁至东平湖段航道北延工程奠定了一定的基础。④

---

① 《山东运河航运史》编纂委员会编：《山东运河航运史》，山东人民出版社2011年版，第357页。
② 《山东运河航运史》编纂委员会编：《山东运河航运史》，山东人民出版社2011年版，第358页。
③ 《山东运河航运史》编纂委员会编：《山东运河航运史》，山东人民出版社2011年版，第361页。
④ 《山东运河航运史》编纂委员会编：《山东运河航运史》，山东人民出版社2011年版，第361页。

第一章 山东段运河的历史与现状

韩庄运河的前身是明朝所开㳅河的中间一段,中华人民共和国成立后改称"韩庄运河",为南四湖下游最大的出口。新中国成立之初,该河因年久失修,河槽大部分已淤平,且两岸无堤,不仅给航运造成很大的困难,而且对沿河群众的生命财产安全构成很大的威胁。为免除洪涝灾害,从1956年至1977年的20余年间,分段对韩庄运河、伊家河进行大规模治理。① 从1968年至1972年,京杭运河山东南段先后完成了韩庄、刘家庄、台儿庄3座船闸、2座节制闸和3座闸带桥工程,终于结束了苏、鲁断航12年的历史,使古老的运河航运又恢复了生机。②

南四湖湖区航道是京杭运河的主要航线,由明朝后期开挖的南阳新河和㳅河上游共同组成。1958年,在南四湖最窄处开始兴建二级坝枢纽工程,至1975年基本建成。该工程东起常口老运河西堤,西至东丁官村南顺堤河东堤,横跨南四湖,全长6.6公里,将南四湖分为上、下两级湖,该枢纽由溢洪堰、拦湖坝各1道,节制闸4座,船闸1座,"一"字式排列组成。二级坝枢纽工程是当时鲁西南地区最大的水利枢纽工程,横跨昭阳湖中腰,将南四湖分为上、下两级湖。该工程建成后,在蓄水灌溉、防汛泄洪、水上运输和发展水产等方面均产生很大的效益,成为京杭运河整治工程中收益最大的工程项目。③

改革开放以来,山东运河步入历史的黄金发展期,山东港航现代化建设取得了辉煌成就。国家把京杭运河整治列为能源和交通建设的重点,相继建设完成了一批航道、船闸、港口等基础设施项目,运河主航道标准由六级提升到三级;船闸标准由五级提升到二级标准;港口吞吐量由1978年的不到300万吨飙升至2009年的近5000万吨。运河航运初步实现了航道网络化、船舶标准化、港口现代化、管理信息化的目标,构筑成一干多支、干支相连、配套联动、管理科学的航运体系。港航经济规模成倍增长,文明程度不断提高,开发领域全面突破,综合实力明显增强。港航经济已成为促进区域经济发展的强大动力和重要支撑,极大地促进了城乡经

---

① 《山东运河航运史》编纂委员会编:《山东运河航运史》,山东人民出版社2011年版,第365页。
② 《山东运河航运史》编纂委员会编:《山东运河航运史》,山东人民出版社2011年版,第367页。
③ 《山东运河航运史》编纂委员会编:《山东运河航运史》,山东人民出版社2011年版,第364—365页。

济繁荣和对外贸易的增长。①

据1979年统计，山东省拥有通航河流44条，通航里程1951.3公里，其中黄河588.3公里，小清河238公里，京杭运河229.7公里。1988年全省内河航道共71条，通航里程1840.21公里，其中黄河、小清河、京杭运河南段3条干流通航里程919.2公里。自进入20世纪90年代，由于水资源缺乏，京杭运河山东北段、黄河航道逐渐断航，小清河航道羊口港以上也已经断航，内河航道里程有所缩短。到2009年，山东内河实际通航里程为1012.20公里，其中京杭运河三级航道253.21公里。

京杭运河山东南段主航道及其主要支流航道得到不同程度的治理和开发，形成以京杭运河为主线，涵盖嘉祥、金乡、鱼台、邹城、微山、任城、台儿庄、峄城、滕州等诸地域的水运网络。1983年至1984年，山东省、市航运管理部门按国家规划航线疏浚下级湖航道；1989年至1992年，按六级航道标准重新开挖上级湖航道。但工程竣工后，只能通航100吨级船舶，远不能满足区域经济发展的实际需要。特别是台儿庄节制闸以下与江苏大王庙连接的18.5公里下游航道，弯曲窄浅，枯水期水浅难行，汛期水流湍急，通航条件恶劣，京杭运河山东南段水上运输时断时续。当时的台儿庄与刘庄船闸，均为五级标准船闸，年设计通过能力仅为100万吨。1988年，台儿庄船闸实际通过量达到254万吨。②

为尽快改善区域通航条件，发挥京杭运河山东段"北煤南运"主通道的作用，1991年，山东省交通厅和济宁、枣庄两市政府正式向山东省政府、国家计委、交通部申报了京杭运河（济宁至徐州段）续建工程建设项目。该续建工程后被列为国家"九五"期间重点水运项目，亦是20世纪山东最大的内河水运建设项目，总投资14.96亿元。整个工程主要由航道、船闸、港口、通讯、航标、桥梁6个建设项目组成，按三级通航标准疏浚济宁至台儿庄170.5公里航道，按二级通航标准建设韩庄船闸和万年闸船闸，扩建泗河口港、太平港、留庄港、滕州港4条进港航道，配套建设郭庄、付村、泗河口、太平、留庄、滕州、台儿庄7处港口，新增港口

---

① 《山东运河航运史》编纂委员会编：《山东运河航运史》，山东人民出版社2011年版，第410页。
② 《山东运河航运史》编纂委员会编：《山东运河航运史》，山东人民出版社2011年版，第411页。

吞吐能力1550万吨。经过4年的紧张建设，京杭运河济宁至台儿庄段三级航道于2000年11月22日全线贯通，千吨级货船往返于济宁至江南航线，年通航能力由过去的220多万吨提高到2600万吨。①

第二节 山东段运河的发展现状

大运河山东段南起山东与江苏两省交界处的大王庙闸，北到德州市德城区第三店闸，是整个京杭大运河的关键河段，流经山东省枣庄、济宁、泰安、聊城、德州5个市18个县、市、区，全长643千米（也有全长497.5千米、563千米、570千米、511千米等说法），约占京杭大运河总长度的1/3。自古以来，大运河全线通航，关键在山东，其中，南旺分水枢纽所在区域是运河通航条件最困难、维修保护技术最复杂的河段。②本节在探讨山东段运河总体概况和资源特色的同时，对沿运各地市水文、航运及经济社会发展状况进行梳理和分析。

一 总体概况及资源特色

（一）基本情况

大运河山东段由南运河段山东段（冀鲁交界—聊城市临清市）、会通河段山东段（聊城市临清市—济宁市微山县）和中河段山东段（济宁市微山县—苏鲁交界）三个段落组成。其中，南运河段长127.8公里，会通河段长766公里，中河段长70.7公里。沿线支线航道辐射菏泽市东部的巨野、郓城，济南市的平阴等，流域范围达41个县市区，土地总面积约3.9万平方公里，占全省国土面积的24.1%、总人口的28.5%。③

---

① 《山东运河航运史》编纂委员会编：《山东运河航运史》，山东人民出版社2011年版，第412页。
② 刘庆余：《世界遗产视野下的线性文化遗产旅游合作研究——以京杭大运河为例》，中国经济出版社2016年版，第242页。
③ 数据来源于山东省发展和改革委员会《大运河文化带（山东段）建设专项规划研究报告》。

表1-1　　　　　　　　大运河山东段相关情况①

相关情况	内　容
流经地域	德州、聊城、泰安、济宁、枣庄
中华人民共和国成立前河道	中华人民共和国成立以前大运河山东段正河全长643千米，约占整个运河的1/3，涵盖了鲁西平原的绝大部分，其中南运河段全长140.3千米、会通河段全长374.5千米、中河段全长128.2千米
中华人民共和国成立后河道	中华人民共和国成立以后新修河道300多千米，目前大运河山东段全长963.5千米，其中南运河段长127.8千米，会通河段长766千米，中河段长70.7千米
主要途经河流	包括黄河、淮河、马颊河、沂河、小汶河、白马河等
湖泊分布	湖泊集中分布于鲁西湖带，以济宁为中心分为两大湖群，以南的南四湖，以北的北五湖

由于大运河山东段是地势最高、修建维护最为复杂的河段，工程技术巧妙复杂，地位作用突出，许多重大工程难题在此集中，凝聚了中国古代水利科技的最高成就。南运河段山东段沟通了海河南水系各支流，至今仍保留着原有河道形态和人工弯道特点；会通河段山东段构建起了华北海河水系和黄淮水系的直接联系，标志着京杭大运河的全线通航，通过设置闸、坝、开凿引河、设立水柜、建设分水枢纽工程解决水源问题，成为中国水利科技发明创造的重要成就和典范；中河段山东段解决了黄河水患和运河淤塞的难题，使大运河绝境重生，南北漕运日益繁盛，是山东省至今仍在全线通航的河段。

（二）资源特色

1. **区域战略地位重要。**自元代至清中期五百多年间，大运河山东段一直是沟通中国北方政治中心和南方经济中心的交通大动脉，是历史上南粮北运、商旅交通、军资调配、水利灌溉等的生命线，凝聚了中国古代水利科技的最高成就，山东运河沿线地区东临"21世纪海上丝绸之路"，西连"丝绸之路经济带"和中原经济区，北融京津冀协同发展区，南接长江经

---

① 本表数据来源于山东省发展和改革委员会《大运河文化带（山东段）建设专项规划研究报告》。

济带和淮河生态经济带,是贯通国家三大战略和雄安新区的中轴线,在建设大运河文化带中具有十分重要的战略地位。

2. 历史文化底蕴深厚。山东运河沿线地区是中华文明的重要发祥地之一和儒家文化的发源地,拥有运河、泰山、曲阜三孔、齐长城四处世界文化遗产,根植于齐鲁文化,吸纳了南北文化,融合了中外文化,形成了诚信、仁义、包容、开放、多元的鲁风运河文化特质,是全方位体现中华文化多样性的代表性区域。遗产众多、类型多样,涉及河道、工程、附属建筑诸多领域,具有较高历史文化价值。被誉为运河之脊的南旺分水枢纽遗址和运河之心的戴村坝,元明清时期的河道总督衙门所在地、运河八大钞关之首的临清钞关、运河"四大名塔"之一的临清舍利宝塔等,都是大运河的重要标志。其中,毛泽东曾在《五律·白英治水》中,为南旺大运河枢纽工程祖师白英赋诗写道:"筑坝截汶泗,拦溪浚百泉。诸湖储水柜,众闸调河川。三分朝天子,七分下江南。长河船舟竞,两岸秀桑田。"[1] 拥有德州的苏禄王墓、聊城的山陕会馆、临清的鳌头矶、济宁的太白楼、枣庄的万年闸等诸多文化遗产,共有 8 段河道和 15 个遗产点列入世界文化遗产名录,居全国第二位,河段占总河段的近三分之一,遗产点超过四分之一;共包含物质文化遗产 161 处、非物质文化遗产 49 项,是整个大运河申遗项目的重中之重;木版年画、船工号子、竹编制品、饮食文化等非遗产品更是不计其数,是建设文化运河的关键支撑。

3. 运河功能持续发挥。历史上,大运河山东段一直是沟通中国北方政治中心和南方经济中心的生命线,是南粮北运、商旅交通、军资调配的交通动脉,有"国家漕运江南四百万,寄径于山东漕河一线"之称。[2] 黄河以南段长期承担着重要的航运功能,是全省内河航道网的主要组成部分。

4. 传承创新优势明显。加强对中华优秀传统文化的挖掘和阐发,推动优秀传统文化创造性转化、创新性发展。制定实施大运河遗产保护的相关规划和管理办法,着力打造曲阜优秀传统文化传承发展示范区。根植于齐鲁文化,融合吸纳南北文化、中外文化,形成了诚信、仁义、包容、开

---

[1] 李存修:《大运河文化巡礼》,群言出版社 2017 年版,第 151 页。
[2] 贵州省民族研究所编:《〈明实录〉贵州资料辑录》,贵州人民出版社 1983 年版,第 1104 页。

放、多元的鲁风运河文化特质。

5. 生态环境持续改善。全面推行河长制，持续加大运河沿线和南水北调沿线等生态环境整治力度，流域水环境质量持续改善。运河沿线河流湿地、湖泊湿地、沼泽湿地、人工湿地等保护建设取得积极进展，成功创建国家"让江河湖泊休养生息"示范省。

6. 智库支撑持续增强。聊城大学运河学研究院成立于2012年，作为山东省哲学社会科学重点研究基地，是国内首家以运河及其区域社会为研究对象的院级科研实体单位。近年来，先后承担国家级、部省级运河研究课题30余项，取得了《中国大运河年度发展报告》（蓝皮书）、《运河学研究》（集刊）、"大运河文化数据平台"（简称"一书一刊一平台"）、《中国运河志》（文献卷、人物卷、大事记）、《中国大运河历史文献集成》（80册）、"运河地名文化数据库""地名·运河丛书""聊城大学运河学研究院研究丛书"等一系列标志性成果，组织召开国际、国内运河主题研讨会10余次，专题学术报告120余场，在国内运河研究和智库建设领域居于领先地位。山东省运河经济文化研究中心作为省级运河经济文化研究的社会组织，集结省内乃至全国运河经济文化专家，促进京杭大运河申遗，推动运河航运工程及沿河城市发展，助推山东经济文化强省建设，为科学决策提供理论支持和智力服务。2015—2017年期间，在枣庄滕州、济宁微山连续举办了三届山东省运河论坛，邀请专家、学者为大运河开发建设献计献策。此外，山东大学儒学研究中心、曲阜师范大学孔子文化研究院和国学院、山东师范大学齐鲁文化研究院等各类文化领域智库建设的不断推进，对运河及沿线区域文化发展的支撑作用持续增强。

二　沿线水文及通航情况

京杭运河山东段是国家水运主通道的重要组成部分，连接山东与周边水网地区，是山东内河航道的核心。按航道现状条件可分成黄河以北段、黄河以南至济宁段和济宁至江苏省界段（黄道桥）三部分。

1. 黄河以北段。位于鲁西北平原的聊城及德州两市境内，由位临运河（或小运河）、卫运河、南运河组成，全长265千米，规划为Ⅲ级航道。目前，黄河以北山东段航道暂未通航。

2. 黄河以南至济宁段。本段由黄河至东平湖出口段、东平湖段、柳长河段和梁济运河段四段组成，总长度为110千米，规划为Ⅱ级航道。

目前,除黄河至东平湖出口段暂未通航外,其余三段已按照Ⅲ级航道建成通航。

3. 济宁至台儿庄(黄道桥)段。本段由济宁至二级坝微山船闸段和二级坝到苏鲁省界的湖东线航道、湖西线航道三段组成,本段总长度为214千米,其中湖西航道长51千米,规划为Ⅱ级航道。济宁至台儿庄(黄道桥)段目前为Ⅲ级航道,通航里程172千米,湖西线航道为Ⅵ级航道,通航里程51千米。目前,本段航道的升级工作已经开展,升级后济宁至二级坝微山船闸段和二级坝到苏鲁省界的湖东线航道为Ⅱ级航道,湖西线航道为Ⅲ级航道。

表1-2　　　　　　　　大运河山东段航道情况①

河段	现状
黄河以北段	位于聊城、德州两市境内,由位临运河、卫运河、南运河组成,规划为Ⅲ级航道,目前暂未通航
黄河以南至济宁段	由黄河至东平湖出口段、东平湖段、柳长段和梁济运河段四段组成,规划为Ⅱ级航道,目前除黄河至东平湖出口段暂未通航外,其余三段已结合南水北调输水与航运工程,按照Ⅲ级航道建成通航
济宁至江苏省界(黄道桥)段	由济宁至二级坝微山船闸段、二级坝到苏鲁省界的湖东线航道、湖西线航道三段组成,目前济宁至台儿庄段为Ⅲ级航道,湖西线为Ⅵ级航道,通航里程51千米,升级后济宁至二级坝微山船闸段和二级坝到苏鲁省界的湖东线航道为Ⅱ级航道,湖西线航道为Ⅲ级航道

三　沿线经济社会发展状况

元代以来,随着大运河的全线贯通和南北漕运的兴旺发达,极大地促进了山东沿运地区社会文化的发展和工商业的繁荣。清咸丰五年(1855),黄河北徙,将山东运河拦腰截断,使山东运河的航运形势发生了根本变化。再加上战乱频仍、灾荒不断,山东沿运地区社会经济受到沉重打击。中华人民共和国成立后,山东沿运地区国民经济得到迅速恢复,城镇人口普遍增长,群众生活水平获得一定提高。但就山东整体而言,沿运地区经

---

① 本表数据来源于山东省发展和改革委员会《大运河文化带(山东段)建设专项规划研究报告》。

济发展受当时形势的影响，主要重视农业的发展，相对忽视工业特别是轻工业的发展，总体上呈现"农业较好，工业薄弱，流通滞后"的特点。山东沿运地区城镇经济与山东东部地区以及与江南地区相比，发展相对缓慢，这种局面一直到改革开放之后才得到较大改变。①

（一）沿线5市经济社会发展情况

1. 德州市。位于山东省西北部、黄河下游冲积平原，是山东省的北大门，总面积10356平方公里，占全省面积的7.55%，辖德城区、陵城区、乐陵市、禹城市、宁津县、庆云县、临邑县、齐河县、平原县、夏津县、武城县共2区2市7县。2016年，年末总人口580万人，生产总值2933亿元，公共财政预算收入183.5亿元，降水量525.8毫米，造林总面积10437公顷。② 全市较大河流主要有黄河、卫运河、漳卫新河、徒骇河、德惠新河和马颊河，以上河流除黄河外，均系海河流域南系。

产业方面：编制完成《德州市现代农业发展总体规划》，农民专业合作社达到1.36万家，新增国家级农业龙头企业1家，"三品一标"认证总面积占食用农产品产地总面积的68.9%；高新技术产业产值增长10.4%，增速居全省第3位，占规模以上工业总产值比重29.44%；装备制造业增加值增长8.7%，占规模以上工业的比重（27.5%），六大战略性新兴产业规模以上企业主营业务收入增长14.6%，增速高于规模以上工业平均水平4.1个百分点；服务业增加值增长9.2%，对经济增长贡献率达到51.9%，占全市生产总值的比重42.1%，成功列入国家产融合作试点城市和全国物流标准化试点城市，被认定为"山东省电子商务示范城市"。生态建设方面：在全省率先出台环保评估负面清单，制定首部政府规章《大气污染防治管理规定》，实施"压煤、抑尘、控车、除味、增绿"五大措施。全年"蓝天白云、繁星闪烁"天数182天，同比增加29.1%；SO_2、NO_2、PM2.5、PM10四项主要污染物分别改善17.1%、13%、13%和19.8%；启动实施运河开发区生态修复三年规划，17类64项生态修复项目全面铺开。③

---

① 《山东运河航运史》编纂委员会编：《山东运河航运史》，山东人民出版社2011年版，第409页。
② 相关数据来源于山东省发展和改革委员会《大运河文化带（山东段）基础研究材料》。
③ 相关数据来源于山东省发展和改革委员会《大运河文化带（山东段）基础研究材料》。

表 1-3　　　2016 年沿线 5 市主要经济社会发展指标①

指标	德州市	聊城市	泰安市	济宁市	枣庄市
总面积（平方公里）	10356	8715	7762	10684.9	4563
总人口（万人）	580	604	560	835.44	394
地区生产总值（亿元）	2933	2859.2	3316.8	4302	2143
地方财政收入（亿元）	183.5	187.5	206.7	391.52	147.4
固定资产投资（亿元）	2537.8	2357.6	2899.6	3279.0	1788.5
消费品零售总额（亿元）	1395	1173.1	1462.8	2071.89	892.3
进出口总额（亿元）	211.2	375.4	30299	359.8	89.9
城镇居民人均可支配收入（元）	22760	23277	14428	29987	27708
农村居民人均可支配收入（元）	12248	11387	15.00	13615	13018
水资源总量（亿立方米）	12.91	12.35	789.3	21.06	9.03
降水量（毫米）	525.8	666.8	50.72	833.1	912.3
湿地面积（千公顷）	25.94	15.31	5801	152.36	15.86
造林总面积（公顷）	10437	9691	9400	11808	8574

2. 聊城市。位于山东省西部。面积 8715 平方公里，辖 8 个县（市、区）、1 个经济开发区、1 个高新技术产业开发区、1 个旅游度假区，136 个乡（镇、街道），5782 个村（社区）。2016 年，年末总人口 640 万人，生产总值 2859.2 亿元，地方一般公共预算收入 187.5 亿元，降水量 666.8 毫米，造林总面积 9691 公顷。先后被列入中原经济区、中原城市群、京津冀协同发展区和山东省省会城市群经济圈、西部经济隆起带，成为国家和省区域战略叠加区。是国家历史文化名城、国家环保模范城市、国家园林城市、国家卫生城市、中国优秀旅游城市、中国温泉之乡、中国十大休闲城市。

产业方面：2016 年，规模以上工业增加值是 2011 年的 1.8 倍，高新技术产业占比提高了 13.6 个百分点；服务业占生产总值比重提高了 8.5

---

① 本表数据来源于山东省发展和改革委员会《大运河文化带（山东段）建设专项规划研究报告》。

个百分点。2016年，全市服务业增加值增长9.6%，全市旅游消费总额增长13.5%。生态环境方面：积极创建国家森林城市，"千亩表流、百亩潜流"人工湿地实现县（市）全覆盖，全市林木绿化率达到40%。城乡建设方面：市、县城区建成区面积由210平方公里增加到300平方公里，城市人口由223.3万人增加到292.8万人，常住和户籍人口城镇化率分别提高了10.3个和5.1个百分点；小城镇建设完成投资127亿元，建成农村新型社区510个。交通区位方面：贯南北的京九铁路和横跨东西的邯济铁路在聊城交汇，形成"十"字结构；高速公路方面，东西向的青银高速、济聊馆高速、青兰高速和南北向的德上高速在聊城交汇，形成"丰"字结构，使聊城成为华北重要的交通枢纽。[①]

3. 泰安市。位于山东省中部的泰山南麓，总面积7762平方公里，辖泰山区、岱岳区、新泰市、肥城市、宁阳县、东平县6个县市区，88个乡镇（街道），3739个村（居）。2016年，年末总人口560万人，生产总值3316.8亿元，地方财政收入206.7亿元，造林总面积5801公顷。全市多年平均降水量为697毫米、平均天然水资源总量为16.97亿立方米、平均水资源可利用总量为13.4亿立方米、平均开发利用水总量为13.1亿立方米，东平湖是市内最大、省内第二大淡水湖。是国家历史文化名城、中国优秀旅游城市、国家园林城市、国家森林城市。五岳之首的泰山是首例世界文化与自然双重遗产、世界地质公园，首批国家级风景名胜区、全国文明风景旅游区，被誉为中国历史文化的缩影、中华民族精神的象征。

产业方面：2016年，三次产业结构调整为8.5：44.8：46.7，实现了由"二三一"到"三二一"的历史性转变。以金融、房地产、其他服务业为代表的现代服务业蓬勃发展；2016年，全市现代服务业实现增加值812.01亿元，占全部服务业比重52.4%，同比提高1.2个百分点；大力培植"三强"企业，重点行业、新兴产业、龙头企业发展势头良好，2016年，全市规模以上工业增加值比上年增长6.9%，高于全省0.1个百分点，装备制造业占比达到39.8%。文化旅游方面：省级以上文化产业示范园区（基地）12家，其中国家级文化产业示范基地1家，省级文化产业示范园区1家，省级文化产业示范基地10家。国有文物收藏单位33家，可移动文物63988件（套），共170096件。世界文化遗产3处，国家级重点文物

---

① 相关数据来源于山东省发展和改革委员会《大运河文化带（山东段）基础研究材料》。

保护单位14处、省级78处、市级110处。现有各级非遗项目434个,其中国家级11个、省级42个。2016年,全市共接待游客6278.18万人次,实现旅游消费总额661.64亿元,分别增长8.43%和13.63%。生态建设方面:全市建成6个自然保护区,总面积5.5万公顷,建成湿地公园12处,森林覆盖率达到39.6%,远高于全省平均水平。东平湖被列为重要生态功能保护区,天泽湖湿地成为全省最大的人工强化湿地。[1]

4. 济宁市。位于鲁西南腹地,地处黄淮海平原与鲁中南山地交接地带,总面积为11187平方公里,辖任城区、兖州区、金乡县、嘉祥县、鱼台县、微山县、泗水县、汶上县、梁山县,代管曲阜市、邹城市,156个乡镇街道。2016年,年末总人口835.44万人,地区生产总值4302亿元,地方财政收入391.5亿元,造林总面积11808公顷。多年平均降水量694.8毫米,平均水资源总量为46亿立方米,境内大部分属淮河流域,形成了以中国北方最大的淡水湖南四湖为集水中心的现代水系,直接入湖河流53条。济宁市境内有孔孟文化、运河文化、水浒文化的发源地。

产业方面:新型产业体系加快形成。2016年,三次产业结构调整为11.2:45.3:43.5。粮食生产连年稳定在百亿斤以上。2016年,规模以上工业企业达到2624家;服务业税收占比达到49.1%,增加值占比比2012年提高8.6个百分点,年均增幅居全省第2位;高新技术产业产值占比达到29.9%。2个产业规模超千亿、5个超500亿。2家企业进入中国跨国公司100强,4家进入中国企业500强。信息产业高端起步,惠普、甲骨文、中兴、华为等一批知名IT企业集群落户,被确定为省信息技术产业基地。城乡建设方面:成功实施行政区划调整,中心城区形成"一城五区"发展格局,进入国家2类大城市行列。常住人口城镇化率达到55.3%、提高11.2个百分点,增幅连续4年居全省第1位。建成美丽乡村示范片区31个,90%以上的村达到环境整洁村标准,城乡环卫一体化经验全国推广,荣获"中国人居环境范例奖"。成功创建全国绿化模范城市,全国双拥模范城市实现七连冠,全国文明城市创建获得提名,国家卫生城市创建顺利通过国家级技术评估。文化旅游方面:孔子学院总部体验基地、干部政德教育基地和济宁干部政德教育学院、孟子研究院批准设立。传统文化六进普及、道德提升等七大工程深入实施,儒学进乡村活动蓬勃开展,被

---

[1] 相关数据来源于山东省发展和改革委员会《大运河文化带(山东段)基础研究材料》。

授予山东"四德工程"建设示范市。2012年至2016年，新增省级以上文化产业示范园9家，规模以上文化企业达到407家、居全省第2位，新建亿元以上旅游项目66个，完成投资414.6亿元，旅游消费总额突破600亿元。生态环境方面：国家生态保护与建设示范区创建扎实推进。完善"治用保"水污染防治体系，南四湖跻身全国14个水质良好湖泊行列。2012年至2016年，新增造林110万亩，森林覆盖率达到30.8%，建成国家级生态乡镇43个；关停淘汰落后产能企业371家，万元GDP能耗下降17%。[①]

5. 枣庄市。位于山东省南部，总面积4563平方公里，占全省总面积的2.97%，辖市中区、薛城区、峄城区、台儿庄区、山亭区、滕州6个区（市），设64个乡（镇、街道），2485个村（社区）。2016年，年末总人口391.56万人，地区生产总值2143亿元，地方财政收入147.4亿元，造林总面积8574公顷。枣庄是具有光荣革命传统的英雄城市，近百年来，发生了多次震惊中外的历史事件，例如1938年的台儿庄会战，1940年的铁道游击战等。

产业方面：2016年，三次产业结构调整为7.6∶51.2∶41.2。非煤产业增加值占比达到92.1%，规模以上高新技术企业269家，实现工业总产值780.32亿元、增长6.5%，占规模以上工业比重达到22.62%，同比提高2.79个百分点。服务业增加值占比首次突破40%，达到41.2%，提高1.5个百分点。大力发展专业市场、商贸物流、健康养生等服务业，限上服务业企业达到550家。以国家现代农业示范区建设为引领，认定首批国家现代农业示范区产业园3个、生态园8个、标准园16个，市级以上农业龙头企业发展到352家，市级现代农业示范镇达到38个，市级以上"一村一品"示范村镇达到52个，"三品一标"总数达到300个。文化旅游方面：大力发展全域旅游，以台儿庄古城5A级旅游景区为龙头，大力发展文化旅游、红色旅游、乡村旅游，2016年，全市拥有A级景区50家，其中5A级1家、4A级12家，全年接待国内游客2040.2万人次，增长9.1%；接待入境游客3.4万人次，增长8.9%；旅游消费总额173.8亿元，增长13.9%。着力增强文化软实力，加强对枣庄历史名人文化、运河文化、红色文化和工业文化的研究阐发，文化产业实现增加值77.9亿元，

---

① 相关数据来源于山东省发展和改革委员会《大运河文化带（山东段）基础研究材料》。

占GDP比重3.84%，居全省前列。生态建设方面：市域森林覆盖率达36.22%，建成区绿化覆盖率达36%。山亭区、台儿庄区成功纳入国家重点生态功能区，省级以上生态乡镇达到48个，占创建乡镇（街道）总数的80%。城市污水处理率95.95%，同比提高0.25个百分点。[①]

（二）沿线各县（区）经济社会发展情况

运河主河道流经的地区是孕育形成大运河文化的主要空间，也是大运河文化带建设的关键区域。具体到山东来说，大运河山东段主要流经沿运5地市的18个县、市、区（详见下表）。

表1-4　　　　　　　　大运河山东段行政区划表

地市名称	县区数量	县区名称
德州市	3	德城区、武城县、夏津县
聊城市	3	临清市、东昌府区、阳谷县
泰安市	2	东平县、宁阳县
济宁市	6	梁山县、汶上县、任城区、嘉祥县、鱼台县、微山县
枣庄市	4	滕州市、薛城区、峄城区、台儿庄区

根据山东省发改委大运河文化带（山东段）相关研究材料，现将沿线18个县、市、区的经济社会发展情况列举如下：

1. 德城区。是德州市中心城区、主城区，辖2镇、4个街道和1个国家级经济开发区重要组成部分，总面积231平方公里，总人口60万人。拥有世界文化遗产——京杭大运河南运河德州段和苏禄国东王墓等文化遗迹，"黑陶烧制技艺"列入国家级非物质文化遗产名录。2016年，全年实现地区生产总值283.60亿元，人均生产总值64040元；三次产业结构比例为1.5∶40.1∶58.4；全面规模以上固定资产投资完成186.43亿元，实现社会消费品零售总额175.47亿元；全年完成公共财政预算收入18.37亿元，公共财政预算支出18.10亿元；全年接待国内外游客422.6万人次，实现旅游收入21.71亿元；常住人口城镇化率85.7%。生态建设方面，林木覆盖率达到35%，通过加强对重点工业企业废气、商混企业和物料堆场扬尘等点源的治理，PM2.5、SO_2等大气指标明显改善；对辖区内

---

① 相关数据来源于山东省发展和改革委员会《大运河文化带（山东段）基础研究材料》。

污水处理企业和重点排污企业的监管,水环境质量进一步改善。①

2. 武城县。隶属山东省德州市,隔京杭运河与河北省相望,辖7镇1街1个省级开发区,总面积748平方公里,人口40万人。荣膺全国小康成长型百佳县、山东省县域经济跨越发展十强县等国家、省级荣誉称号。2016年,实现地区生产总值179亿元,三次产业结构比例为11.8∶51.1∶37.1;一般公共预算收入8.62亿元,全社会固定资产投资193亿元,社会消费品零售总额81亿元;常住人口城镇化率52.36%(2015年)。生态方面,严格落实"压煤、抑尘、控车、除味、增绿"五大措施,加快推进"三沿"林带建设,植树56万株,新建农田林网10万亩,新增造林6465亩。四女寺风景区纳入全省十大文化旅游目的地品牌"鲁风运河"建设体系,四女寺镇四女寺村、吕庄子村、武城镇董王庄村、肖邢王庄村、李家户镇西店村、郝王庄镇草一村被列入全国乡村旅游扶贫工程。②

3. 夏津县。地处鲁西北平原、鲁冀两省交界处,北依德州,南靠聊城,西临京杭大运河,因"齐晋会盟之要津"而得名。辖10镇2乡1个街道1个省级开发区,总面积882平方公里,总人口52万。因植棉著称全国,被评为全国纺织产业集群创新发展示范区,素有"银夏津"之美誉。2016年,实现地区生产总值182.3亿元,三次产业结构比例为12.8∶48.2∶39;全社会固定资产投资194亿元,一般公共预算收入7.8亿元,社会消费品零售总额85.7亿元;常住人口城镇化率48.3%。生态建设方面,2016年,顺利完成城区部分地段绿化景观建设,林木覆盖率达到30.5%;突出抓好扬尘、锅炉、散煤治理,完成燃煤锅炉整治169台;扎实推进空气自动监测站建设,持续加大"土小企业"整治力度,定期开展环境质量监测。③

4. 东昌府区。地处聊城市中心城区,辖7镇、5个街道、两个工业园区,总面积829平方公里,常住人口89.9万人,是国家级历史文化名城、国家园林城市、国家环保模范城市、全国优秀旅游城市、全国宜居城市。2016年,实现生产总值297.3亿元,三次产业比例为11.7∶40.9∶47.4;公共财政预算收入完成31.85亿元,固定资产投资261.3亿元,社会消费

---

① 相关数据来源于山东省发展和改革委员会《大运河文化带(山东段)基础研究材料》。
② 相关数据来源于山东省发展和改革委员会《大运河文化带(山东段)基础研究材料》。
③ 相关数据来源于山东省发展和改革委员会《大运河文化带(山东段)基础研究材料》。

品零售总额达230.8亿元；城镇和农村居民人均可支配收入分别达24026元和11463元，常住人口城镇化率65.7%，位居全市第一，堂邑镇、郑家镇成功入选全国重点镇，沙镇、郑家镇顺利通过省级示范镇考核。生态方面，扎实做好海河流域水污染治理，建设污水处理厂5处；城乡环卫一体化实现全覆盖，路域环境综合整治成效明显，被评为"国家级生态示范区"。①

5. 临清市。位于漳卫河与古运河交汇处，与河北省隔河相望，是著名的中国运河名城、千年古县，是山东西进、晋冀东出的重要门户，举世闻名的京杭大运河从市区穿过。辖12镇4个街道办事处，总面积950平方公里，人口82.39万人。2016年，实现生产总值389.68亿元，三次产业结构为6.7∶57.3∶36；实现固定资产投资284.52亿元，社会消费品零售总额162.85亿元；财政公共预算总收入25.81亿元，一般公共预算收入19.12亿元，一般公共预算支出33.50亿元；城镇居民人均可支配收入22284元，农民人均可支配收入11210元，城镇化率达到56%。生态方面，实施了元明运河环境整治及街巷硬化、亮化、排水设施等工程建设，保护了传统风貌，改善了群众居住环境；全部完成废水深度处理、卫运河人工湿地等"十二五"规划项目；两次通过国家海河流域水污染防治考核评估。②

6. 阳谷县。地处鲁西平原，黄河绕县境东南而过，京九铁路纵贯全县南北。辖18个乡镇（街道），1个省级经济技术开发区和1个国家级祥光生态工业示范园，总面积1065平方公里，人口80万人，有"东夷之都、千年古城、武松故乡"之称，先后荣获国家新型工业化产业示范基地、国家级出口食品农产品质量安全示范区、全国粮食生产先进县等荣誉称号。2016年，实现生产总值315.28亿元，三次产业比例为14.1∶54.5∶31.4；一般公共预算收入达到13.45亿元，固定资产投资1086.2亿元，社会消费品零售总额达到166.8亿元；城镇、农村居民人均可支配收入分别达到21812元和11301元，城镇化率达到41.7%。生态建设方面，2012年至今，创建国家级生态乡镇10个，省级生态乡镇11个；新增湿地1591亩，森泉人工湿地被评为市级森林湿地公园；新增造林7.5万亩，林木覆

---

① 相关数据来源于山东省发展和改革委员会《大运河文化带（山东段）基础研究材料》。
② 相关数据来源于山东省发展和改革委员会《大运河文化带（山东段）基础研究材料》。

盖率提高了 4.7 个百分点。①

7. 东平县。地处山东省西南部，辖 14 个乡镇、街道，总面积 1343 平方公里，总人口 80 万，先后荣获全国休闲农业与乡村旅游示范县、国家园林县城、全省全域旅游示范县、乡村旅游示范县、生态农业示范县等荣誉称号。拥有全国重点文物保护单位 4 处，省级文物保护单位 13 处。县级以上非物质文化遗产 64 个，其中国家级 2 个，省级 4 个；运河沿线涉及文物点 58 处，其中世界文化遗产 2 处。2016 年，全县实现生产总值 385 亿元，三次产业比例为 11.5∶46.6∶41.9；分别实现固定资产投资 331.3 亿元、社会消费品零售额 156 亿元、一般公共预算收入 11.9 亿元；城镇居民人均可支配收入 26140 元、农村居民人均可支配收入 13217 元，城镇化率达到 41.35%。拥有 A 级旅游景区 14 家，省级旅游特色村 24 个，全年接待国内外游客 610 万人次，实现旅游综合收入 36.9 亿元。生态方面，东平湖、大清河水质持续改善，符合国家调水要求。生态东平建设稳步推进。截至 2016 年底，东平县已成功创建国家级生态乡镇 3 个，省级生态乡镇 9 个，省级生态村 6 个，市级生态村 302 个。②

8. 宁阳县。位于山东省中部，北依泰山，南临曲阜，乃"泰山之阳、圣人故邻"，辖 1 乡、10 镇、2 个街道和 1 个省级开发区，总面积 1125 平方公里，人口 82.2 万人。有大运河济运配套工程堽城坝、与运河相关的遗产点禹王庙等。2016 年，实现生产总值 408 亿元，人均生产总值达到 5.3 万元，三次产业比例为 12.9∶43.1∶44；完成固定资产投资 394 亿元，实现社会消费品零售总额 164.9 亿元，实现一般公共预算收入达到 12.7 亿元；城乡居民人均可支配收入达到 29866 元、13739 元，常住人口城镇化率 41.9%。拥有胡茂村"苗木产业+民俗文化+旅游"、彩山田园综合体、金彩山酒文化产业园、纺织服装文化创意园等项目，全县共接待游客 256.5 万人次，实现旅游总收入 5.8 亿元。生态方面，全力打造良好水生态，月牙湖水库增容、桑安口水库工程完工，引汶干渠修缮、河道治理工作进展顺利，全县道路、荒山、水系绿化率分别达到 92%、85%、86%，被评为山东省绿化模范县。③

---

① 相关数据来源于山东省发展和改革委员会《大运河文化带（山东段）基础研究材料》。
② 相关数据来源于山东省发展和改革委员会《大运河文化带（山东段）基础研究材料》。
③ 相关数据来源于山东省发展和改革委员会《大运河文化带（山东段）基础研究材料》。

9. 梁山县。位于鲁西南，处于山东省的泰安、济宁、菏泽和河南省的濮阳四地市交界处，辖13个乡镇、1个省级经济开发区、1个风景名胜区，总面积964平方千米，人口74.07万人。2016年，完成生产总值263亿元，三次产业比例为14∶51∶35；实现一般公共预算收入达到13.5亿元；城镇居民人均可支配收入达到25117元，农村居民人均可支配收入达到12654元，城镇化率达到42.3%，拳铺镇、杨营镇入选全国重点镇、省级百强示范镇，马营镇入选省特色小镇。成功创建省旅游强县，年旅客人数突破200万。生态方面，累计完成造林8万亩，沿黄河、东平湖、运河大堤两侧形成纵贯南北绿色屏障，梁山泊湿地被命名为国家级湿地公园；狠抓治气治水，大力实施专项整治行动，全面实行秸秆禁烧，空气质量改善幅度全市第一，淮河流域水污染防治迎查实现九连冠。①

10. 汶上县。古称中都，位于济宁东北部，辖14处乡镇和1个省级经济开发区，总面积877平方公里，人口79万人，素有"千年佛都、儒释圣地"之美。大汶河从东向西横穿汶上北部，泉河、小汶河由北向南纵贯汶上全境，流入京杭大运河，拥有南旺分水龙王庙古建筑群。2016年，完成地区生产总值265亿元，三次产业比例为16∶46∶38；实现规模以上固定资产投资232亿元，社会消费品零售总额118亿元，一般公共预算收入14.2亿元；城镇、农村居民人均可支配收入分别达到25756元、13142元，城镇化率达到45%。生态方面，小汶河综合治理、琵琶山引水闸改建、中都水库扩容等工程顺利完工；实施了"碧水""蓝天""增绿"工程，强力整治大气污染，空气质量持续改善；新增绿化面积320万平方米，创建国家级生态乡镇5个，荣获全国绿化模范县。②

11. 嘉祥县。位于济宁市西部，东北隔梁济运河与汶上县相望，辖10镇3街道，总面积960平方公里，人口91.99万人，是中国石雕之乡、中国唢呐之乡、中国鲁锦之乡。京杭大运河流经县境东北部，赵王河、洙水河、洙赵新河均自西向东，注入南阳湖。2016年，实现生产总值265.4亿元，三次产业比例为13.3∶48.05∶438.65；完成固定资产投资225.6亿元，社会消费品零售总额116亿元，一般公共预算收入16.3亿元；城镇、农村居民人均可支配收入25172元、12855元，常住人口城镇化率

---

① 相关数据来源于山东省发展和改革委员会《大运河文化带（山东段）基础研究材料》。
② 相关数据来源于山东省发展和改革委员会《大运河文化带（山东段）基础研究材料》。

36.35%。成功创建 3 个 3A 级旅游景区、4 个省级旅游强镇、9 个省级旅游特色村。生态方面，深入实施"大绿化工程"，林地面积达到 31 万亩，森林覆盖率达到 27.95%，成功申报了青山省级森林公园；水生态文明稳步推进，全面完成河道绿化，中小河流治理工作顺利通过验收及考评，建成国家级生态镇 2 个、省级生态镇 6 个、市级生态村 188 个。①

12. 任城区。地处鲁西南平原，京杭大运河中段，辖 2 个镇、13 个街道和 1 个省级经济开发区，总面积 651 平方公里，人口 89.2 万人。元明清三代最高治运、司运机构都曾设在此处，有"中国运河之都"的美誉。2016 年，实现地区生产总值 546 亿元，三次产业比例为 4.7：37.2：58.1；完成固定资产投资 385 亿元，完成一般公共预算收入 62.4 亿元；城镇、农村居民人均可支配收入分别达到 34280 元、14078 元。生态方面，大力实施引水入城、森林公园等重大生态项目，城区绿化覆盖率达 40.3%，蓝天碧水绿荫成为新常态，夺取了全国迎淮治污"九连冠"，通过了创卫国家暗访考核，获得了全国绿化模范城市称号，被评为中国中小城市新型城镇化质量百强区。②

13. 鱼台县。位于微山湖西畔，文化底蕴深厚，是孔子著名弟子闵子骞的故里，是闻名遐迩的孝贤文化发祥地和中国孝贤文化节举办地，素有"鱼米之乡、孝贤故里、滨湖水城"之美誉。2016 年，实现生产总值 168.5 亿元，三次产业比例为 20.4：40.4：39.2；完成固定资产投资完成 150 亿元，社会消费品零售总额达到 96 亿元，一般公共预算收入 10.42 亿元；城镇、农村居民人均可支配收入分别达到 24730 元、12620 元，城镇化率 36%。生态方面，河流水质稳定达标，大气质量持续改善。湿地保护与修复 4.5 万亩，森林覆盖率提高到 24.5%；创建国家级生态乡镇 2 个、省级生态乡镇 3 个、市级生态村 119 个。③

14. 微山县。位于山东省南部，地处鲁、苏两省三市结合部，是山东的"南大门"，总面积 1780 平方公里，其中微山湖面积 1266 平方公里，占全县总面积的三分之二，占全省淡水量的 45%，是我国北方最大的淡水湖。2016 年，实现生产总值 412 亿元，三次产业比例为 10.1：43.4：

---

① 相关数据来源于山东省发展和改革委员会《大运河文化带（山东段）基础研究材料》。
② 相关数据来源于山东省发展和改革委员会《大运河文化带（山东段）基础研究材料》。
③ 相关数据来源于山东省发展和改革委员会《大运河文化带（山东段）基础研究材料》。

46.5；完成固定资产投资220亿元，社会消费品零售总额124.5亿元，一般公共预算收入33.4亿元；城镇和农村居民人均可支配收入分别达到26500元和13160元，城镇化率达到49.9%。微山湖国家5A级景区创建顺利推进，五年累计接待游客2250万人次，实现旅游社会总收入197亿元；微山湖国家湿地公园荣膺"中国十大魅力湿地"，南阳古镇被评为"中国历史文化名镇"。生态方面，实施南水北调重点治污项目28个，完成淮河流域水污染防治工程39个，南四湖水质稳定达到地表水三类标准，在国家淮河流域治污考核中取得优异成绩；在全省率先实施退渔还湖、退池还湖、退耕还湿工程，累计保护与恢复湿地47.7万亩，建设人工湿地8处，森林覆盖率达到30.2%，被命名为国家级生态示范区。①

15. 峄城区。地处山东省枣庄市南部，紧邻徐州市，为淮海经济区的中心位置，有"黄金水道"之称的京杭大运河在南部穿过，是著名的"中国石榴之乡""中国芸豆之乡"。辖2个街道、5个镇，总面积635平方公里，人口42.6万人。2016年，实现生产总值167.68亿元，三次产业比例为12.1∶49.3∶38.5；实现固定资产投资、社会消费品零售总额、地方财政收入分别达到212.8亿元、71.4亿元和8.99亿元；成功创建古石榴国家森林公园，先后举办两届世界石榴大会；峄州港即将开港运营，成为省内首家引入二级航道、具备集装箱作业、拥有综合水上服务区的现代化内河港口。生态建设方面。成功创建国家森林城市、国家园林城市、省级卫生城市，森林覆盖率、城市绿地率分别达到35%、33%。②

16. 薛城区。地处枣庄市西部，是造车鼻祖奚仲故里、闻名中外的铁道游击队的故乡，辖5个镇、2个街道，总面积423平方公里，人口46.25万人。2016年，实现生产总值299.07亿元，人均GDP达到65128元，三次产业比例为4.3∶56.1∶39.6；完成固定资产投资267.4亿元，社会消费品零售总额100亿元，地方财政收入14.67亿元；城镇、农村居民人均可支配收入达到25730元、12560元，城镇化率54.5%。枣庄（薛城）港是京杭大运河上的重要码头，主要为煤炭中转以及腹地件杂货运输和临港物流产业服务，枣庄铁路物流园列为国家二级区域性铁路物流枢纽。生态建设方面，水污染防治成效显著，实施大绿化、大水系建设，全面治理城

---

① 相关数据来源于山东省发展和改革委员会《大运河文化带（山东段）基础研究材料》。
② 相关数据来源于山东省发展和改革委员会《大运河文化带（山东段）基础研究材料》。

乡水域,修复破损山体,森林覆盖率达到37%,绿色生态成为薛城新名片。①

17. 滕州市。滕州地处枣庄市西北部,古为"三国五邑之地、文化昌明之邦",是"科圣"墨子、"工匠祖师"鲁班、造车鼻祖奚仲、孟尝君、毛遂的故里,辖21个镇街,总面积1495平方公里,人口170万人,是山东省人口最多的县级市。2016年,全市实现生产总值1064.8亿元,人均地区生产总值64085元,三次产业比例为7.0∶49.8∶43.2;完成固定资产投资完成656亿元,社会消费品零售总额达到400亿元,地方财政收入69亿元;城镇、农村居民人均可支配收入分别达到30605元、13985元,常住人口城镇化率达到58%,被列入省新型城镇化综合试点、省"多规合一"试点、省地下空间规划建设和管理试点。境内有景点微山湖湿地红荷风景区、古滕八景等,是中国最美生态旅游示范市,连续十一年举办了微山湖湿地红荷节、举办了十届国际墨子鲁班学术研讨会,先后被评为全国文化先进县(市)、山东文化强省建设先进市、"好客山东"全域旅游示范县。生态建设方面,建成17个片区2万亩人工湿地,水污染防治通过国家迎淮核查验收,主要河流水质稳定保持在三类水质标准;新增成片造林18.6万亩,森林覆盖率达到30%。②

18. 台儿庄区。位于山东省最南部,地处鲁苏交界,东连沂蒙山,西濒微山湖,南临交通枢纽徐州,北接孔孟之乡曲阜,辖5镇1街1个省级经济开发区,211个行政村(居),总面积538.5平方公里,人口31万人。京杭运河横贯全境42公里,常年通航2000吨级船舶,水上运输直达扬州、南京、上海、杭州等地区,是世界上"二战"遗存最多的地方,是中国运河文化史上的活化石,是中国民居建筑博物馆,2009年被国台办确定为全国首个"海峡两岸交流基地",2011年荣膺"十大齐鲁文化新地标"榜首。2016年,实现生产总值171.4亿元,三次产业比例为10.47∶50.88∶38.65;完成固定资产投资139.65亿元,社会消费品零售总额73.87亿元,地方一般公共预算收入7.98亿元;城镇、农村居民人均可支配收入分别达到23120元、11450元。台儿庄古城是国家5A级景区,被誉为"中国最美水乡",2016年接待游客突破500万人次,营业收入突破

---

① 相关数据来源于山东省发展和改革委员会《大运河文化带(山东段)基础研究材料》。
② 相关数据来源于山东省发展和改革委员会《大运河文化带(山东段)基础研究材料》。

2.5亿元；依托古城龙头带动，成功创建国家级文化产业试验园、省级旅游度假区，拥有A级景区发展到8家，入选首批国家全域旅游示范区创建名录。生态方面，全面完成国家森林城市、国家园林城市创建任务，森林覆盖率达36.8%；实施河道疏浚、退耕还湿、人工湿地生态修复等工程，完善"治用保"综合治污体系，运河出境断面常年保持三类水质标准。①

---

① 相关数据来源于山东省发展和改革委员会《大运河文化带（山东段）基础研究材料》。

第二章

山东运河文化遗产的构成和价值

　　山东段运河文化遗产种类丰富、特色鲜明、文化影响深远。根据大运河《世界遗产名录》统计，整个中国大运河文化遗产包括27段河道与58个遗产点，合计85个遗产要素，其中山东境内有8段河道，15个遗产点，23个遗产要素，在运河省份中仅次于江苏，位居第二位。山东运河文化遗产具有自身特点，那就是河道基本全部为人工开挖、水利工程数量多、科技含量高，在整个京杭大运河区域非常具有代表性。除物质文化遗产外，山东沿运地区还有大量的非物质文化遗产，如船工号子、戏剧、音乐、舞蹈、体育、武术等，这些与运河有关或因运河而形成的具有较高历史、艺术价值的文化形式，也属于运河文化遗产的重要组成部分。本章在对山东运河文化遗产构成及分布情况进行梳理和分析的同时，重在分析其文化内涵、价值以及传承和发展的作用和意义。

第一节　运河文化遗产的构成及分布

　　山东运河文化遗产内容丰富，既包括河道、闸坝、堤防、驿站、码头、钞关、桥梁、城镇等有形的物质文化遗产，又包括文学、戏剧、民俗、信仰、礼仪、节庆等无形的非物质文化遗产。这些类型多样、特色鲜明的运河文化遗产，凝结了山东运河两岸劳动人民的智慧和心血，具有很高的历史、科学和艺术价值。本节在论述中国大运河文化遗产分类体系的同时，重在探讨山东运河文化遗产的构成及分布情况。

第二章 山东运河文化遗产的构成和价值

一 运河文化遗产总体概况

中国大运河是世界上最长的人工河,也是我国唯一南北走向的长河,它和长城一样成为中国人所创造的两大古代工程奇迹。大运河作为人类改造自然的一项壮举,构成海河、黄河、淮河、长江、钱塘江五大水系相连的水利大动脉,对中国古代的国家统一和经济、文化交流发挥了重大的历史作用。"大运河南北贯通数千里,修建历史逾千年,具有丰富的历史文化内涵,不仅是中华民族的珍贵文化财富和人类共同的历史遗产,而且直到今天仍然发挥着难以估量的积极作用,这也是其他历史文化遗产难与比拟的特点、功能、价值。"[1] 但是,学界对于大运河的遗产类型始终存在争议,进而影响到了各地对运河遗产的保护、分类和评价等。[2] 在国家文物局印发的相关文件中,大运河文化遗产及其背景环境主要由运河水利水运工程(水工)遗产(在用、废弃、遗址)、运河聚落遗产(运河城镇与运河村落)、其他相关历史遗存、非物质文化遗产、大运河背景环境(包括城乡建设环境与郊野自然环境)五部分组成。[3] 这也是学界现在较为认可的一种分类方法。

大运河申报遗产区名录中,山东段包括8段运河及15处遗产点,河段占总河段的近三分之一,遗产点超过四分之一,是整个大运河申遗项目的重中之重,拥有包括运河之脊——南旺枢纽遗址,运河之心——戴村坝、元明清时期的运河总督衙门所在地、运河八大钞关之首的临清钞关,运河"四大名塔"之一的临清舍利宝塔在内的众多颇具代表性的水工遗产和历史遗存。根据《大运河遗产保护与管理总体规划(2011—2030)》和《大

---

[1] 单霁翔:《大运河遗产保护》,天津大学出版社2013年版,第19页。
[2] 中国大运河的遗产构成和分类方法目前还没有统一意见,目前主要提出过四种分类方法,第一种是将遗产构成分为五类,分别是大运河水利工程及相关文化遗产、大运河聚落遗产、其他大运河物质文化遗产、大运河生态与景观环境及大运河相关非物质文化遗产。第二种也将遗产构成分成五类,分别是水利水运工程遗产、运河城镇和村落、其他相关历史遗存、非物质文化遗产和大运河背景环境(城乡建设环境、郊野自然环境等)。第三种将遗产构成分为四类,分别是水道工程、水源工程、工程管理设施和运河附属建筑。第四种将遗产构成分为三类,分别是运河水工遗存、运河附属遗存和运河相关遗产。详见杨正福主编《扬州与世界名城比较研究》,东南大学出版社2014年版,第90页;刘庆余:《世界遗产视野下的线性文化遗产旅游合作研究:以京杭大运河为例》,中国经济出版社2016年版,第98—102页。
[3] 刘庆余:《世界遗产视野下的线性文化遗产旅游合作研究:以京杭大运河为例》,中国经济出版社2016年版,第100页。

运河申报世界文化遗产预备名单》等文件资料统计,大运河山东段遗产名单共包含物质文化遗产161处、非物质文化遗产49项(详见表2-1)。具体分为运河水利水运工程遗产、运河城镇遗产、运河相关遗存、非物质文化遗产、大运河背景环境五大类。① 其中,运河水利水运工程遗产和运河相关遗存再划分出若干小类和子类。

表2-1　　　　　大运河(山东段)遗产分类统计表②

遗产总量	四大类遗产数量	七小类遗产数量	三子类遗产数量
物质文化遗产161处、非物质文化遗产49项	水利水运工程遗产113处	运河水工设施	河道遗存(正河10处,减河、月河5处,引河7处,支线运河1处)
			湖泊/水柜/泉8处
			水工设施75处
		运河附属设施	7处
	运河城镇7处	—	
	运河相关遗存41处	古建筑	24处
		古墓葬	2处
		古遗址	7处
		人造山	1处
		石刻与碑碣	7处
	非物质文化遗产49项	—	

二　水利水运工程遗产

大运河山东段基本保持了开凿以来形成的运道格局,河道走向和形态基本与历史相符。南运河山东段河道延续了隋代永济渠的位置,保持了元代以来形成的运道格局,河道走向和形态基本与历史相符。会通河山东段基本保持了元代以来形成的运道格局,河道走向和形态基本与历史相符。中华人民共和国成立以后开挖梁济运河、湖中运道、湖西运道,现皆为通航河道。中河山东段基本保持了明清以来形成的运道格局,河道走向、形态和功能基本与历史相符。中华人民共和国成立后,韩庄运河台儿庄段裁弯取直,台儿庄

---

① 在具体统计过程中,往往将大运河背景环境归入运河水工遗产或运河相关遗存之中。
② 本表根据山东省发展和改革委员会、山东省文化和旅游厅相关材料统计而成。

第二章 山东运河文化遗产的构成和价值

城区内的运河改道城外，修建韩庄枢纽、台儿庄枢纽，现都在使用。

表2-2　　　　　大运河山东段运河水工设施遗产构成表①

编号	大运河山东段划定河段	遗产类型		遗存名称	文物级别
001	南运河山东段	河道遗存（德州）	正河	南运河	全国重点文物保护单位，纳入大运河世界遗产名录
002	南运河山东段			卫运河	县级文物保护单位
003	南运河山东段		减河、月河	哨马营减河	—
004	南运河山东段			漳卫新河（岔河、四女寺减河）	—
005	南运河山东段	水工设施（德州）		德州码头	全国重点文物保护单位
006	南运河山东段			四女寺枢纽	全国重点文物保护单位
007	南运河山东段			四女寺减水坝	—
008	南运河山东段			哨马营枢纽	—
009	南运河山东段			三元阁码头	山东省级文物保护单位
010	南运河山东段			渡口驿码头	—
011	会通河山东段	河道遗存（聊城）	减河、月河	东昌府月河	未定级
012	会通河山东段			戴湾月河	未定级
013	会通河山东段		支线运河	陶城铺运河	未定级
014	会通河山东段	湖泊/水柜/泉		东昌湖	市级文物保护单位
015	会通河山东段			东平湖	全国重点文物保护单位
016	会通河山东段	水工设施		荆门上闸	全国重点文物保护单位，纳入大运河世界遗产名录
017	会通河山东段			荆门下闸	全国重点文物保护单位，纳入大运河世界遗产名录
018	会通河山东段			阿城上闸	全国重点文物保护单位，纳入大运河世界遗产名录

---

① 本表依据山东省文化和旅游厅相关数据材料统计而成。

续表

编号	大运河山东段划定河段	遗产类型		遗存名称	文物级别
019	会通河山东段	水工设施		阿城下闸	全国重点文物保护单位，纳入大运河世界遗产名录
020	会通河山东段			七级上闸	未定级
021	会通河山东段			七级下闸	市级文物保护单位
022	会通河山东段			周家店船闸	全国重点文物保护单位
023	会通河山东段			李海务闸	未定级
024	会通河山东段			永通闸（辛闸）	全国重点文物保护单位
025	会通河山东段			梁乡闸	全国重点文物保护单位
026	会通河山东段			土桥闸	全国重点文物保护单位
027	会通河山东段			戴湾闸	全国重点文物保护单位
028	会通河山东段			砖闸（二闸）	全国重点文物保护单位
029	会通河山东段			会通闸（会通桥）	全国重点文物保护单位
030	会通河山东段			临清闸（问津桥）	全国重点文物保护单位
031	会通河山东段			陶城铺闸	全国重点文物保护单位
032	会通河山东段			水门桥码头	市文物保护单位级
033	会通河山东段			水门桥	市文物保护单位级
034	会通河山东段			七级码头遗址	省级文物保护单位
035	会通河山东段			东昌府运河大码头（崇武驿大码头）	全国重点文物保护单位
036	会通河山东段			东昌府运河小码头（崇武驿小码头）	全国重点文物保护单位
037	会通河山东段			迎春桥	县文物保护单位级
038	会通河山东段			月径桥	全国重点文物保护单位
039	会通河山东段	河道遗存	引河	小汶河	纳入大运河世界遗产名录
040	会通河山东段	湖泊/水柜/泉		大汶河	—
041	会通河山东段			上泉古泉群	—

第二章 山东运河文化遗产的构成和价值

续表

编号	大运河山东段划定河段	遗产类型	遗存名称	文物级别
042	会通河山东段	水工设施（泰安）	戴庙闸	全国重点文物保护单位
043	会通河山东段		安山闸	全国重点文物保护单位
044	会通河山东段		戴村坝	全国重点文物保护单位，纳入大运河世界遗产名录
045	会通河山东段		堽城坝遗址	省级文物保护单位
046	会通河段山东段	河道遗存（济宁）	会通河段主线	会通河临清段（元运河、小运河）、阳谷段、南旺枢纽段、微山段纳入大运河世界遗产名录，会通河东平段为全国重点文物保护单位
047	会通河山东段	正河	南阳新河	—
048	会通河山东段		泗黄运道	—
049	会通河山东段		梁济运河	—
050	会通河山东段		湖西运道	—
051	会通河山东段		湖中运道	—
052	会通河山东段	减河、月河	越河	—
053	会通河山东段		府河	—
054	会通河山东段		洸河	—
055	会通河山东段		泗河	—
056	会通河山东段		白马河	—
057	会通河山东段		薛河	—
058	会通河山东段		漷河	—
059	会通河山东段	湖泊/水柜/泉	南四湖	—
060	会通河山东段		南旺湖遗址	—
061	会通河山东段		浣笔泉	全国重点文物保护单位
062	会通河山东段		泗河泉林	省级文物保护单位

续表

编号	大运河山东段划定河段	遗产类型	遗存名称	文物级别
063	会通河山东段	水工设施	徐建口斗门遗址	纳入大运河世界遗产名录
064	会通河山东段	水工设施	邢通斗门遗址	纳入大运河世界遗产名录
065	会通河山东段	水工设施	金口坝	全国重点文物保护单位
066	会通河山东段	水工设施	北五湖湖堤	—
067	会通河山东段	水工设施	运河砖砌河堤	纳入大运河世界遗产名录
068	会通河山东段	水工设施	通济闸	全国重点文物保护单位
069	会通河山东段	水工设施	天井闸遗址	山东省重点文物保护单位
070	会通河山东段	水工设施	靳口闸遗址	山东省文物保护单位
071	会通河山东段	水工设施	袁口闸遗址	山东省文物保护单位
072	会通河山东段	水工设施	大元新开会通河记事碑及闸址	—
073	会通河山东段	水工设施	寿张闸	—
074	会通河山东段	水工设施	开河闸	—
075	会通河山东段	水工设施	寺前铺闸	纳入大运河世界遗产名录
076	会通河山东段	水工设施	十里闸	纳入大运河世界遗产名录
077	会通河山东段	水工设施	柳林闸	纳入大运河世界遗产名录
078	会通河山东段	水工设施	利建闸遗址	全国重点文物保护单位，纳入大运河世界遗产名录
079	会通河山东段	水工设施	南阳闸遗址	省级文物保护单位
080	会通河山东段	水工设施	师庄闸遗址	山东省文物保护单位
081	会通河山东段	水工设施	枣林闸	山东省文物保护单位
082	会通河山东段	水工设施	仲浅闸遗址	山东省文物保护单位

第二章 山东运河文化遗产的构成和价值

续表

编号	大运河山东段划定河段	遗产类型		遗存名称	文物级别
083	会通河山东段	水工设施		会通桥	全国重点文物保护单位
084	会通河山东段			漕井桥	全国重点文物保护单位
085	会通河山东段			太和桥	全国重点文物保护单位
086	会通河山东段			大石桥	省级文物保护单位
087	会通河山东段			夏桥	省级文物保护单位
088	中河山东段	河道遗存	正河	泇河	中河微山段为山东省文物保护单位；中河台儿庄段（台儿庄月河）纳入大运河世界遗产名录。台儿庄古运河又称韩庄运河，为全国重点文物保护单位
089	中河山东段			伊家河	未定级
090	中河山东段	水工设施		顿庄闸	未定级
091	中河山东段			通惠闸	全国重点文物保护单位
092	中河山东段			韩庄枢纽	济宁市文物保护单位
093	中河山东段			二级坝	济宁市文物保护单位
094	中河山东段			台庄闸	未定级
095	中河山东段			台儿庄枢纽	未定级
096	中河山东段			郁家码头	未定级
097	中河山东段			王公桥码头	未定级
098	中河山东段			骆家码头	未定级
099	中河山东段			谢家码头	未定级
100	中河山东段			霍家码头	未定级
101	中河山东段			王家码头（小南门码头）	未定级
102	中河山东段			南清真寺码头	未定级
103	中河山东段			四十万码头	未定级
104	中河山东段			高家码头（闫家码头）	未定级
105	中河山东段			双巷码头	未定级
106	中河山东段			典当后码头	未定级

表2-3　　　　大运河山东段运河附属设施遗产构成表①

编号	大运河山东段划定河段	遗存名称	备注
001	南运河山东段	恩县洼滞洪区	—
002	南运河山东段	北厂漕仓遗址	省级文物保护单位
003	南运河山东段	德州仓库	—
004	会通河山东段	阿城盐运司	全国重点文物保护单位
005	会通河山东段	魏湾钞关分关	县级文物保护单位
006	会通河山东段	临清运河钞关	全国重点文物保护单位，纳入大运河世界遗产名录
007	会通河山东段	济宁河道总督府遗址	全国重点文物保护单位

三　运河城镇遗产

京杭大运河山东段由北向南主要流经德州、聊城、泰安、济宁、枣庄五地市。大运河山东段现列入规划范围的运河城镇、运河村落共有七处，均位于大运河沿岸，其兴建、发展的演变与大运河密切相关，目前历史风貌、传统格局保持较好。

表2-4　　　　大运河山东段运河城镇遗产构成表②

编号	大运河山东段划定河段	遗存名称	备注
001	会通河山东段	聊城古城区（包括光岳楼在内）	国家级历史文化名城
002	会通河山东段	临清老城区（包括临清清真寺、临清清真东寺在内）	山东省级历史文化名城
003	会通河山东段	七级镇运河古街区	山东省"乡村记忆工程"推荐试点
004	会通河山东段	东平州城	—
005	会通河山东段	济宁古城	山东省级历史文化名城

---

① 本表数据来源于山东省文化和旅游厅相关统计材料。
② 本表数据来源于山东省文化和旅游厅相关统计材料。

续表

编号	大运河山东段划定河段	遗存名称	备注
006	会通河山东段	南阳镇	国家级历史文化名镇
007	中河山东段	台儿庄古城（包括台儿庄中和堂药店、古民居、台儿庄仁寿堂药店、南清真寺、北清真寺在内）	国家级历史文化名城

由于清中叶黄河改道北移漕运中止以及清末以来南北铁路运输的开通，大运河沿线的历史城镇均受到影响，有些古镇急剧衰落，但民间的运河航运仍维持到新中国成立初期。山东段运河的航运，在新中国成立初期，聊城段老运河、济宁以北的运河航运均很快衰落，运河上的一些船闸也改建为桥梁。运河城镇的历史风貌大部分是在20世纪六七十年代遭到较为严重的破坏，空间格局不复存在，运河环境也急剧恶化。有些经济不发达的城镇虽然空间格局尚在，但历史风貌由于传统建筑年久失修也大多更新为新式农村住宅。至于运河上的重要城市如临清、聊城、济宁，大多也只剩下运河沿线的街巷格局和重要的文物保护单位，成片历史街区大多已经改造成现代建筑和部分仿古建筑为主体的现代城区。总体上而言，山东段运河沿线的历史城镇风貌与历史文化遗产面临消亡与变质的危险。①

四 运河相关遗存

大运河具有河道距离长、流域范围广、修建年代久远、遗产类型丰富、利用功能多样、保存现状复杂等特点，保存下来的与大运河相关遗存总数已超过1100处，分布在中国2个直辖市、6个省、25个地级市。② 大运河山东段现列入规划范围的运河相关遗存共41处，为存在于大运河沿岸、见证大运河历史发展进程、同运河经济文化社会发展密切相关的各类文物，以及某些在地理位置上见证大运河重要历史演变的各类文化遗产。

---

① 阮仪三、朱晓明、王建波：《山东、江苏大运河沿线城镇历史文化遗产调研报告》，孙宝明、程相林主编：《中国运河之都运河文化高层论坛论文集》，山东人民出版社2007年版，第40—41页。
② 中华人民共和国年鉴社编：《中国国情读本（2015年版）》，新华出版社2015年版，第263页。

表2-5　　　　大运河山东段运河相关遗存遗产构成表①

编号	大运河山东段划定河段	遗产类型	遗存名称	备注
001	南运河山东段	古建筑	夏津文庙大成殿	德州市文物保护单位
002	会通河山东段		山西会馆	全国重点文物保护单位
003	会通河山东段		聊城山陕会馆	全国重点文物保护单位
004	会通河山东段		临清鳌头矶	全国重点文物保护单位，纳入大运河世界遗产名录
005	南运河山东段		临清舍利宝塔	全国重点文物保护单位
006	会通河山东段		张秋山陕会馆	—
007	会通河山东段		禹王庙	山东省级文物保护单位、省级历史优秀建筑
008	会通河山东段		柳行东寺	山东省文物保护单位
009	会通河山东段		南旺分水龙王庙遗址	全国重点文物保护单位，纳入大运河世界遗产名录
010	会通河山东段		济宁仲子庙	山东省文物保护单位
011	会通河山东段		伏羲庙	全国重点文物保护单位
012	会通河山东段		吕公堂春秋阁	山东省级文物保护单位
013	会通河山东段		皇宫所	山东省级文物保护单位
014	会通河山东段		康熙御宴房	山东省级文物保护单位
015	会通河山东段		皇帝下榻处	山东省级文物保护单位
016	会通河山东段		堂房	山东省级文物保护单位
017	会通河山东段		清代钱庄	山东省级文物保护单位
018	会通河山东段		娘娘庙	山东省级文物保护单位
019	会通河山东段		清真寺	山东省级文物保护单位
020	会通河山东段		皇粮殿	山东省级文物保护单位
021	会通河山东段		达官营清真寺	山东省级文物保护单位
022	会通河山东段		运河武城大桥	德州市市级文物保护单位
023	会通河山东段		东平州城清真寺	泰安市市级文物保护单位
024	中河山东段		龙泉塔	全国重点文物保护单位

① 本表数据来源于山东省文化和旅游厅相关统计材料。

续表

编号	大运河山东段划定河段	遗产类型	遗存名称	备注
025	南运河山东段	古墓葬	苏禄王墓	全国重点文物保护单位
026	南运河山东段		宋氏兄弟墓	山东省文物保护单位
027	会通河山东段	古遗址	河隈张庄明清砖官窑遗址	全国重点文物保护单位
028	会通河山东段		窑上窑址	山东省级文物保护单位
029	会通河山东段		德州瓷窑遗址	德州市市级文物保护单位
030	会通河山东段		河道总督署遗址	全国重点文物保护单位
031	会通河山东段		东阳遗址	德州市市级文物保护单位
032	中河山东段		薛国故城遗址	全国重点文物保护单位
033	中河山东段		岗上遗址	全国重点文物保护单位
034	会通河山东段	人造山	临清龙山	—
035	会通河山东段	石刻与碑碣	大元新开会通河记事碑	山东省级文物保护单位
036	会通河山东段		开河闸碑	市（县）级文物保护单位
037	会通河山东段		清雍正疏浚济州河碑	—
38	泗水河道		微山运河告示碑	—
039	中河山东段		微山县乾隆御碑	全国重点文物保护单位
040	中河山东段		黄林庄清咸丰碑	市（县）级文物保护单位
041	中河山东段		黄林庄明崇祯碑	市（县）级文物保护单位

五 运河非物质文化遗产

运河非物质文化遗产既是运河开凿与变迁及历史发展的见证，又是珍贵的，具有重要价值的文化资源。大运河山东段现列入保护规划范围的非物质文化遗产共49个，主要是反映大运河山东段的历史影响、文化演变内容，流传至今并同大运河相生相伴的各类非物质文化遗产。

表 2-6　　大运河山东段非物质文化遗产构成表①

编号	大运河山东段划定河段	遗产类型	项目名称	备注
001	南运河山东段	传统音乐	运河船工号子	山东省级非物质文化遗产
002	会通河山东段		阳谷黄河夯号	山东省级非物质文化遗产
003	会通河山东段		腊山道教音乐	国家级非物质文化遗产
004	会通河山东段		东平硪号子	山东省级非物质文化遗产
005	会通河山东段		微山湖歌谣	—
006	会通河山东段		打排斧	—
007	会通河山东段	传统技艺	临清贡砖	山东省级非物质文化遗产
008	会通河山东段		东昌木版年画	国家级非物质文化遗产
009	会通河山东段		张秋木版年画	国家级非物质文化遗产
010	会通河山东段		玉堂酿造技艺	山东省级非物质文化遗产
011	会通河山东段		渔家虎饰	—
012	会通河山东段		嘉祥石雕	国家级非物质文化遗产
013	会通河山东段		嘉祥彩印花布	山东省级非物质文化遗产
014	会通河山东段		嘉祥鲁锦	国家级非物质文化遗产
015	会通河山东段		微山湖漂汤鱼丸	—
016	中河山东段		生氏正骨术	山东省级非物质文化遗产
017	中河山东段		滕县木版年画	枣庄市级非物质文化遗产
018	中河山东段		滕县剪纸	枣庄市级非物质文化遗产
019	中河山东段		木石牛皮皮具制作技艺	枣庄市级非物质文化遗产
020	中河山东段		金银器制作技艺	枣庄市级非物质文化遗产
021	会通河山东段	民间文学	康乾南巡过济宁	—
022	会通河山东段		金口坝下聚金石	—
023	会通河山东段		鲁班传说	国家级非物质文化遗产
024	会通河山东段	传统舞蹈	运河秧歌	山东省级非物质文化遗产
025	会通河山东段		摔二鬼	泰安市级非物质文化遗产
026	会通河山东段		拉粮船	济宁市级非物质文化遗产
027	中河山东段		鲁南花鼓	国家级非物质文化遗产
028	中河山东段		渔灯秧歌	市级非物质文化遗产

① 本表数据来源于山东省文化和旅游厅相关统计材料。

续表

编号	大运河山东段划定河段	遗产类型	项目名称	备注
029	会通河山东段	相关民俗	端供腔	山东省级非物质文化遗产
030	会通河山东段	相关民俗	南阳夜市	—
031	会通河山东段	相关民俗	长沟大集	—
032	会通河山东段	相关民俗	渔民敬大王	—
033	会通河山东段	相关民俗	湖上婚礼	—
034	会通河山东段	相关民俗	漕河斗蟋蟀	—
035	南运河山东段	曲艺	马堤吹腔	山东省级非物质文化遗产
036	南运河山东段	曲艺	山东大鼓	山东省级非物质文化遗产
037	会通河山东段	曲艺	临清驾鼓	山东省级非物质文化遗产
038	会通河山东段	曲艺	四音戏	山东省级非物质文化遗产
039	会通河山东段	曲艺	东平渔鼓	山东省级非物质文化遗产
040	会通河山东段	曲艺	山东梆子	国家级非物质文化遗产
041	会通河山东段	曲艺	枣梆	国家级非物质文化遗产
042	会通河山东段	曲艺	端鼓腔	国家级非物质文化遗产
043	会通河山东段	曲艺	济宁八角鼓	济宁市级非物质文化遗产
044	会通河山东段	曲艺	鲁西南鼓吹乐	国家级非物质文化遗产
045	会通河山东段	曲艺	济宁渔鼓	国家级非物质文化遗产
046	会通河山东段	曲艺	落子	国家级非物质文化遗产
047	中河山东段	曲艺	柳琴戏	国家级非物质文化遗产
048	中河山东段	曲艺	山亭皮影戏	—
049	中河山东段	曲艺	运河大鼓	山东省级非物质文化遗产

六 大运河背景环境

大运河背景环境由大运河城乡建设环境和郊野自然环境两部分组成。大运河城乡建设环城乡建设环境与郊野境指运河沿线城镇中一定范围内的与运河相关的城镇人景观环境，及与其相关的原生乡村建筑景观；大运河郊野自然环境包括运河河道两侧郊野中的一定范围内的农田、林地、湿地、湖泊、河流等自然景观。①

（一）城乡建设环境

大运河山东段城乡建设环境是指在沿岸城乡中一定的范围内、与运河相关的城镇人工景观环境和乡村环境，具有代表性的主要有临清古城区、聊城古城区、济宁古城、南阳镇、七级镇运河古街区五处。

（二）郊野背景环境

大运河山东段郊野自然环境包括大运河沿岸郊野一定范围内的农田、林地、湿地、湖泊、河流等自然景观，具有代表性的主要有临清龙山、南四湖湿地、恩县洼湿地及恩县洼滞洪区、东平湖及其周围区域。

第二节 沿线城市历史文化遗存

自元代至清中期五百多年间，大运河山东段一直是沟通中国北方政治中心和南方经济中心的交通动脉，并兼有灌溉、防洪、排涝之利，同时也带动了沿运众多城镇商埠的兴起，对国家政治稳定，经济发展起到十分重要的作用。沿运地区的德州、临清、东昌、张秋、济宁、台儿庄逐渐兴起，并成为交通转输和贸易的重镇。大运河的畅通，使德州、聊城、泰安、济宁、枣庄等地达到了文化空前发达、市场繁荣的鼎盛时期，并衍生出众多历史文化遗产。本节在对山东沿运各地历史文化遗存情况进行梳理的同时，概括和总结其突出特点和地域特色。

一　德州市

大运河德州段开凿于隋唐时期，距今已1400多年，是保存最好、最原生态、最古老的古运河。沿线遗产类型涉及河道遗存、水工航运设施、历史、民俗、工业等多个方面，其中，市级以上文物保护单位24项。

德州段运河的突出特点主要体现在以下几个方面：其一，减河，是黄河以北运河最早设置分洪工程的河段。其二，人工弯道，至今保留"不建一闸、调节航道水深"，是弯道代闸技术的代表性河段；"弯道抵闸"水利

---

① 刘庆余：《世界遗产视野下的线性文化遗产旅游合作研究：以京杭大运河为例》，中国经济出版社2016年版，第101页。

工程技术，以及原真性的人工弯道及自然生态和形态，被联合国教科文组织列为世界物质文化遗产。其三，枢纽、坝、闸、河一同节制水量，设置四女寺和哨马营水量节制枢纽，修筑减水坝分洪，开挖减水河分水。目前，河道及周边遗产保存完好，虽然大部分河道还保持三级航道标准，但已不能通航，主要承担行洪、输水和灌溉等功能。

表2-7　　　　　　　　　大运河德州段主要遗存①

类别	主要遗存
运河河道	主河：卫运河、南运河；减河：四女寺减河、哨马营减河、岔河
古镇	四女寺古镇
水利工程与设施	四女寺水利枢纽节制闸、哨马营枢纽、御码头、盐粮码头、桥口街码头、德州码头（仓储）、祝官屯大闸、渡口驿桥、白马湖险工、郑保屯油坊大桥、北厂漕仓遗址、德州仓库、恩县洼滞洪区
古建筑	将陵仓等古仓储建筑群、九达天衢牌坊、回龙庙、北营清真寺、四女寺景区（四女寺、水利枢纽、郭氏墓群）、永和塔、达观营清真寺、夏津文庙大成殿、德州电厂机房旧址、德州机床厂旧址
古墓葬	苏禄王墓、金氏家族墓地、高道悦墓、宋氏兄弟墓
古遗址	乾隆皇帝下船处、德州老城墙遗址、闸子遗址、窑上窑遗址、漳南县遗址、东阳县遗址、老武城遗址

二　聊城市

大运河聊城段由卫河和会通河组成，全长97.5公里。聊城段的开通标志着京杭大运河的全线通航，构建起了华北海河水系与黄淮水系直接联系的南北交通主干道。同时，该段是京杭大运河通航困难最多、治理最难和管理最为复杂的一段。此段运河规划、工程，标志着13世纪世界水利工程和管理的最高水平。8个遗产点段被列入中国大运河世界文化遗产名录，分别为：会通河临清段、会通河阳谷段、阿城上闸、阿城下闸、荆门上闸、荆门下闸、临清运河钞关、鳌头矶。目前已经断航，主要功能为行洪、灌溉、输水以及城市景观。

---

① 本表来源于山东省发展和改革委员会相关统计材料。

表 2-8　　　　　　　　　大运河聊城段主要遗存情况①

物质文化遗存	水利工程遗产	包括卫运河一段和会通河两段。目前保存较好的有临清和阳谷两段河道
		现存闸、码头和桥梁等各类航运工程设施共计24处
		阿城盐运分司、魏湾钞关分关和临清运河钞关
	运河城镇	除聊城古城区、临清老城区、七级运河古街区外，还有张秋、阿城、七级等众多运河城镇；周店、博平、梁水镇、魏湾、戴湾、北馆陶等商贸重镇
	其他运河物质文化遗产	河隈张庄明清砖窑遗址，位于临清市戴湾乡，面积约30万平方米，现存残窑10余处
		张秋镇山陕会馆、聊城市山陕会馆、光岳楼、临清市鳌头矶、清真寺、清真东寺、舍利塔等
	运河生态与景观环境	临清龙山
非物质文化遗产	手工技艺	临清市纸扎和竹器、东昌府区葫芦雕刻和毛笔制作工艺、茌平剪纸、冠县郎庄面塑等
	民间曲艺	山东快书、聊城八角鼓、临清时调、临清琴曲、运河伞棒舞等
		龙灯、旱船、高跷、秧歌、狮子舞等
	市井民俗	聊城的沙镇呱嗒、白籽糕、豆腐脑，临清的托盘豆腐、徽子，张秋炖鱼等
	运河传统产品	临清产的贡砖、哈达、皮袄、济美酱菜，聊城的毛笔、木版年画，东阿阿胶，茌平的红枣、剪纸，冠县的鸭梨等

聊城段运河的突出特点主要体现在以下几个方面：一是临清运河钞关是中国税务及运河两岸经济发展的历史见证，对研究中国税务发展史具有重要意义。二是设置节制闸调节水量和流速，修建临清水利枢纽保证闸河与自然河道在不同时期的水位变化。三是临清贡砖烧制工艺，在我国古建筑文化发展史有极其重要的地位。四是临清驾鼓、运河秧歌体现了运河文化的兼容性、多元性和开放性。

---

① 本表数据来源于山东省发展和改革委员会相关统计材料。

三 泰安市

大运河泰安段全长约 50 公里，涉及东平县、宁阳县、岱岳区，通航时间约 700 年。大运河泰安段在水文史上具有很高的学术价值，是汶河济运的一大创举。沿线闸坝、渡口及周边文化遗迹 89 处，其中，世界文化遗产 2 处，国家级文物保护单位 4 处，省级 13 处，市级 24 处，非物质文化遗产资源现 10 大类别 308 个项目。

表 2-9　　　　　　　　　大运河泰安段主要遗存①

主要遗存	内　　容
古河道	境内运河故道
古镇	东平州城镇
古桥	戴庙桥、大安山桥、永济桥
水利工程	东平湖戴村坝、堽城坝、王思口坝、王仲口坝、常仲口坝、大安山坝、戴庙闸、十里堡闸、安山闸、玲珑坝、滚水坝、引汶济运工程、穿黄工程
古建筑	禹王庙、程公祠、仲子读书处、父子状元坊、清真寺
古碑刻	元代造堽城堰记残碑、洪顶山摩崖石刻
其他	水柜东平湖、上泉古泉群、腊山、司里山、白佛山、桂井子、戴村坝纪念馆、东平湖聚义岛、山寨、水寨
民间文学	泰山传说、宁阳县大禹治水传说
民间音乐	东平县腊山音乐、东平县硪号
传统戏曲	山东梆子、东平渔鼓
曲艺	东平端鼓腔、泰安曲艺、戏剧
杂技与体育	东平子午门
传统手工技艺	泰山泥塑、大汶口文化彩陶、各种泰山工艺品、木鱼石
民俗	泰山东岳庙会、泰山石敢当习俗、宁阳斗蟋

泰安段运河的突出特点主要体现在以下几个方面：其一，戴村坝是我国著名的古代水利枢纽工程，被誉为"江北的都江堰""运河之心"，是世界水利史上的创举，还有运河水柜——东平湖、戴庙闸、安山闸等现存重要节点。其二，堽城坝是古代大运河的分水枢纽，它拦截汶水，通过洸

---

① 本表来源于山东省发展和改革委员会相关统计材料。

河注入济宁接济大运河，禹王庙以其记载有关堽城坝建造情况而具有重要史料价值。其三，上泉古泉群距今300万年左右，是济运水源之一。

四 济宁市

大运河济宁段纵贯全境，所有县市区均有河流直接流入大运河，遗留不同历史时期的运道587公里，申遗保护规划293公里，是大运河的关键河段。共有物质文化遗产62项。其中，河道15处，水源工程3处，水利工程设施5处，航运工程设施19处，运河城镇2处，古建筑14处，石刻4处。非物质文化遗产6类27项。

表2-10　　　　　　　　　　大运河济宁段主要遗存①

类型	名称	数量	内容
物质文化遗产	河道（15处）	8条运河河道	会通河、南阳新河、洳河、泗黄运世、梁济运河、湖西运道、湖中运道、越河
		7条人工引河	小汶河、府河、沈河、泗河、白马河、薛河、淳河
	水源（3处）	1处水柜	南四湖
		2处泉	洗笔泉遗址、泉林
	水利工程设施（5处）	2个闸、1个坝、2处堤防	徐建口斗门遗址、邢通斗门遗址、金口坝、北五湖湖堤、运河砖砌河堤
	航运工程设施19处	14处船闸、五处桥	通济闸、天井闸遗址、靳口闸遗址、袁口闸遗址、寺前铺闸、十里闸、柳林闸、利建闸遗址、南阳闸遗址、师庄闸遗址、通惠闸遗址、枣林闸、仲浅闸、韩庄枢纽、会通桥、漕井桥、太和桥、大石桥、夏桥
	运河城镇2处	1处古城，1处古镇	济宁古城与南阳镇
	古建筑14处	7处坛庙祠堂、1处亭台楼阁、6处宅第民居	东大寺、桃行东寺、太白楼、崇觉寺、南旺分水龙王庙、仲子庙、品公堂春秋阁、皇宫所、康熙御宴房、皇帝下榻处、堂房、清代钱庄、娘娘庙、清真寺
	石刻	4处碑刻	大元新开会通记碑、开河闸碑、清雍正疏浚济州河碑、乾隆御碑

① 本表来源于山东省发展和改革委员会相关统计材料。

续表

类型	名称	数量	内容
非物质文化遗产	民间文学	5项	康熙南巡过济宁、金口坝下聚金石、鲁班传说、夏镇八景的故事、微山湖歌谣
	传统戏曲	2项	山东梆子、枣梆
	曲艺歌舞	7项	湖上端鼓腔、鲁西南吹鼓乐（嘉祥唢呐、微山唢呐）、济宁八角鼓、渔鼓、落子、打排斧、拉粮船
	相关民俗	8项	南阳夜市、长沟大集、渔民敬大王、湖上婚礼、玉堂酿造技术、微山湖渔具、微山湖漂汤鱼丸、漕河斗蟋蟀
	传统工艺	2项	嘉祥鲁锦、渔家虎饰
	民间美术	3项	嘉祥石刻、嘉祥彩印花布、木版年画

济宁段运河的突出特点主要体现在以下几个方面：第一，济宁是元、明、清三朝最高漕河管理机构——河道总督衙署所在地，有"七十二衙门"和"运河之都"之称。第二，拥有最具代表性的是南旺分水枢纽，被誉古代"都江堰"，还有小汶河、洸河、府河、泗河等"四水济运"引河的开通，蜀山湖、南旺湖、马踏湖水柜的形成，沿线戴村坝、柳林闸与十里闸等一系列闸坝的修建等，是运河全线科技含量最高的水利枢纽工程之一。第三，梁济运河、湖中运河等现代河道是南水北调东线工程的输水干线，也是北煤南运的黄金水道，对现代经济社会发展起到了重要作用。第四，南阳镇曾经是运河四大古镇之一，目前是国家历史文化古镇，作为湖中岛屿，形成独特的运河穿城、水柜绕城的运河城镇景观。

五 枣庄市

枣庄段运河主要包括泇运河枣庄段和伊家河两部分，全长93.9公里，流经台儿庄区、峄城区、薛城区、滕州市4个区（市）、14个乡镇。上连微山湖，下接骆马湖，与周边支流共同形成了一个巨大的水系，是江苏以北从未断航过的河段，也是京沪大通道进入京杭大运河主航道的主要接口。辖区航道里程108.4公里，43公里主航道为国家三级航道标准，建有台儿庄一线、二线和万年闸三座国家二级船闸，被交通部命名为"全国文明样板航道",是名副其实的"黄金水道"。在明清时期是漕运的主要通道,现在是"北煤南运、北材(建材)南运"的重要渠道。

表2-11 大运河枣庄段主要遗存①

类别	类型	名称
河道	正河	泇运河枣庄段—泇运河
		泇运河枣庄段—月河
		泇运河枣庄段—韩庄运河台儿庄段
水利水工设施	闸	顿庄闸
		台庄闸
		台儿庄闸
	码头	郁家码头
		王公桥码头
		骆家码头
		谢家码头
		霍家码头
		王家码头(小南门码头)
		南清真寺码头
		四十万码头
		高家码头(阎家码头)
		双巷码头
		典当后码头
运河聚落遗产	历史街区	台儿庄中和堂药店
		台儿庄中和堂药店
其他运河物质文化遗产	碑刻	黄林庄石碑
运河生态与景观环境	生态保护区	郊野景观环境
		城镇景观环境

枣庄段运河的突出特点主要体现在以下几个方面:第一,通过建节制闸解决运河水位落差大问题,解决了黄河水患和运河淤塞难题,是著名的

---

① 本表来源于山东省发展和改革委员会相关统计材料。

"闸河"。第二，枣庄段是唯一一段东西走向的运河，是山东省唯一一段至今仍全线通航的运河，作为国家三级标准航道对现代经济社会发展发挥着重要作用。第三，台儿庄古城集8种建筑风格、72庙宇于一体，在中国极为罕见，证明台儿庄在宗教传播、交流方面起着重要的载体作用；同时抗日战争时期的台儿庄大战也使这里既成为民族精神的象征、历史的丰碑，也是运河文化的承载体，台儿庄已被列为国家文化遗产公园。

第三节 运河物质文化遗产的内涵和价值

其中以河道、闸坝、堤防等河工技术和水利设施与运河关系最为密切。"由技术要素集成的人类伟大运河工程是中国大运河最显著的特征和最突出的价值。"[①] 2014年6月，中国大运河成功申遗，山东段运河共有8个河段和15处遗产点列入《世界遗产名录》。这些河道、遗产点均属于运河物质文化遗产的范畴，集中体现了运河文化的内涵和价值。

一 运河水工遗产的价值

大运河促进各地经济发展、社会文化交流、民俗风情融合的同时，在运河沿线各地也遗留了类型丰富的水工建筑遗产。在众多遗产类型中，最为重要的无疑是河道遗产。大运河的建造者们利用自然江河湖泊水系和地下水资源以及地形地貌，经过人工开凿，构建了新的完整的人工河道，也是大运河完成的自然系统人工化过程。运河河道不仅自身有着很高的科技价值，还联系着众多的水利枢纽、运河城镇等其他重要运河文化遗产，是运河物质文化的集中体现，是大运河文化遗产资源的精髓部分，具有不可替代的整体价值和地位。[②]

（一）南运河山东段的遗产价值

南运河南起山东省临清市，东北流经河北省故城县南、德州市北，吴桥、东光等县市，在天津市静海县汇合大清河，注入海河。全长530公

---

① 张廷皓：《珍视中国大运河遗产的丰富价值》，《新华日报》2017年8月30日第13版。
② 徐奇志、王艳：《大运河（山东段）文化遗产及其活态保护》，《理论学刊》2018年第6期。

里，流域面积 21234 平方公里。① 南运河由山东段、河北段、天津段三部分组成。南运河山东段自冀鲁交界至聊城临清市，主线长 127.8 公里，流经德州（德城区、武城县、夏津县）和聊城（临清市）二市。南运河山东段开凿于隋唐时期，距今已 1400 多年，是保存最好、最原生态的古运河河道之一。

1. 南运河山东段是中国大运河的重要组成部分，是沟通南北的重要区段，沟通了海河南水系各支流。至今仍在发挥效益，是中华民族发展历程的重要见证之一。

2. 明永乐十年（1412），开凿四女寺减河，是今黄河以北运河最早设置分洪工程的河段。

3. 德州仓储为明清时期大运河沿线四大漕粮仓储中心之一。

4. 南运河山东段洪枯水位变幅极大，通过人工弯道、降低河道纵比，即实现了不建一闸而调节航道水深的目的，又满足了干流行洪的需要，有效提高了通航质量。人工弯道的做法被归纳为"三湾抵一闸"，体现了古代运河工程规划的科学性。

5. 设置四女寺和哨马营水量节制枢纽，修筑减水坝分洪，开挖减水河分水，节制运河水量，满足低水位壅水和汛期行洪的综合要求，这种枢纽、坝、闸、河相结合的工程形式反映出古代水工建筑的规划、设计与结构因地制宜的特点。

（二）会通河山东段的遗产价值

会通河凿通于元至元二十六年（1289），起自今梁山县安山西南，北抵临清，上接济州河引汶水北流，下达御河（今卫河），长 250 余里，建闸 31 座以蓄水势。河开成后命名为"会通河"，使南来漕船不必远涉重洋，可经此河直达京畿。自此至泰定二年（1325），又陆续在北起临清南至江苏徐州的运河上兴建闸、坝，并将安山以北的会通河，安山、鲁桥间的济州河，鲁桥、徐州间的泗水统称为"会通河"。但因水源不稳定，河道浅时难浮重载。所以元代漕粮北运仍以海运为主，末年竟废弃不用。明初会通河已淤塞约三分之一。永乐九年（1411），工部尚书宋礼受命开复。他采用汶上老人白英之策，筑东平戴村坝，使汶水南入南旺湖，分流南北接济运河水；又自汶上袁口在旧河东开新河，北至寿张沙湾接旧河，建闸

---

① 朱道清编：《中国水系词典》，青岛出版社 2007 年版，第 112 页。

38座，东岸设水柜，西岸设陡门。建成后运河畅通，海运停止，每年漕运粮400万石。后来，南段因在黄河决口后时时被淤填，隆庆、万历年间，在昭阳湖东改开新运河，湖西旧道被废。清代通称北、中二段旧道及南段新道为"山东运河"。清末漕运停止。不久，黄河以北运河被埋塞，黄河以南尚可部分通航。①

1. 会通河山东段是中国大运河的重要组成部分，是构建起华北海河水系与黄淮水系直接联系的中国大运河南北交通的主干道。

2. 会通河段山东段的开通标志着中国大运河北起北京，南至杭州的全线通航。

3. 会通河段山东段通过节制闸调节水量和流速以降低会通河的坡降，保证了闸河与自然河道在不同时期水位变化时漕运的顺利进行。

4. 会通河沿线地势是中间高两端低，且有局部起伏，更兼水源不足，必须沿程，"度高低，分远迩"，设置船闸，分段启闭，以节蓄泄，才能通航。元明清时期，会通河山东段通过设置闸、坝、开凿引河、设立水柜、建设分水枢纽工程解决水源问题。这种水源解决方法是对运河沿线重大自然问题的创造性应对，是中国农业文明时期水利科技发明创造的重要成就与典范。

5. 明清时期，大运河的最高行政机关河道总督衙署设在济宁，说明了会通段山东段是大运河南北通运的枢纽。

6. 明宣德四年（1492），在临清设置国家级税收机构临清运河钞关，临清钞关扼运河进京之咽喉，地位十分重要，是会通河运河繁荣昌盛的产物，也是中国税务及运河两岸经济发展的历史实证，对研究中国税务发展史具有重要意义。

（三）中河山东段的遗产价值

中运河是在明清两代开挖的泇运河和中河基础上拓浚改建而成。上起山东台儿庄区和江苏邳州交界处，与韩庄运河相接。东南流经邳州，在新沂县二湾至皂河闸与骆马湖相通，皂河闸以下基本上与废黄河平行，流经宿迁、泗阳，至淮阴杨庄，全长179公里，流域面积6800平方公里。② 台

---

① 车吉心等主编：《齐鲁文化大辞典》，山东教育出版社1989年版，第562页。
② 水利部淮河水利委员会沂沭泗水利管理局编：《沂沭泗河道志》，中国水利水电出版社1996年版，第170页。

儿庄既是鲁运河南段伊家河的终点，也是中运河的起点。从伊家河过台儿庄船闸，向东南航行6000米，就来到苏鲁交界处的黄道桥，经过滩上镇便可到达中运河与陇海铁路的交汇点——邳州运河镇。① 从邳州向西经大王庙，过刘山船闸、解台船闸，可到达徐州。中河山东段实际上指的就是中运河在台儿庄境内的这一段。中河台儿庄段北起今山东省枣庄市台儿庄月河与济宁市微山县韩庄运河西侧连接处，南至台儿庄月河与韩庄运河东侧连接处，长约3000米。中河台儿庄段始建于明万历年间（16世纪末17世纪初），后历经多次疏浚。在19世纪末20世纪初漕运终止后，此段运河仍作为区域性航运线路保持了运输河道的功能，直到1959年在台儿庄城外新建一段运河，将运道主线改在城外，此段运河失去了原有的航运功能，作为今枣庄市台儿庄区的景观河道保留下来。②

1. 中河段山东段是中国大运河的重要组成部分，解决了黄河水患和运河淤塞的难题，使大运河绝境重生，南北漕运日益繁盛。通过精心选址使大运河避开了330里的黄河运道，且比走黄河缩短了70余里；通过建节制闸解决运河水位落差大的问题，代表了明清时期水利工程建设技术的较高水平。

2. 枣庄境内的运河是山东省唯一一段东西走向的运河。"枣庄段运河在其形成与发展的进程中，在充分借鉴和吸纳京杭大运河水工建筑、闸坝建造、水源管理、漕运体制等精髓的同时，又充分利用自身地形地貌、水利水系和地域文化，形成了风格迥异、独具特色的人工运河河段。"③

3. 中河段山东段是山东省唯一一段至今仍在全线通航的运河。作为国家三级标准航道仍发挥着重要的作用，深刻影响着现代人的物质文化生活。

二 运河城镇的价值

山东运河开凿的历史虽然十分久远，但是元代以前，它或者只是从山东西部流过，或者只是局部通航，对区域社会影响不大，没有在沿岸造就

---

① 何力编著：《正在消失的中国古文明：古河渠》，国家行政学院出版社2012年版，第87页。
② 丁援、宋奕主编：《中国文化线路遗产》，东方出版中心2015年版，第141页。
③ 刘春俊主编：《枣庄运河》，青岛出版社2006年版，第47页。

出商业繁荣的城市，没有表现出运河城市的特色。元代以后，京杭运河全线贯通，情况发生了根本性的变化。京杭运河南自台儿庄流入山东境，依次流过峄县（今属枣庄市）、滕县、邹县、鱼台、济宁、嘉祥、汶上东平、东阿、寿张（今属阳谷县）、阳谷、聊城、堂邑（今聊城市东昌府区堂邑镇）、博平（今属茌平县）、临清、夏津、武城、恩县（今属德州市）、德州，至桑园镇进入直隶境。运河将沿途的州县紧紧地连为一体，它们或者移动城址，向运河靠拢，或者在运边上寻找交通口岸，将自己引入运河交通网中，于是形成了以运河为轴线的经济繁荣、分布密集的城镇带。① 运河城镇是当时经济繁荣的象征，也是大运河山东段重要历史作用的见证。现存的建筑、街道是研究明清时期运河城镇建设、社会经济发展的珍贵资料。

大运河山东段共有6处运河城镇遗产，其中会通河段山东段5处，分别为临清老城区（包括临清清真寺、临清清真东寺在内）、聊城古城区（包括光岳楼在内）、济宁古城（包括崇觉寺、太白楼、济宁东大寺在内）、南阳镇、七级镇运河古街区；中河段山东段1处，即台儿庄古城（包括台儿庄中和堂药店、古民居、台儿庄仁寿堂药店在内）。

1. 临清老城区

临清以傍清河得名，因运河而兴，明清时期，得益于大运河的漕运发达，"地居神京之臂，势扼九省之喉"，繁荣昌盛达500余年，为当时闻名全国的商业都会，临清老城区现为山东省级历史文化名城。

2. 聊城古城区

聊城在元明清时期得益于漕运的兴盛，经济繁荣、文化昌盛达几个世纪，在明清时期被誉为"漕挽之咽喉，天都之肘腋"，为当时运河沿线九大商埠之一。聊城古城区现为国家级历史文化名城，内有多处国家级和省级文物保护单位。古城风貌保存完好，以古城正中的光岳楼为中心，向四面辐射，形成东西南北四条古城区干道。其他大街小巷，也都是经纬分明，垂直交叉，形成棋盘方格网状骨架。

3. 七级镇运河古街区

七级镇运河古街区是漕运兴盛时期形成的商业街区，现为市级文物保护单位。七级是京杭大运河上著名的粮食码头，在明清两朝享有"金七

---

① 李泉、王云：《山东运河文化研究》，齐鲁书社2006年版，第81页。

级"的美誉。七级镇文物古迹丰富,有七级码头、七级上下闸、清末古街巷等遗迹。七级码头修建于明清两朝,当时沿运河而来的各地粮食纷纷在七级停泊,通过码头上岸销售,那时的七级人烟稠密、商贾云集货物山积,周围大量民众纷纷来这里从事扛运、运输等业务,岸上无数的粮栈存粮数十万斤,为聊城、临清等大城市提供商品粮。七级码头曾入选"全国考古十大发现",在运河史上具有重要的地位。七级上下闸是运河上重要的水利工程,属复合闸,通过启闭以调节水源。鼎盛时期的七级镇有四座城门,四座水关,六纵八横十四条街道,镇中有闸官署、驿站等机构,以方便河道的管理与各类货物的运输。优越的交通使七级镇日益繁华,形成了很多商业街道。靠近码头的一侧有一片清末至民国年间的古街区,狭窄的道路两旁都是老旧的房子,为旧时的商业街,有药店、茶馆、饭店等建筑,充分展现了七级的历史悠久与商业气息。①

图 2-1 七级运河码头(作者拍摄)

4. 济宁古城

济宁既有运河航道之"水脊",又有黄运交汇之"纠葛",故史称济宁"南控江淮,北接京畿""闭则锁钥,启则通关",明清时期在此设置全国

---

① 《聊城,有水则灵》编委会编著:《聊城,有水则灵》,山东友谊出版社 2018 年版,第 64—65 页。

最高水利机关河道总督衙门，使济宁逐渐成为大运河山东段的政治、经济、军事、文化中心，济宁古城现为山东省级历史文化名城。

5. 南阳古镇

南阳古镇位于微山湖北端的南阳湖中，古老的京杭大运河穿镇而过。它北依济宁城区，南靠江苏丰县、沛县，东邻孔孟圣地曲阜、邹城，西通牡丹之乡菏泽，面积3.5平方公里。南阳镇曾经是运河四大古镇之一（另三镇为夏镇、镇江和扬州），古时依运河修建，元朝时建南阳闸，以闸名为镇名；明代开凿南阳新河，此处成为重要的运河码头。清初，由于南阳湖、昭阳湖、独山湖湖面的不断扩大而逐渐成为湖中岛屿，形成了独特的运河穿城、水柜绕城的运河城镇景观。

6. 台儿庄古城

台儿庄因明朝万历年间"开泇行运"成为傍水而筑、因河而兴的"水旱码头"，历史上的台儿庄集8种建筑风格、72庙宇（寺庙、文昌阁、道观、泰山娘娘庙、妈祖阁、清真寺、基督教堂、天主教堂等）于一体，在中国极为罕见，有力地证明台儿庄在宗教传播、交流方面起着重要的载体作用。古城内的民居、商行将北方和南方建筑艺术风格融为一体，既体现了北方建筑的壮观沉实，又体现了南方建筑的灵巧秀美，对研究大运河在建筑文化传播上的作用有着重要参考价值。同时，抗日战争时期的台儿庄大战也使这里既成为民族精神的象征、历史的丰碑，也是运河文化的承载体。

三 运河相关遗存的价值

依据上文的统计，大运河山东段共有运河相关遗存41处，涉及古墓葬、古建筑、古遗址、人造山、石刻碑碣等。其中南运河段山东段有苏禄王墓、临清舍利宝塔等，会通河段山东段有临清鳌头矶、聊城山陕会馆、山西会馆、禹王庙、南旺分水龙王庙遗址、柳行东寺、济宁仲子庙、吕公堂春秋阁、河隈张庄明清砖官窑遗址、临清龙山、大元新开会通河记事碑、开河闸碑、清雍正疏浚济州河碑等，中河段山东段有微山县乾隆御碑、黄林庄明崇祯碑、黄林庄清咸丰碑等。

1. 德州苏禄王墓

德州苏禄王墓，又称苏禄国恭定王墓、苏禄东王墓，坐落于德州市德城区北营村，安葬着苏禄国东王巴都葛叭刺和他的王妃及两位王子，是中国境内仅有的两座外国君主陵墓之一（另一座是位于南京的浡泥国王墓），也是中国唯一驻有外国王室后裔守陵村落的异邦王陵。现由苏禄王墓管理处负责保护管理，保存状况基本完好。苏禄王墓是一处以王陵、享堂、御碑亭、牌坊、神道和清真寺、碑廊为主的陵园式古建筑群。周围有护陵松柏，神道入口为新制汉白玉石牌楼一座，神道两侧对称排列着翁仲、石狮、石虎、石马、石羊、石人和华表等祭祀石像。永乐帝朱棣御笔撰写的神道碑在神道南端东侧。王妃葛木宁及东王次子温哈剌、三子安都鲁之墓在王墓东南侧。近代以来，由于战乱、水患，除王墓、石人、石马及墓碑外，其他建筑荡然无存。1956年，苏禄国东王墓被列为首批山东省重点文物保护单位。德州苏禄王墓是运河作为南北交通要道，促进中外经济、文化交流的重要见证，现为全国重点文物保护单位。

图2-2 德州苏禄东王墓（作者拍摄）

2. 临清舍利宝塔

临清舍利宝塔位于临清市先锋办事处小庄村西北1.5公里处，坐落在卫运河东岸。此塔原本是明代古建筑群永寿寺的组成部分之一，又称"永寿寺台利宝塔"，现永寿寺已不复存在。临清舍利塔为运河岸边一处著名的标志性建筑，与北京通州燃灯塔、江苏镇江文峰塔、浙江杭州六和塔并称"运河四大名塔",对于研究明代历史、社会风俗、运河城市、佛教文化及民间信仰具有重要价值。2001年6月,被国务院批准为全国重点文物保护单位。

图2-3 临清舍利宝塔(作者拍摄)

3. 临清鳌头矶

鳌头矶建筑群位于临清市办事处大众路南首西侧,会通河北岸。建于明代嘉靖年间。临清鳌头矶建筑群地域近似方形,砌以石,如鳌头突出,筑观音阁于其上,旧闸、新闸各二,分左右如鳌足,而广济桥尾其后,明知州马纶题曰"鳌头矶"。鳌头矶古建群主要由鳌矶坊、正门、吕祖堂、李公祠、望河楼、观音阁组成,现存主题建筑观音阁,砖砌基座高5米,9米见方,下辟门洞,面阔三间,进深两间,歇山卷棚顶,三、五、七架梁和抹角梁木构架,上覆筒瓦,陶质脊兽装饰,四角飞挑,木槅落地。西殿吕祖堂、南楼望河楼现存各三间。整个建筑结构严谨,布局得体,玲珑纤巧,古色古香,是明代北方地区典型的木结构建筑群。鳌头矶作为运河沿岸一处标志性古建筑,乃历代人文荟萃之所,是研究明清两代南北经济文化交流的实证资料,对于研究明清社会风俗、道教文化、民间信仰具有重要价值。1994年,鳌头矶被批准为省级重点文物保护单位。2001年,被评为全国重点文物保护单位。

图 2-4 临清鳌头矶（作者拍摄）

4. 聊城山陕会馆

聊城山陕会馆位于聊城东关古运河西岸，是由山西、陕西商人为了联

图 2-5 聊城山陕会馆（作者拍摄）

乡谊而兴建的一处神庙与会馆相结合的建筑群。始建于清乾隆八年（1743），历时4年，山门主体工程竣工。其后逐年扩修，至嘉庆十四年（1809）方具现今规模，前后耗银6万余两。会馆占地面积3774平方米，沿中轴线由东向西依次为山门、戏楼、钟鼓楼、南北看楼、碑亭、关帝殿、春秋阁等建筑。聊城山陕会馆为聊城"八大会馆"之首，也是其中唯一保存下来的会馆，是历史上聊城商业发达、经济繁荣的见证。它集中国传统文化之大成，融中国传统儒、道、佛三家思想于一体。整个建筑布局紧凑，错落有致，连接得体，装饰华丽，堪称中国古代建筑的杰作。它的石雕、木雕、砖雕和绘画工艺更是中国建筑艺术的精品，对于研究中国的古代建筑史、商贸史、戏剧史、运河文化史、书法、绘画、雕刻艺术史具有极高的资料价值。1977年，山东省人民政府将其列为省级重点文物保护单位。1988年，国务院将其列为第三批全国重点文物保护单位。

5. 张秋山西会馆

张秋山西会馆，俗称"关帝庙"，位于张秋镇南街古运河西岸，清康熙三十二年（1693），由山西、陕西的商人共同捐资修建。现存建筑主要有正殿、配殿、戏楼、山门等，整体为歇山式斗拱建筑。会馆现南北长32米，东西宽40米，占地总面积约1280平方米。山门为三开间，后与戏楼连为一体。在山门门洞上嵌有一石质匾额，长2.0米，宽0.6米，边饰线

图2-6　张秋山陕会馆（作者拍摄）

雕飞龙花卉，中书"乾坤正气"四个大字，落款为"康熙癸酉（1693）孟秋穀旦，山东陕西商人同创建"。戏楼也为三开间，坐南面北，右有砖砌楼梯可拾级而上。戏楼东西长9.8米，进深8米，由前台和后台组成。台高1.9米，下有甬道与山门相通直达院内。甬道宽2.45米，高1.8米。会馆正殿原为关帝殿，前为献殿，后为复殿，并供有关帝塑像在里面，三开间，东西宽10.3米，进深10.5米。配殿位于正殿两侧，均为三间，东西宽7.35米，进深5.5米。张秋镇山西会馆是明清商人会馆的典型代表，是聊城运河漕运及商业繁荣的缩影和见证，现为山东省文物保护单位。

6. 宁阳县禹王庙

宁阳县禹王庙，原名"汶河神庙"，位于泰安市宁阳县伏山镇堽城坝村北。清咸丰元年（1851）重修《宁阳县志·秩祀》记载禹王庙："原名汶河神庙，在堽城坝，明成化十一年（1475）员外郎张盛建坝，因立庙。"禹王庙坐北朝南，占地30余亩。沿中轴依次为大道、广场、庙门、神道、正殿、禹王台等建筑。① 东西两侧为掖门、东西两庑，石碑及古柏树11株。庙门内侧为钟楼、鼓楼遗迹，残存柱础，四角亭式。正殿虹渚殿为穿堂式清代建筑，砖、木、石结构，灰瓦歇山顶，蟠龙大脊。面阔15.9米，进深7.8米，高6.2米。东西两庑设在虹渚殿前两侧，五开间，面阔13.5米，进深5.3米，通高6米，灰瓦硬山顶。明间置券顶格棂窗，钟楼、鼓楼至两庑之间立有龟趺螭首石碑两通。2000年，宁阳县禹王庙被山东省文化厅、建设厅公布为山东省历史优秀建筑。2006年12月，被山东省人民政府公布为省级文物保护单位。

7. 南旺分水龙王庙遗址

南旺分水龙王庙始建于明朝永乐年间，至清代不断增建，渐渐形成了众庙集聚的建筑群。分水龙王庙建筑群包括龙王庙大殿、戏楼、禹王殿、水明楼、宋公祠、白公祠、关帝庙、观音阁、莫公祠、文公祠、蚂蚱神庙及和尚禅室等10余处院落，占地南北长220米，东西宽255米，面积约56100平方米，其中建筑占地9338平方米。各个建筑虽年代不一，风格各异，却布局协调，院落交错，堪称明清庙宇建筑的大观园。南旺分水龙王庙是具有典型明清寺庙建筑风格的古建筑群，是南旺分水枢纽的重要见证，是当时人们水神崇拜的体现。2006年6月，南旺分水龙王庙被公布为

---

① 张从军主编：《山东运河》，山东美术出版社2013年版，第78页。

第六批国家重点文物保护单位。2010年9月,包括南旺分水龙王庙在内的南旺分水枢纽工程遗址被列入全国首批考古遗址公园立项名单。2011年,被评为全国考古十大发现之一。2012年6月,大运河南旺枢纽考古遗址公园举行奠基仪式。2013年12月,南旺分水枢纽遗址被列入国家文物局公布的第二批国家考古遗址公园名单。2014年6月,中国大运河成功申遗,南旺分水龙王庙遗址被列入世界文化遗产名录。

图 2-7 南旺分水龙王庙遗址(作者拍摄)

8. 柳行东寺

柳行东寺位于济宁市中区柳行南街,始建于明万历年间,由回族群众集资兴建,为济宁早期的清真寺之一。寺院东西约80米,南北约40米,占地面积约为3200平方米,现存南北讲堂、卷棚、前殿、中殿、后殿、水房等建筑。柳行东寺为济宁重要的伊斯兰教活动场所,是中国伊斯兰教建筑群的典型代表,反映了运河城市人民真实的社会文化生活,是运河文化传播作用的重要见证。1985年,济宁市人民政府将其公布为市级文物保护单位。2006年,被公布为山东省文物保护单位。

9. 济宁仲子庙

仲子庙位于济宁市微山县鲁桥镇仲浅村,京杭运河西岸,是祭祀孔子门生仲由的庙宇。仲子庙占地20亩,坐西向东,前后五进院落,由牌坊、大门、御碑亭、泗渊井、中兴祠、闻喜堂、神厨、斋宿房、穿堂、两庑、卫圣殿、寝殿等建筑组成。主体建筑以卫圣殿为中心,分布于东西中轴线上,左右建筑作对称式排列,是宋元至明清以来的古建筑代表作。1992年6月,被山东省人民政府公布为全省重点文物保护单位。

10. 临清龙山

龙山位于临清市车营街南首、京杭大运河与卫河交汇处。它是明代永乐十五年(1417)以开挖会通河的泥土堆积而成,又因这个高大的土岭蜿蜒起伏千余米,在浓郁的草木丛中,宛如一条探头藏尾的巨龙,故名"龙山"。① 龙山高约7丈、长2里,其上栽种有花草树木,既解决了运河开挖土方倾倒问题,又制造出人文景观,体现了我国先民在水利工程、园林设计方面高超的创造力。

11. 临清河隈张庄明清砖官窑遗址

临清河隈张庄贡砖窑遗址位于临清市戴湾乡河隈张庄村东侧,古运河北岸。砖窑遗址集中沿河分布,西起河隈张庄村西,东至陈官营村西北,东西绵延约1500米,占地面积约30万平方米。距河道最近者仅五六十米,远者700多米。遗址内现存残窑10余处,窑室呈马蹄形或圆形,其中保存最完整的一处窑址为Y1窑址。其平面呈马蹄形,高出地面两米,窑室为红烧土掩埋,整个窑址占地面积175平方米。地表存留有带明、清印记的大砖残块。② 临清河隈张庄砖官窑遗址出土的实物资料填补了史籍中有关窑址形制、结构及窑厂规模大小等记载的空白,不但丰富了明清贡砖烧造技艺的研究资料,对于研究当时的历史、政治、经济、文化及城市发展均具重要价值。2006年12月,临清河隈张庄明清砖官窑遗址被山东省人民政府公布为山东省第三批省级文物保护单位。

12. 石刻、碑碣

石刻、碑碣是历代对大运河开挖、疏浚、治理的重要见证,是运河遗产的重要组成部分,具有珍贵的文物和史料价值。"大元新开会通河记事碑"是元时期会通河开通的重要见证。"开河闸碑"是明清时期开河闸设置的重要见证。"清雍正疏浚济州河碑"记录了清雍正时期疏浚济州河的

---

① 牛国栋、白晋元编著:《齐鲁揽胜》,山东省地图出版社2006年版,第219页。
② 张从军主编:《山东运河》,山东美术出版社2013年版,第62页。

史实。"微山县乾隆御碑"是乾隆皇帝南巡经历济宁运河与南四湖的重要见证。"黄林庄明崇祯碑、清咸丰碑"记录了明清时期枣庄境内运河开挖的情况,是研究枣庄境内运河开挖史的珍贵资料。

除遗产自身的文物价值外,运河文化遗产还具有重要的社会价值,概括起来,主要体现以下几个方面:第一,大运河山东段集通航、灌溉、防洪、排涝于一体,成功解决了一系列水利水运科技问题,是水利科技的结晶,是水利文明的重要文化科技沉淀,是研究中国水利文明的重要资料。第二,大运河山东段与沿岸城镇、村落同运河兴衰与共,是研究水与人类活动关系的活着的遗产,是中华文明的象征。第三,大运河山东段既是运河两岸山东地区传统文化产生的重要源泉,又是宗教文化传播的主要载体,众多的历史遗迹具有极其重要的历史意义和爱国主义教育意义。第四,大运河山东段作为中国古代运河发明创造与对社会、经济、文化影响的重要见证,在今天将成为运河历史文化教育的重要资源,在旅游观光、文化产业开发、运河文化宣传教育等方面具有重要的实用价值。

第四节 运河非物质文化遗产的内涵和价值

运河在孕育了丰富灿烂的物质文化遗产的同时,也孕育了大量非物质文化遗产。运河非物质文化遗产涉及的内容极为广泛,与运河相关的传统技艺、戏曲、音乐、舞蹈、民俗等均属于运河非物质文化遗产的范畴。这些非物质文化遗产凝结着运河沿岸劳动人民的勤劳和智慧,从中我们可以了解当时人们的生存状态、生活方式、生活习俗以及他们的思想感情、思维方式、价值取向和艺术追求。根据我国国家级非物质文化遗产名录的分类方法,非物质文化遗产被明确地分为民间文学、传统音乐、传统舞蹈、传统戏剧、曲艺、传统体育游艺与杂技、传统美术、传统技艺、传统医药和民俗十个类别。本节主要按照以上分类,探讨山东运河非物质文化遗产的内涵和价值。

一 民间文学

民间文学类非物质文化遗产泛指历史上产生并以活态形式原汁原味流

传于民间社会的口头文学作品。① 根据 2005 年公布的《中国民族民间文化保护工程普查工作手册》，非物质文化遗产的分类分为两层，其中第一层按学科领域分成 16 个一级类，民间文学属于其中之一，代码是 02；其下又分为神话（021）、传说（022）、故事（023）、歌谣（024）、史诗（025）、长诗（026）、谚语（027）、谜语（028）和其他 9 个二级类。② 具体到山东运河区域，主要包括神话、传说和歌谣三种类型。

神话是原始初民通过幻想以不自觉的艺术方式反映自然现象及社会生活的口头创作，在民间文学诸体裁中出现时间最早。马克思在《〈政治经济学批判〉导言》中指出："神话是已经通过人民的幻想用一种不自觉的艺术方式加工过的自然和社会形式本身。"③ 神话通常以故事的形式表现原始初民对自然、社会现象的认识，表达自身有关生产、生活的美好愿望。流传于山东运河区域的神话题材主要为创世神话，如枣庄女娲神话等。创世神话不仅仅是文学，同时又蕴含着原始人类关于哲学、历史、社会、宗教等诸多方面的认识，展示了原始先民勇于探索、不畏牺牲和甘于奉献的伟大品格，表现出鲜明的民族文化精神。有的神话结合了鲜明的地方风物和民间风俗，富有浓厚的地域文化特色。

民间传说是指民众口头创作和传播的描述特定历史人物或历史事件、解释某种地方风物或习俗的散文体口头叙事文学，是劳动人民集体智慧的结晶。民谣以当地的生产生活、民风民俗、重大事件、奇人奇事为创作素材，采用形象、生动、精炼的民间口语，结合一定的音乐韵律，朗朗上口，易传易记，在内容和方言上具有鲜明的地方特征。

歌谣通常是指流行于民间的民谣与民歌的总称。"歌谣与古代神话、民间传说、民间故事的区别，就在于歌谣是民间文学中的韵文作品，而后三者均属于散文形式的作品。"④ "民间歌谣按题材、内容可分为劳动歌、仪式歌、时政歌、生活歌、情歌、儿歌等六大类。"⑤ 民间歌曲是劳动人民在生活和劳动中自己创作、自己演唱的歌曲。"其历史积淀之深厚，涉及

---

① 苑利、顾军：《非物质文化遗产保护前沿话题》，《非物质文化遗产保护理论与方法丛书》，文化艺术出版社 2017 年版，第 21 页。
② 张新科编著：《淮海地区非物质文化遗产概论》，商务印书馆 2017 年版，第 23—24 页。
③ 《马克思恩格斯选集》（第 2 卷），人民出版社 1972 年版，第 113 页。
④ 乌丙安：《民间口头传承》，长春出版社 2014 年版，第 115 页。
⑤ 黄靖：《宝卷民俗》，古吴轩出版社 2013 年版，第 406 页。

生活面之广阔,表达感情方式之独特,采用比喻之生动、形象,方言俚语之丰富多彩等等,无不展现出普通民众的高超艺术创造才能。"①

山东运河沿岸流传着众多的神话、传说和歌谣,它们是运河沿岸民众的集体记忆和文化宝库,生动地记录了运河的历史变迁,形象地反映了运河沿岸地区的生产生活和风土民情。代表性的民间文学主要有武城运河民谣、夏津民歌、武城四女寺的传说、临清运河"铁窗户"的传说、聊城东昌湖古桥的传说、晒书台的传说、张秋黑龙潭的传说、白英老人的传说、梁祝传说、枣庄女娲神话等。

二 音乐和舞蹈

传统音乐是指产生并流传于民间的各种音乐样式,包括民间歌曲、民间器乐曲、舞蹈音乐、戏曲音乐、曲艺音乐和民间祭祀仪式音乐等形式。它主要通过口头创作方式产生和传播,在音乐表现手法、创作风格和艺术特征等方面,均有不同于专业音乐创作的显著特点。②

传统音乐主要分为器乐和民歌。器乐是用一种或多种乐器所演奏的音乐作品。所用的乐器主要有吹、拉、弹、打击乐器四种。其中吹管的器乐如泉州北管、冀中笙管乐、朝鲜族洞箫音乐、芦笙音乐、老河口丝弦等。拉弦的器乐如蒙古族四胡音乐、京胡、中胡音乐等。拨弦的器乐很多,如众所周知的古筝艺术、琵琶艺术、古琴艺术、蒙古族马头琴音乐等。打击类的器乐如晋南威风锣鼓、山西绛州鼓乐、天津津门法鼓等。③ 中国的民歌可以追溯到《诗经》。民歌与劳动人民的生活息息相关,有关于普通民众劳作的民歌、婚嫁的民歌以及跟祭祀等礼仪或宗教相关的民歌等。民歌反映了中国古代人民的生活状态、精神风貌、礼仪风俗、宗教信仰等,是人民生活中不可或缺的部分,并且在文化传承上起着重要的作用。④

舞蹈是人类最古老的艺术形式之一,与人类的文明史相依相伴。许多民间舞蹈由人民群众根据自身所处地方上的民族传统文化、地域风俗等元素自导自演,形成群体性的舞蹈活动,应用于节日婚庆、祭祀活动等场

---

① 黄靖:《宝卷民俗》,古吴轩出版社2013年版,第406页。
② 江小角主编:《安徽非物质文化遗产》,安徽文艺出版社2015年版,第9页。
③ 贾鸿雁、张天来编著:《中华文化遗产概览》,东南大学出版社2015年版,第213页。
④ 贾鸿雁、张天来编著:《中华文化遗产概览》,东南大学出版社2015年版,第214页。

合。① 传统舞蹈泛指产生并流传于民族民间、受民俗文化制约、即兴表演但风格相对稳定、以自娱为主要功能的舞蹈形式。② 传统舞蹈大都形式完整、个性鲜明，具有传统审美特征和鲜明的文化属性，对本地区、本民族的文化传统具有传承作用。传统民间舞蹈种类繁多。按照表演形式，可以分为秧歌舞、花鼓舞、龙舞、狮舞、灯舞、傩舞、高跷等；按照表演用途，又可以分为生产劳动舞蹈、祭祀礼仪舞蹈、民俗自娱性舞蹈、表演性舞蹈等。

音乐和舞蹈都是反映人类现实生活情感的一种表演艺术，二者关系极为密切，传统舞蹈中一般会伴随有音乐的演奏。运河区域的音乐与舞蹈是运河非物质文化遗产的重要组成部分，是沿岸民众审美情趣和生活方式的生动体现。历经千年、贯通南北的大运河，在促进中国古代音乐、舞蹈的繁荣兴盛，南北音乐、舞蹈文化的交流与传播方面起到了不容忽视的作用。山东运河沿岸地区代表性的音乐、舞蹈主要有德州水兽旱船、武城抬花杠、武城运河船工号子、夏津民歌、临清五鬼闹判、聊城伞棒舞、东平腊山道教音乐、枣庄四蟹抢船等。

三 传统戏剧和曲艺

传统戏剧和曲艺是我国非物质文化遗产的重要组成部分，是民族民间艺术的瑰宝。中国戏曲不仅历史悠久，具有顽强的生命力，而且品种丰富，家族兴旺。"根据20世纪80年代编纂出版的《中国戏曲志》统计，在我国历史上共产生过394个戏曲剧种。"③ 20世纪70年代以前有360个剧种活跃在各地各民族戏剧舞台上，上演的剧目有上万种，仅京剧就有传统剧目五千多种，秦腔有三千多种，专业演出团体有两千多个。

"戏剧，指以语言、动作、舞蹈、音乐、木偶等形式达到叙事目的的舞台表演艺术的总称。"④ 戏剧是由演员将某个故事或情境，以对话、歌唱或动作等方式表演出来的艺术。戏剧的表演形式多种多样，常见的包括话

---

① 贾鸿雁、张天来编著：《中华文化遗产概览》，东南大学出版社2015年版，第214页。
② 包泉万、许伊莎编著：《中国民族民间艺术读本》，辽宁大学出版社2013年版，第74页。
③ 刘文峰：《非物质文化语境下的戏曲研究》，文化艺术出版社2016年版，第53页。
④ 胡春景、魏桢编著：《文艺常识》（精编本），东华大学出版社2014年版，第143页。

剧、歌剧、舞剧、音乐剧、木偶戏等。① 中国传统戏曲历史悠久，与古希腊戏剧、古印度梵剧并称为世界三大古老戏剧样式。其历史最早可以追溯到秦汉时期，宋元之际才得以成型。传统戏剧在其漫长的发展过程中，曾先后出现了宋元南戏、元代杂剧、明清传奇、清代地方戏及近、现代戏剧等五种基本形式。在其发展历史上，曾出现汉代散乐六朝伎艺、隋唐歌舞戏参军戏、宋杂剧、金院本等多种艺术形态。②

"曲艺是中华民族各种'说唱艺术'的统称，它是由民间口头文学和歌唱艺术经过长期发展演变形成的一种独特的艺术形式。"③ 曲艺的主要艺术手段是说和唱。它运用从生活中提炼出来的生动形象和说唱化了的语言来讲述故事，描绘人物，抒发感情。中国各种曲艺形式约有四百种，并以地区、民族和曲艺艺术流派的差异发展演变出诸多曲种。按照艺术风格的不同，曲艺音乐可分为评话、鼓曲、快板、相声四类；按照曲艺音乐的主奏乐器、音乐风格等的不同，其可分为鼓词、弹词、道情、牌子曲、琴书五大类。《中国大百科全书》（戏曲曲艺卷）把曲种分为四大类、十一小类，即评话类、相声类、快板类、鼓曲类四大类，以及相声类、评话类、快板类、鼓词类、弹词类、时调小曲类、道情类、牌子曲类、琴书类、走唱类、杂曲类十一小类。④ 现今流行于世的曲艺艺术作品大都以民间传说、历史故事典籍、人民生活实践为主要内容。曲艺音乐的通俗幽默使得它的听众遍及社会的各个阶层，上至达官显贵，下至平民百姓。在相当长的一段历史时期内，城镇的文盲和半文盲通过看戏、听书来了解历史，接受伦理道德教化，熟悉人情世故。⑤

大运河为戏曲的形成和发展提供了素材和土壤，促进了戏曲文化的南北交融，奠定了戏曲繁荣的物质基础。在戏曲的传播和发展过程中，运河的作用功不可没。山东运河沿岸地区代表性的传统戏剧、曲艺主要有德州木板大鼓、武城柳子戏、夏津马堤吹腔、临清京剧、聊城八角鼓、临清驾鼓、临清乱弹、临清时调、临清琴曲、山东快书、梁山枣梆、济宁八角

---

① 姚小云、刘水良主编：《武陵山片区非物质文化遗产保护与旅游利用》，西南交通大学出版社2015年版，第56页。
② 申茂平编著：《贵州非物质文化遗产研究》，知识产权出版社2009年版，第97页。
③ 张国廷主编：《音乐鉴赏》，武汉理工大学出版社2012年版，第291页。
④ 张燕主编：《音乐欣赏》，上海交通大学出版社2017年版，第123页。
⑤ 张燕主编：《音乐欣赏》，上海交通大学出版社2017年版，第124页。

鼓、微山端鼓腔、鲁南花鼓、枣庄柳琴戏等。

四 传统体育、游艺与杂技

传统体育、游艺与杂技是我国非物质文化遗产的重要组成部分，它是一门无言的技巧性艺术，是人的力量与智慧相结合的艺术体现，是一种包括各种体能技巧的表演艺术。传统体育、游艺与杂技是非物质文化遗产中的一个独特种类，由三种具有相通性的小类别组合而成。其中游艺主要指流传在民间生活中的嬉戏娱乐活动，也称为"游戏"或"玩耍"①；传统杂技则主要指活跃在民间的一种带有技巧性和表演性的娱乐方式，在我国历史上，传统杂技主要有广场杂技、高空杂技、魔术、滑稽表演、马戏、驯兽等形式；传统体育则更多的是指健身、修身养性、表演或自娱自乐的运动，有的具有一定的竞技性，有的则不具有突出的竞技性，其中又以传统武术最具有代表性。这些传统深厚、历史悠久的民间娱乐活动，与人们的家庭生活、社会生活、生产劳动等紧密结合，具有广泛的群众基础。

大运河文化是大运河自开凿以来沿岸民众长期创造形成的产物。传统体育、游艺与杂技作为运河文化的重要组成部分，与运河亦文化关系密切，是运河区域社会历史的积淀物。运河区域繁荣的经济和文化为民间游艺活动的开展奠定了坚实的物质基础。杂技、武术作为民间技艺，其兴盛、发展与运河有着极其密切的关系。明清以来，由于运河漕运的发达，带动了沿线区域社会经济的发展，众多城镇、码头的兴起，为艺人的杂技表演提供了重要的活动场所。大运河便利的水路运输和保障人员、货物安全的现实需求也促进了武术的发展和传播。传统体育、游艺与杂技作为传统深厚、历史悠久的民间娱乐活动，在山东运河沿岸地区有着广泛的群众基础，其中较有代表性的有德州安家拳、聊城杂技、临清肘捶、临清潭腿、梁山抵羊、任城查拳、枣庄吴氏八极拳等。

五 传统美术

"传统美术是指人民群众创作的，以美化环境、丰富民间风俗活动为

---

① 关于"游艺"一词的古今演变及研究情况详见丛振《敦煌游艺文化研究》，中国社会科学出版社2019年版，第1—6页。

目的，在常生活中应用、流行的美术。"① 传统美术是人类文化生活的一个重要组成部分，体现中华民族文化精神和审美意识的最普遍的表现形态，对中国社会生活和民族文化艺术有着无法估量的重要意义。"工艺美术的发生、发展、制作思想、制作工艺不仅反映着与时代相对应的文化，也反映出与时代相契合的生产力的发展水平、生活方式、生产方式。"②

山东运河沿岸地区传统美术种类繁多，包括服饰、刺绣、剪纸、雕刻、玩具、面塑、漆器、竹编、陶器、盆栽等，从生活用品到生产器具，无所不包。代表性的传统工艺美术主要有东昌木版年画、张秋木版年画、东昌葫芦雕刻、济宁面塑、滕州木版年画等。

六 传统技艺

传统技艺指历史上传承下来的手工业技术与工艺，是非物质文化遗产的一个重要组成部分。传统技艺和人们的社会活动、日常生活有着紧密的联系，是人类的基本活动之一。中国是世界公认的工艺大国，手工技艺源远流长，种类繁多，大体可分为：工具和机械制作；农畜产品加工；烧造；织染缝纫；金属工艺；编织扎制；髹漆；造纸、印刷和装帧；制盐、制笔、制墨、颜料制备、烟花爆竹制作等。③ 它们具有独特的文化价值和科学价值，是人类早期文明的鲜活见证，值得珍视和珍存。

传统技艺与人们的衣食住行用等日常生活和社会生产密切相关，既具有现实的使用价值、经济价值，又具有很高的艺术价值、人文价值和历史价值。传统手工艺是以手工劳动为基础的技艺表现形式。"每一件手工艺制品都是一次独立的技艺创造过程，这是传统技艺有别于大机器工业化生产的最独特、最显著的特性。"④ 山东运河沿岸地区具有代表性的传统技艺主要有德州扒鸡制作技艺、临清贡砖烧制技艺、聊城魏氏熏鸡制作技艺、东昌运河毛笔制作技艺、济宁玉堂酱菜制作技艺等。

---

① 李良品、彭福荣、余继平：《重庆民族地区非物质文化遗产研究》，重庆出版社 2012 年版，第 116 页。
② 杜江、业晓凯：《合众艺术馆：艺术修养》，上海科学技术文献出版社 2016 年版，第 71 页。
③ 江小角主编：《安徽非物质文化遗产》，安徽文艺出版社 2015 年版，第 215 页。
④ 贾鸿雁、张天来编著：《中华文化遗产概览》，东南大学出版社 2015 年版，第 220 页。

七 传统医药

传统医药属于传统民间知识体系中的一个重要组成部分,是与古代社会文化密切相连的医学实践,是宝贵的非物质文化遗产。"传统医药是人类在长期实践和探索中以理论、信仰和经验为基础,以不同文化为背景,无论可否解释,逐步形成的保健和疾病预防、诊断、改善、治疗的知识、技能和实践的总称。"① 在第一批国家级非物质文化遗产名录中的"传统医药"项目中,包括了中医生命与疾病的认知方法、中医诊法、中药炮制技术、中医传统制剂方法、针灸、中医正骨疗法、同仁堂中医药文化、胡庆余堂中药文化和藏医药共九个项目。第二批国家级非物质文化遗产名录中的"传统医药"的项目中,包括了中医养生、传统中医药文化、蒙医药等八个项目,它们都是中国传统医学药学中的杰出代表。②

"传统医药是每个国家传统的一部分,并且是执业者世代相传的应用实践。"③ 传统医药的基础是理论、信仰和经验,它们来源于不同的文化并世代相传和发展。传统医药和医学技能亦是山东运河区域非物质文化遗产的重要组成部分,在历史的积淀和民众的长期实践下,涌现出东阿阿胶、临清健脑补肾丸、济宁二仙膏等众多具有代表性的产品和成果,至今还在医药生产和医疗实践中发挥着重要作用。

八 运河民俗

民俗是人们在社会生活中世代传承、相沿成习的生活模式,它是一个社会群体在语言、行为和心理上的集体习惯。"运河民俗,就是在运河开凿、经营的长期历史过程中逐渐形成的,是沿运民众自然、社会、精神等层面,自觉或不自觉遵循和认同的、重复进行的生活方式。"④ "大运河在便利交通运输的同时,也孕育了运河两岸特有的民情风俗。人们依河而居,以水为生,一代又一代地在运河上劳作、生息,形成了运河沿岸特殊

---

① 李良品、彭福荣、余继平:《重庆民族地区非物质文化遗产研究》,重庆出版社 2012 年版,第 217 页。
② 杨妮主编:《中国旅游文化》,西安交通大学出版社 2011 年版,第 204 页。
③ 覃业银、张红专编著:《非物质文化遗产导论》,辽宁大学出版社 2008 年版,第 156 页。
④ 刘玉平、贾传宇、高建军编著:《中国运河之都》,中国文史出版社 2003 年版,第189 页。

的生产、生活、婚庆、节庆习俗。"①

表 2-12　　山东运河区域民俗类非物质文化遗产一览表②

序号	项目名称	申报地区或单位	所属批次
1	聊城山陕会馆庙会	聊城市博物馆	聊城市第一批
2	歇马亭庙会	临清市	聊城市第三批
3	婚俗（聊城花轿婚礼）	聊城市文化馆	聊城市第五批
4	宁阳四八宴席与酒礼	宁阳县文化馆	泰安市第一批
5	宁阳彩粽及送彩粽习俗	宁阳县文化馆	泰安市第一批
6	宁阳神童山梨花会	宁阳县文化馆	泰安市第二批
7	宁阳婚礼习俗文化	宁阳县文化馆	泰安市第七批
8	刘氏"吃喝碗"	东平县	泰安市第八批
9	岳飞祭典	嘉祥县	济宁市第一批
10	蚩尤文化	汶上县	济宁市第一批
11	微山湖漂汤鱼丸	微山县	济宁市第二批
12	桂花炒糖	微山县	济宁市第二批
13	续家谱仪式	微山县	济宁市第二批
14	微山湖渔具	微山县	济宁市第二批
15	托板豆腐	任城区	济宁市第二批
16	渔家婚俗	微山县	济宁市第三批
17	曾子祭典	嘉祥县	济宁市第三批
18	青山庙会	嘉祥县	济宁市第三批
19	微山泰山庙会	微山县	济宁市第三批
20	起草	微山县非遗保护中心	济宁市第四批
21	珠算	梁山县非遗保护协会	济宁市第四批
22	青檀庙会	峄城区	枣庄市第一批
23	小孔成像	滕州市	枣庄市第一批
24	抓生习俗	滕州市	枣庄市第二批
25	薛城婚宴礼俗	薛城区	枣庄市第二批
26	正月十五蒸面灯	薛城区	枣庄市第二批

① 何永年、吴玉山：《淮安运河两岸的民俗风情》，《江苏地方志》2013 年第 5 期。
② 本表只对列入非物质文化遗产保护名录的遗产项目进行统计。

续表

序号	项目名称	申报地区或单位	所属批次
27	运河渔灯节	台儿庄区	枣庄市第二批
28	送祝米	薛城区（陶庄镇）	枣庄市第三批
29	中陈郝庙会	薛城区（邹坞镇）	枣庄市第三批
30	二月二围仓龙	薛城区（周营镇）	枣庄市第四批
31	千山头庙会	薛城区（陶庄镇）	枣庄市第四批
32	薛城打春公鸡、春娃娃	薛城区（周营镇）	枣庄市第四批
33	打春牛	峄城区	枣庄市第四批
34	闵子骞孝道	滕州市	枣庄市第五批

运河民俗是运河区域内部不同地域文化相互碰撞、交流和融合的结果，更具有南北文化融汇、撞击与相互滋养的特色，也更能体现运河文化的独特魅力和本质特征。运河的流经带动了山东沿运地区经济的繁荣昌盛，促进了南北文化的交流和融合，形成了各具特色的民俗风情文化。尽管山东运河北段已断航100余年，但由运河引发的民风民俗依然在各地人们的生产、生活中延续和发展，并影响至今。

第三章

山东运河文化遗产的现状及问题

山东运河源远流长,流经德州、聊城、济宁、泰安、枣庄五市,有大量文化遗产分布于沿线,这些遗产数量多、科技含量高、文化内涵丰富,具有重要的历史、文化价值。近年来,在各级部门和社会各界的共同努力下,包括运河文化遗产在内的文化遗产保护工作取得了显著成效,但仍存在一些问题。通过对运河遗产现状及存在问题的分析、研究,有助于进一步挖掘山东运河文化的内涵,促进政治、经济、文化、生态的协调发展,实现文化强省目标。本章主要对山东运河文化遗产的现状以及其在传承和发展中所遇到的困难和问题进行研究与探讨。

第一节 运河文化遗产现状分析

山东运河文化是大运河开凿和通航过程中所形成的文化艺术积淀,是重要的人文遗产资源,在山东四千多年历史文化长河中占有重要一席。[①]总体来看,山东省运河文化遗产现状内容丰富、特色突出、形式多样、底蕴深厚、潜力巨大,但同时也有着诸多问题。本节主要对山东运河文化遗产的现状进行分析,探讨遗产保护的地域差异与显著特征。

一 运河文化遗产资源丰富

山东段运河文化遗产种类丰富、特色鲜明、文化影响深远。根据大运河《世界遗产名录》统计,整个中国大运河文化遗产包括27段河道与58

---

① 张思坚:《山东运河文化的历史意义与现实价值》,《山东行政学院学报》2015年第6期。

个遗产点,合计85个遗产要素,其中山东境内有8段河道,15个遗产点,23个遗产要素,在运河省份中仅次于江苏,位居第二位。山东省运河文化遗产具有自身特点,那就是河道基本全部为人工开挖、水利工程数量多、科技含量高,在整个京杭大运河区域非常具有代表性。

表3-1　　　　大运河山东段入选《世界遗产名录》名单

8段河道	南运河德州段、会通河临清段(含元运河、明运河两段)、会通河阳谷段、会通河南旺枢纽段、小汶河、会通河微山段、中河台儿庄段
15处遗产点	临清运河钞关、阳谷荆门上闸、荆门下闸、阿城上闸、阿城下闸、东平戴村坝、汶上邢通斗门、汶上徐建口斗门、汶上十里闸、柳林闸、寺前铺闸、汶上南旺枢纽、南旺分水龙王庙遗址、运河砖砌河堤、微山县利建闸

除物质文化遗产外,山东运河沿岸非物质文化遗产资源也极为丰富,拥有国家、省、市、县(区)等不同等级,基本上涵盖了非物质文化遗产分类的所有类别。截至2018年12月,聊城国家级非物质文化遗产有11项,分别是冠县郎庄面塑、临清贡砖、东昌木版年画、东阿阿胶、东阿鱼山梵呗、杂技、东昌雕刻葫芦、临清架鼓、冠县查拳、冠县柳林秧歌、阳谷张秋木版年画,省级非物质文化遗产45项。济宁国家级非物质文化遗产有20项,分别是祭孔大典、梁祝传说、鲁西南鼓吹乐、平派鼓吹乐、四平调、麒麟传说、鲁班传说、山东梆子、孟母教子传说、嘉祥石雕、曲阜楷木雕、鲁锦织造技艺、端鼓腔、孔府菜烹饪技艺、孔子诞生传说、闵子骞传说、大庄琉璃瓦制作技艺、二仙膏古法制作技艺、梁山武术、山东落子,还有诸如梁山枣梆、仙鹤舞、八角鼓、微山湖唢呐、打排斧拉粮船、邹城吹糖人、二仙斗、滚磨成亲、匡衡传说、"微山渔家虎头服饰"、平阳寺火虎、峄山古会、鸡黍之约、软弓京胡、花棍舞、山东清音、小铜唢呐、民间剪纸、郭氏木雕等省级非物质文化遗产62项。德州市有国家级非物质文化遗产4项(德州扒鸡制作技艺、德州黑陶烧制技艺、临邑一勾勾、宁津杂技),省级非遗项目23项,市级非物质文化遗产名录90项。① 这些与运河有关或因运河而形成的具有较高历史、艺术价值的文化

---

① 徐奇志、王艳:《大运河(山东段)文化遗产及其活态保护》,《理论学刊》2018年第6期。

形式，也属于运河文化遗产的重要组成部分。

二 运河文化遗产保护成效显著

作为大运河沿线的重要区域，长期以来，山东省各级部门高度重视大运河的开发建设工作，以沿运五市为重点，初步形成了省级层面、市级层面协同推进的工作局面。

（一）省级层面

近年来，山东省积极贯彻落实中央部署，以运河申遗为契机，坚持治理与传承并重、保护与发展并举，从规划引导、遗产保护、文化传承、航道治理、旅游开发、生态建设等方面，持续加强大运河保护、利用和开发建设工作，取得了显著成效，主要体现在以下几个方面。

1. 注重规划引领，不断强化规划管控引导作用。2012年2月，山东省人民政府制定发布《大运河遗产山东段保护规划》，将大运河山东段遗产分为省级以上大运河遗产和市（县）级大运河遗产两类，确定了大运河遗产重要点段，并分级制定了保护策略。《西部经济隆起带发展规划》《山东省国民经济和社会发展"十三五"规划》《山东省旅游产业发展总体规划（2016—2025）》《山东省文化产业发展"十三五"规划》，均将大运河开发建设作为重要内容。[①]

2. 保护与开发相结合，持续加强遗产保护工作。2013年，《山东省大运河遗产山东段保护管理办法》颁布实施，这是我国第一部由省级人民政府颁布实施的大运河保护专项政府规章。运河申遗成功后，围绕打造"大运河历史文化长廊"，以大运河山东段8段河段、15处遗产点为中心，充分研究运河遗产的文化内涵特点，在尊重历史、保持原貌的基础上，激活运河文化遗产潜力，展示山东运河文化的魅力。目前，已打造出汶上南旺分水枢纽考古遗址公园、台儿庄古城、德州南运河段等一批亮点工程，有效地展示了大运河遗产的历史、科学、文化价值。

3. 航道治污与生态修复相结合，不断优化沿运生态。先后印发实施《关于明确南水北调沿线治污工作任务和分工的通知》和《关于切实做好京杭运河山东段航运水污染防治工作的通知》，明确了京杭运河污染防治的目标、要求和责任。在此基础上，制定出台《山东省京杭运河航运污染

---

① 山东省发展和改革委员会：《大运河文化带（山东段）基础研究材料》。

防治办法》，建立了航运污染防治管理体制，加大了船舶污染和港口污染防治力度。按照《山东省全面实行河长制工作方案》要求，在漳卫南运河、梁济运河、韩庄运河等骨干河道干流及南四湖、东平湖，设立了省级河长，全面实行河长制。探索开展了运河生态保护红线区划分和流域生态补偿工作。在京杭运河、黄河等沿线持续推进湿地生态保护带建设，推进河道疏浚、生物护岸、污染控制、沿线生态环境治理和防护林带建设，形成了滕州红荷、台儿庄运河、微山湖等国家湿地公园和济宁运河入湖口、汶上大汶河等一批省级湿地公园，完善了以南四湖、运河和相关水系为主体的水体生态系统，沿运生态环境趋于改善。

4. 统筹水体和河道治理，积极推进运河通水通航。山东省把发展内河水运基础设施与高铁、高速公路、机场等交通设施放在同等地位，不断加强港口和航道基础设施建设。2016年召开了京杭运河港航建设发展座谈会。制定了《山东省内河航道与港口布局规划》，部署京杭运河港航建设项目42个，投资220亿元，支持京杭运河主航道、区域性重要航道建设，加快构建以京杭运河主通道及其主要支线航道为基础的"一干多支"的高等级航道网。通过实施京杭运河主航道、支线航道网络、济宁港、枣庄港、泰安港升级改造及船闸建设工程，目前黄河以南至济宁段已按照Ⅲ级航道建成通航，济宁至台儿庄（黄道桥）段正在逐步升级为Ⅱ级航道。[①]

5. 注重资源整合和品牌提升，打造旅游目的地品牌。注重发挥大运河旅游资源优势，倾力打造"鲁风运河"文化旅游品牌。编制了《"鲁风运河"文化旅游目的地品牌建设总体规划》，印发了《加快推进十大文化旅游目的地品牌建设实施方案》，成立了"鲁风运河"品牌联盟，推出具有大运河文化特色的旅游精品线路，打造大运河品牌整体形象。截至2017年，"鲁风运河"品牌已建成旅游项目15个，总投资107亿元；在建项目18个，总投资196亿元。其中，枣庄台儿庄古城、济宁微山湖湿地、济宁运河乐园、聊城中华水上古城、泰安白佛山文化产业园、德州四女寺运河综合开发等一批投资大、带动力强的项目相继开工建设或营业，对"鲁风运河"品牌建设起到了强力支撑作用。[②]

6. 培育中心城市与特色小镇并举，推动城乡统筹发展。依托京杭运河

---

① 山东省发展和改革委员会：《大运河文化带（山东段）基础研究材料》。
② 山东省发展和改革委员会：《大运河文化带（山东段）基础研究材料》。

黄金水道，不断优化沿河港口布局，完善水陆联运功能，枣庄、济宁、聊城、德州等沿运中心城市的贯通联动持续推进，形成了一批沿河产业园区，带动了一批临港产业，城市辐射带动能力得到增强。德州以农民生产方式和生活方式转变、就地就近市民化为路径，持续推进农村新型社区、产业园区"两区同建"，成为国家新型城镇化的典型经验。积极推进特色小镇建设，在沿线区域布局建设了微山湖湿地古镇、古邵港航物流小镇、水浒影视小镇、东平湖生态旅游小镇、烟店轴承商贸小镇等一批与运河文化、运河旅游、运河商贸相关的特色小镇。

7. 注重发挥智库力量，不断强化理论和决策支撑。成立了山东省运河经济文化研究中心，作为省级专门针对运河经济文化进行研究的社会组织，集结省内乃至全国运河经济文化专家，促进京杭大运河申遗，推动运河航运工程及沿运城市发展，助推山东经济文化强省建设，为科学决策提供理论支持和智力服务。2015年全国"两会"期间，驻鲁全国政协委员联名提交了"建议尽快研究让京杭大运河黄河以北段复航"的提案。2015—2017年期间，在枣庄滕州、济宁微山连续举办了三届山东省运河论坛，邀请专家学者为大运河开发建设献计献策。

(二) 市级层面

在省级层面的指导下，沿线各地市依照《大运河遗产山东段保护规划（2010—2030年)》，结合自身特点和优势，在保护和传承的基础上，不断丰富完善运河的生态功能、经济功能、文化展示功能。

1. 德州市。突出加强对原生态河道风貌、运河水工遗产和文化遗产的保护修复和合理利用，构建运河经济带。在文化保护、传承和利用方面，对四女寺水利枢纽、漕运码头、仓储建筑群、原生态运河河道、苏禄王墓等运河水工遗存、运河文化遗迹等重要文物及周边区域进行了保护和修缮，着力打造大运河核心科技价值的最佳展示地；组织专家深入研究大运河历史文化内涵，收集和保护各类非物质文化遗产，挖掘德州的运河文化特质，整理出版了一批研究成果，马堤吹腔、运河船工号子、花杠舞等一批运河文化被列入山东省非物质文化遗产。在运河旅游开发方面，建成了董子园风景区、四女寺风景区、苏禄文化博物馆、运河九龙湾公园、运河文化广场、运河古玩街等运河文化景区；积极打造德州运河旅游古镇，再现德州运河两岸的建筑风貌、风俗习惯、戏曲文艺、民间工艺、集市贸易等内容，实现老街古韵，全方位、全景式再现运河古今风情。在沿运生态治理方面，注重维护河道天然形态，恢复自然弯曲岸线，用生态方式修复河岸；运河开发区启动了"生态修复三年规划"，实施德州大运河生态林场和西陈沟湿地公园工程，统筹林地、湿地资源，建设大运河生态森林公园，构筑大运河绿色生态廊道；贯彻京津冀南部重要生态功能区的定位，实施"治（水污染治理）、用（污水资源化）、保（流域生态恢复与保护）"并重策略，统筹大运河生态环境调查与评估、流域污染源治理、流域生态修复与保护、环境监管能力建设，促进南运河德州段水系生态修复。

2. 聊城市。提出"全域水城"的理念，着力做好运河聊城段的保护开发，打造运河文化旅游隆起带。在组织领导方面，成立了市长任组长的聊城市旅游改革发展和运河开发领导小组、运河保护开发委员会；组建了聊城市重大决策咨询委员会运河旅游开发专家组为运河旅游开发和全域水城建设提供智力支撑；搭建开发平台，成立了聊城市旅游发展投资集团有限公司，作为运河保护与开发工作的建设主体。在规划引导方面，编制了《京杭运河聊城段旅游产业综合开发区域控制性详细规划》《京杭大运河聊城段李海务至梁水镇片区旅游策划》《京杭运河（聊城段）旅游发展及水生态体系规划》《临清市中洲运河历史文化街区保护规划》等规划。在运河保护与开发方面，建设了聊城中国运河文化博物馆，是国内第一座以运河文化为主题的大型专题博物馆；出台了《大运河遗产山东聊城段保护规划》，五个项目入围国家遗产保护利用设施建设规划，其中京杭运河阳谷段、会通河临清段、会通河临清段临清运河钞关属于文物保护利用类重点项目，东阿黄河森林公园属于森林公园类，张秋木版年画非遗传承基地属于非物质文化遗产保护利用类。

在基础设施建设方面，提出"通水、通船、通路"，按照空间功能结构，以及"合纵连横、县县达河、分级集散、绿道织岸"的原则，对全线交通体系进行了规划，启动实施了京杭运河（聊城段）生态水系建设工程，按三级航道预留；在沿京杭运河聊城段建设了东西两条旅游道，长度分别为106公里、122公里；并加强沿运河旅游专用道、各级交通集散枢纽、游客服务点、自驾车房车营地、水陆换乘码头等建设。在旅游开发方面，总投资约100亿元的京杭古运河（聊城段）文化旅游产业开发建设项目，成功入选2017年全国优选旅游项目名录，目前已启动湖南路至南外环段约3.3公里示范段工程建设。①

3. 泰安市。发挥京杭大运河、泰山、齐长城（泰安段）3处世界级遗产的优势，突出"大运河之心"核心地位，着力建设综合型、复合型旅游目的地。在遗产保护方面，围绕东平运河段和戴村坝开展了资源调查、保护规划编制、文物本体保护等工作；编制了《大运河（泰安段）宁阳堽城坝遗址及附属文物禹王庙修缮保护工程设计方案》《东平县安山闸、戴庙闸修缮保护工程设计方案》，以及《大运河遗产东平戴村坝保护与展示方案》等，积极开展遗产保护，大运河文化遗产内涵不断展现。在旅游开发方面，持续推进产业园区建设，形成了水浒文化产业园、运河文化产业园、白佛山文化产业园三大园区，建设罗贯中纪念馆、稻屯洼湿地公园、水上森林游乐园、运河渔村、渔家风情园等景区景点40余处。其中，水浒文化产业园被命名"国家文化产业示范基地"，进入中国文化产业园区100强。举办了2015年京杭大运河旅游城市泰山会盟，与运河沿线18个旅游城市联手，促进京杭大运河沿线城市的旅游合作。②

在运河航道建设方面，实施京杭运河东平湖区段航道、泰安港开发、大清河航道碍航桥梁改造及大清河航道建设等重大工程，京杭运河东平湖以南段主航道通航能力得到有效提升。目前，戴村坝至东平湖、大运河至黄河的150公里水道全面疏浚改造，修复或建设清河公园等沿岸码头节点15个。在生态建设方面，持续加强湿地保护和管理，东平县湿地保护奖励、东平县湿地恢复与鹭类栖息地营造工程、山东东平湖省级湿地公园等项目获得国家和省级批准，有效改善了东平湖水质，并为南水北调东线工程支流综合治理作出了积极贡献。在城镇建设方面，与中城银信控股集团签署了《安山·运河小镇投资与合作协议》，加强运河小镇开发建设，力争把运河小镇打造成具有较强辐射带动能力的现代化城镇。

4. 济宁市。始终以文化遗产保护成果惠及广大民众的理念，推进大运河保护工作，彰显"孔孟之乡、运河之都"特色。在政策引导方面，编制了《大运河遗产南旺枢纽保护规划》等保护方案和规划，制定出台了《关于贯彻实施〈山东省大运河遗产山东段保护管理办法〉的实施意见》，为大运河遗产的保护、管理、开发提供了重要的依据。在大运河及遗产保护

---

① 山东省发展和改革委员会：《大运河文化带（山东段）基础研究材料》。
② 山东省发展和改革委员会：《大运河文化带（山东段）基础研究材料》。

方面，成立了以市长为组长的大运河济宁段保护工作领导小组，沿运 8 个县市区成立各自的工作领导小组，形成了市、县、乡三级一体、上下联动的工作协调体制；对大运河济宁段古运河道本体、水工设施以及沿线文物古迹遗存进行全面调查、勘探、拍照、测绘、收集整理，建立了完整的历史档案资料；清理出分水龙王庙建筑群古遗址 7000 多平方米、河道 6 万平方米，对禹王殿等 5 个古建筑群进行了抢救性维修和油漆保护。在民生改善方面，把改善遗址区居民生产生活条件为出发点，对占压南旺湖遗址、运河河堤和河道的南旺村进行了整体搬迁；对分水口等遗产点环境进行综合整治，极大地改善了遗址保护区的生态环境和发展环境；兴建了南旺枢纽考古遗址公园、大运河科技馆等公共文化设施，实现了运河保护、大遗址保护与民生建设的和谐共生，直接和间接受益的民众超过 40 万人。在生态建设方面，以国家生态保护与建设示范区建设为契机，成立了济宁市生态保护与建设专家咨询委员会，建立完善"治用保"水污染防治体系，持续加强对南四湖及调水干线、饮用水源地等水生态功能区的保护支持，南四湖跻身全国 14 个水质良好湖泊行列。①

在弘扬运河文化方面，成立了市级大运河文化产业带开发建设指挥部，充分挖掘运河文化，并与儒家文化、水浒文化等进行有效融合，打造济宁文化特色段、水文化体验长廊，确立起了"运河之都"的标杆地位。在航道治理方面，通过实施主航道、湖西航道、梁济运河梁山段升级改造工程，济宁港成为全国 28 个内河主枢纽港之一，130 公里京杭运河主航道已建成护岸美观、航标配置合理、助航设施齐全、服务区功能完善的省级文明样板航道；2016 年，全市完成港口吞吐量 5603 万吨，在京杭运河沿线 12 个城市内河运力中居第 1 位（徐州 580 万吨、苏州 550 万吨、无锡 510 万吨）。在服务服务南水北调东线工程方面，实施南水北调东线一期（南四湖—东平湖段）输水与航运结合工程，通过将调入南四湖上级湖的江水送至东平湖（同时实现南四湖—东平湖之间通航），输水至山东半岛和鲁北地区以及天津和河北的冀东地区。在文化旅游开发方面，整合微山湖国家湿地公园、微山岛景区、南阳古镇景区、孟楼湿地景区、太白湖景区 5 个景区，推进微山湖创建国家 5A 级旅游景区，推进"运河文化长廊"

---

① 山东省发展和改革委员会：《大运河文化带（山东段）基础研究材料》。

建设,打造"运河之都"文化旅游品牌。①

5. 枣庄市。以台儿庄古城开发为龙头,在科学保护传承大运河遗产的同时,采取多项措施推进大运河生态文化经济带枣庄示范区项目,取得明显成效。在规划引导方面,编制《大运河遗产山东(枣庄段)保护规划(2010—2030年)》《曲阜片区——枣庄区域文物保护总体规划》等,成为山东省最早公布实施的运河遗产保护地级市规划。在文物保护方面,实施了"文物保护项目带动战略",启动了台儿庄大战旧址清真北寺修缮、北辛遗址保护展示、薛国故城二期城墙加固工程等文物保护项目维修工作,相继落成汉画像石馆、滕州博物馆新馆、中华车祖苑等文化遗产保护项目;推进历史文化展示工程,先后建成大运河非物质文化遗产博览园、台儿庄非物质文化遗产博览园、第二届中国非物质文化遗产博览会主展馆,推动了非物质文化遗产的活体呈现、动态传承。在生态治理方面,以实现"点源全达标、城区管网全覆盖、中水全回用、污泥全处置、生态全修复、风险全防控"为目标,通过加强水源地保护,关闭拆除饮用水源保护区内畜禽养殖场,新建提升绿色生态廊道,努力保障运河清水源头,山亭、台儿庄先后被纳入国家重点生态功能区。

在运河航运方面,以"南水北调"工程为契机,启动实施了运河航道扩容工程,大运河枣庄段航道全线由三级升为二级,运输能力扩大一倍;依托区位交通优势,积极推进鲁南铁水联运等物流园区规划建设,打造沿运物流产业聚集区。在沿运旅游方面,遵循"留古、复古、承古、用古"的原则,按照"原空间、原尺度、原风貌、原材料、原工艺、原地工匠"的标准,复建了台儿庄古城,跻身国家5A级旅游景区,成为运河文化遗产综合保护与利用的典范和成功试点;以台儿庄古城、微山湖湿地公园为龙头,串联冠世榴园、抱犊铁道游击队纪念园、特点小镇、美丽乡村等景点,打造旅游精品线路;举办了两岸汉字艺术节、"英雄台儿庄"抗战主题国际雕塑大赛、纪念台儿庄大战胜利系列展览、两岸和平文化论坛等重大文化交流活动。在文艺创作方面,充分挖掘沿运文化和红色文化,编撰出版了《枣庄运河文化丛书》等大型出版物,开发建设了台儿庄大战和铁道游击队红色旅游景区。在产业协作方面,台儿庄古城与瘦西湖、什刹海两大景区签订了运河文化战略合作协议,共同致力于传承运河文化;积极

---

① 山东省发展和改革委员会:《大运河文化带(山东段)基础研究材料》。

推进大运河生态文化经济带枣庄示范区项目,预期投资150亿元,全方位保护和展示沿运文化遗产、水工设施、旅游资源,助推沿运经济科学发展。

三 运河南北断流,河道现状不容乐观

1855年黄河铜瓦厢决口后,夺大清河入海,自此以济宁为界,以北为断流河段,以南仍然通航。一百余年间,由于自然或人为因素,沿运地区自然风貌和人文景观都发生了很大变化。目前济宁至枣庄段山东运河仍然承担着繁剧的运输任务,每年运输量庞大,沿岸码头、港口、航道的建设不断发展,内河航运发挥着重要的交通运输、灌溉、防洪、调节生态的作用。而济宁以北河道除部分作为景观河道仍能通行游船外,多数已淤塞不通,河道内既有大量的闸、坝等文化遗产,同时还有部分已被种植上庄稼、树木,难以有效利用。

目前,山东沿运地区除一些重点文物得到较好的保护外,大多数遗产由于缺乏保护资金、认识管理不到位、规划不科学等,保护现状不容乐观:一些河段水质较差,杂草丛生,两岸垃圾随处可见,交通和卫生条件亟待改善;一些附属河工建筑物或因年久失修或因破坏性改造而失去传统风貌;一些目前仍发挥作用的河道也因拓宽或改建,使原有景观遭到人为破坏;部分运河古镇由于不适当开发,历史真实性及风貌完整性遭到破坏。另外,随着经济的高速发展,生活水平的不断提高,运河非物质文化遗产的保护现状也不容乐观。由于生存环境的改变,民风民俗、戏剧曲艺、文学歌谣、工艺美术、音乐舞蹈、武术杂技等非物质文化遗产日趋消亡,面临失传的危险。大运河面临严峻挑战,若再不加强保护,大运河的历史遗存和自然生态环境将不复存在。

四 旅游开发程度不同,地区差异显著

自2006年开始推动运河申遗,山东沿运各地开展运河文化旅游活动已有相当长的时间。分析其开发现状不难发现,尽管沿运各地拥有如此丰富的运河文化遗产资源,但在开发程度上,依然停留在表层的开发上,没有充分、有效地利用沿线地区丰富的文化旅游资源。运河文化旅游的开发程度尚停留在最初级的阶段,也就是仅限于围绕河道或城镇做文章,对其他运河文化遗产较少涉及。

自大运河成功申遗后，山东沿运各城市对发展运河文化旅游相当重视，采取了诸多措施以保护运河文化遗产、发展特色运河小镇、打造运河旅游品牌，取得了一些成绩。如台儿庄古城已成为国内外享有盛名的运河古镇，每年有大量游客前来参观，创造了大量的经济价值。而德州、聊城、济宁等地也致力于运河古城或古镇的规划、开发，相关项目或已完成，或正处于实施之中。但仔细对比，不难发现，各地市之间由于重视程度的不同和开发力度的不同，导致在运河文化遗产保护、传承和利用方面出现较大差异，短时间内很难消除。

第二节 运河文化遗产保护面临的问题

近年来，山东省及沿运各地市在保护、传承和利用大运河文化方面持续发力，取得了积极进展。但大运河跨越时间长，流经地域广，功能综合性强，由于自然环境的变迁和人为的破坏，许多运河文化遗产大都失去了原有风貌，保护利用面临诸多突出问题。本节主要分析遗产保护存在的问题及不足，探讨其出现的社会背景和原因。

一 遗产保护压力巨大

山东运河流经德州、聊城、泰安、济宁、枣庄五市，由于各地政策与重视程度的差异，在遗产保护与利用上存在着不少问题。不少地区"重申报轻保护"，遗产保护意识薄弱，缺乏完善的遗产法规、政策，在某些地区认为保护就是大拆大建，严重破坏了文化遗产的真实性和完整性。同时缺乏对文化遗产的长远规划，没有制定分步实施、科学统筹、协调发展的策略，存在着盲目冒进、急功近利等弊端与缺陷，导致出现了种种问题。很多运河城市将申遗成功作为终点，而对于后申遗时代文化遗产的保护、利用缺乏全面、系统、深刻的认识。同时没有意识到运河包含不同层次的文化，即制度文化、社会文化、技术文化，普遍认为运河文化就等同于遗产保护，没有实现对运河文化的深层次挖掘与利用。另外，运河文化的宣传力度不够，多数民众对运河知识的认知较为薄弱，缺乏了解运河、认识运河、保护运河的热情与主动性，没有形成全社会普遍参与的运动。

大运河时空跨度大，沿线遗产众多、种类丰富，不同时期、不同形态的遗产资源叠加交错，保护难度大，碎片化保护现象突出。多元投入的长效机制尚未建立，遗产考古挖掘进展滞后，保护修复历史欠账较多，一些非物质文化遗产传承活力不足。主要表现在以下两个方面：

一是系统保护修复投入严重不足。山东段运河沿岸历史文化遗产众多，但由于历经沧桑，损害程度较大，保护修复需要大量资金投入。由于运河遗产保护经费来源较为单一，再加上沿运五地市财力较弱，致使遗产保护投入严重不足。二是遗产挖掘亟待加强。目前山东运河区域文物古迹众多，涉及河道、工程、附属建筑诸多类型，而木版年画、船工号子、竹编制品、饮食文化等非遗产品更是不计其数。但由于各种原因，对运河文化遗产的挖掘还不够深入，尚有很多空白和不足。

二 传承利用质量不高

相比沿运其他省市，山东对运河文化多元价值体系研究阐发相对滞后，与儒家文化、泰山文化等联动不够紧密，文化引领能力不足。各类文化生态资源活化利用形式和途径较为单一，部分优质资源长期闲置，与相关产业的融合程度较低，对遗产保护的支撑作用不足，传承利用质量不高。主要体现在以下三个方面：

一是运河文化开发利用层次不高。对运河文化多元价值体系研究阐发不够，"重开发、轻保护"的思想还不同程度的存在，现有大多数已开发的项目和工程，大都着眼于旅游、航运等发展功能，文化园区、古镇打造等方面存在同质化现象，对运河文化丰富内涵的挖掘和展示不足，相关文化创意产业发展相对滞后。

二是运河文化的时代价值展现不够。运河文化体现的探索、创新、务实等精神和开放、包容、多元等价值取向，具有很强的时代性。目前来看，对运河文化的当代性、创新性诠释还有待加强，与时代发展和社会进步的新形势、新特点结合不够紧密。

三是运河文化活态化展示亟待加强。运用大数据、移动互联、虚拟现实等现代技术，再现运河文化的繁荣兴盛是大势所趋。目前来看，新建设的一些展示场馆、工程等在应用新一代信息技术方面有所行动，但大量展示场馆需要技术改造和提升，整体提高数字化展示能力。

三 生态环境保护形势严峻

在历届省委、省政府的正确领导和国家有关部委指导支持下，山东沿运五地市各级党委、政府积极构建水污染防治大格局，坚持把环境保护作为转变经济发展方式的重要着力点，牢固树立"绿水青山就是金山银山"理念，坚定不移实施生态文明建设千年大计，实行最严格的生态环境保护制度，使得山东沿运地区生态环境得到明显改善。但总的来说，生态环境保护形势依然严峻，主要体现在以下几个方面：

一是城镇生活污染治理不够彻底。部分地区配套管网建设不完善，流域内生活污水不能实现全收集全处理，尤其个别城乡接合部、乡镇驻地和农村大型生活社区，没有污水处理设施和污水收集管网，导致生活污水直排现象产生。[1]

二是农村面源污染仍未得到有效解决。沿运地区是农业有害生物多发、重发、频发地区，农药使用量较高，每年春、冬季传统灌溉导致的农药化肥流失会增加污染物超标的情况。沿河农村生活污水和垃圾收集处理率较低，形成径流的生活污水对河流水质产生影响。[2]

三是部分河段航运污染日益突出。大运河部分河段作为重要的航运通道，运输能力逐年提高，船舶数量不断增加。水上交通运输活动所产生的航运污染问题逐步显现，而航运治污能力较为薄弱，港口码头污染防治和应急能力有待加强。[3]

四 协调机制亟待加强

大运河功能综合性强，管理跨地域、跨领域、跨行业，需要科学高效的管理体制。但目前基本上仍然处在交叉管理、多头管理状态，文保、旅游、水利、林业、交通、国土、城建、环保、规划等部门都在管，相互之间缺乏完善的协调和沟通机制，可谓"九龙治水"而不治水，严重制约着大运河文化带的整体保护开发和建设。各地区在文化遗产保护上各自为政，缺乏协调与合作，没有统一的规章与制度。山东运河长达数百公里，

---

[1] 山东省环境保护厅：《大运河文化带绿色生态廊道课题研究报告》。
[2] 山东省环境保护厅：《大运河文化带绿色生态廊道课题研究报告》。
[3] 山东省环境保护厅：《大运河文化带绿色生态廊道课题研究报告》。

运河遗产点散布于城市与乡村，在保护与开发上难度极大。同时各运河城市没有将山东运河视为整体，只注重凸显区域特色，条块分割严重，不同城市之间缺乏交流与合作，甚至存在诸多矛盾与冲突之处。这导致山东运河区域的旅游开发、文化产品创意、古镇打造方面同质性严重，重复性建设、盲目性建设大量存在，严重浪费了资源与破坏了环境。[①]

---

① 山东省发展和改革委员会：《大运河文化带（山东段）基础研究材料》。

第四章

运河文化遗产保护和传承的举措

大运河是中华民族最伟大的文化创造之一,在上千年的发展历程中,滋养了千万民众,形成了影响深远的运河文化,为沟通南北经济、文化交流作出了无与伦比的贡献,至今仍在水利、航运和沿线民众的生产、生活中发挥着重要的作用。近年来,随着大运河文化价值相关研究和认识的深化,大运河文化遗产保护受到了越来越多的关注和重视。如何完整地发掘整理运河文化遗产,科学地保护好、管理好、利用好大运河,是我们必须积极面对的问题。本章主要探讨山东运河文化遗产保护和传承的总体原则和具体路径,并提出相应的政府保障措施。

第一节 运河文化遗产保护的总体要求

大运河是中华民族的象征之一,也是我国古代劳动人民留给人类的宝贵遗产。2017年2月,习近平总书记在视察通州运河森林公园时指出:"大运河是祖先留给我们的宝贵遗产,是流动的文化,要统筹保护好、传承好、利用好。"加强运河文化遗产的研究及其保护,既是大运河文化带建设的迫切需要,也是运河区域经济社会发展的内在要求。我们要始终把保护历史文化遗产放在首位,像爱惜生命一样保护好祖先留给我们的宝贵遗产,着力实施历史文化遗址遗迹保护、抢救和修复工程,加快构建非物质文化遗产保护传承体系,全方位展现历史风貌,最大限度地保持大运河文化遗产的原真性、完整性和延续性,更好地发挥其承载灿烂文明、传承优秀文化、振奋民族精神的重要作用。本节在梳理山东运河文化遗产现状及问题的基础上,探讨遗产保护的原则和要求。

一 基本原则

山东运河源远流长,流经德州、聊城、济宁、泰安、枣庄五市,有大量文化遗产分布于沿线,这些遗产数量多、科技含量高、文化内涵丰富,具有重要的历史、文化价值。在运河文化遗产保护过程中,我们需要坚持以下几个基本原则。

(一) 真实性与完整性原则

1972年10月17日至11月21日,联合国教科文组织在巴黎举行第17届会议,会上原准备拟定一项国际协议,以推动相互援助保护古迹建筑这类文化遗产的工作后来由于形势有利和舆论推动,大会经过反复讨论,终于在11月16日通过了《保护世界文化和自然遗产公约》(简称《世界遗产公约》),强调遗产保护必须围绕保护的核心,即遵循真实性和完整性的原则,采用国家保护和国际保护相结合的方式。①

"真实性"与"完整性"是遗产保护所必须遵循的基本原则,这也是世界遗产的灵魂所在。所谓"真实性",是指在设计、材料、施工或环境方面,必须符合真实性标准,重建只有根据原物的完整和详细的资料并且毫无臆断成分时,才可以接受。为了保护遗产的"真实性",在遗产保护、修缮等具体操作层面,需要严格遵循"最大保护和最小干预"的原则,尽量保存遗产的原物、原貌和历史印迹,并使用原材料和原工艺。遗产维修应该具有"可逆性",即可以在条件具备的时候让它"回到从前",以便用更为科学先进的方式进行修缮管理;遗产的修缮必须是"可识别"的,必不可少的添加物,需要保持适度的差异性,以便于辨别,并需作详细记录。所谓"完整性",是指我们不但要保护遗产本体,还要保护它在生存过程中所获得的有意义的历史、文化、科学和情感信息,保护它所产生的历史环境,不要使文化遗产脱离了历史形成的环境而孤立存在。②

"保持遗产地的真实性和完整性,也就是要保护遗产地的原始面貌和周边环境不受破坏,进而实现遗产地的可持续发展。"③保护大运河山东段

---

① 郑小云、赵晓宁:《国际视野下旅游地的开发与保护研究》,四川大学出版社2016年版,第103页。
② 王虎华主编:《扬州运河世界遗产》,南京师范大学出版社2016年版,第308页。
③ 邹统钎等:《遗产旅游发展与管理》,中国旅游出版社2010年版,第16页。

遗产的历史真实性，延续其历史信息及全部价值，需要严格遵守"保护为主、抢救第一、合理利用、加强管理"的文物工作方针。除了关注河道与遗产点本身，还要注重其历史空间的连续性及其与环境之间的关联性，最大限度地保护运河文化遗产及其背景环境的完整性。遗产保护维修应根据具体情况，分步骤进行。对于损毁或被改变了原状的遗产，在还缺乏充分研究，对如何恢复缺乏充足依据，或存在资金困难，没条件进行科学修复时，应采取抢救性措施，保证遗产安全。只有在对遗产原状有深入了解、掌握充分资料并具备充足资金时，才可以对其进行科学修复，排除安全隐患，添配缺失残坏的部分，去除没有保留价值的附加物，恢复其原真状态。在维修过程中，要严格遵循"最小干预"的规定，将对遗产建筑的干预减小到最低限度，切忌任意扩大修缮范围。①

原真性原则既适用于物质文化遗产，也应该是非物质文化遗产保护坚持的基本原则。相对于物质类文化遗产而言，所谓非物质文化遗产的"原真性"保护，就是让非物质文化遗产在原生状态下，按其原有方式进行自主传承。那种为保护和传承非物质文化遗产而随意改变其周边环境、随意更换其传承空间的做法，都是不值得提倡的。"事实证明，非物质文化遗产保护面临的最大问题，不是客观因素造成的损毁，也不是完全缺乏相应的技术保护，而是人们各种片面的观念和错误的做法。这是当今做好非物质文化遗产保护要解决的首要问题。"② 在非物质文化遗产保护工作中，我们要"坚决反对那种混淆真伪，在所谓遗产保护背后隐藏的种种非保护动机。尤其是反对把文化遗产的价值简单等同于旅游经济效益而由此造成的急功近利行为和对文化遗产的过度开发"③。

（二）协调发展的原则

"协调发展原则是指经济建设、社会建设和环境保护要统筹兼顾、有机结合，以实现人类与自然的和谐共存，使经济和社会发展可持续地进行。"④ 协调发展原则是法理中利益衡平原则在环境法中的体现，即各种开发建设活动应当综合考虑各种利益。从 20 世纪 70 年代开始，许多国家在

---

① 王虎华主编：《扬州运河世界遗产》，南京师范大学出版社 2016 年版，第 312—313 页。
② 李荣启：《非物质文化遗产保护研究文集》，文化艺术出版社 2016 年版，第 262 页。
③ 王文章主编：《非物质文化遗产概论》，教育科学出版社 2013 年版，第 308 页。
④ 郭春：《环境法的建立与健全：我国环境法的现状与不足》，山西经济出版社 2017 年版，第 25 页。

环境立法中将其规定为一项基本原则,并在相关法律制度中予以体现。在1983年召开的第二次全国环境保护会议上,制定了"经济建设、城乡建设和环境建设同步规划、同步实施、同步发展,做到经济效益、社会效益、环境效益的统一"的方针,这是协调发展原则在我国的具体实践。

协调发展原则建立在可持续发展思想的基础上,是处理经济建设、社会发展和环境保护三者间关系的基本原则。在保护大运河山东段遗产的同时,要特别注意注意与遗产地各项工程建设的协调和衔接,正确处理好大运河遗产保护和各项工程建设的关系,统筹保护与发展的关系,努力构建运河遗产活态保护与旅游可持续发展协调机制,促进遗产所在地经济、社会、环境三者协调发展。

(三)可持续发展的原则

可持续发展观是20世纪人类对自身发展历程反思后的新发展观。1987年世界环境与发展委员会在《我们共同的未来》报告中第一次阐述了可持续发展的概念为"既满足当代人的需要,又不对后代人满足其需要的能力构成危害的发展"。1954年在西班牙召开的"可持续旅游发展世界会议"上,提出了可持续发展旅游的实质是:"旅游与自然、文化、和人类生存环境成为统一体。"联合国教科文组织在2005年发布的《旅游、文化和可持续发展报告》中也指出:"把文化和旅游结合起来,目的是给各个国家特别是发展中国家提出一条利用本地多样文化资源的可持续发展道路。"可持续发展观横向强调经济持续性、社会持续性、技术持续性,纵向强调世代间持续性。强调经济和社会发展不能超越资源和环境的承载能力而永续利用。在文化产业领域,文化可持续发展价值观的重要性尤其突出。由于文化的延续性和传承性是文化发展的基本动力之一,因此,文化的可持续发展要求决定了文化资源的产业化开发必须尊重和保护人类的精神遗产,并对人类精神文化的延续作出有益贡献。[①]

运河文化遗产作为不可再生的珍贵资源,是人类发展过程中物质文化和精神文化的历史积淀,是运河沿岸地区劳动人民勤劳和智慧的结晶,具有很高的历史、科学和艺术价值。如果脱离了它生长发育的土地和人民,脱离了滋润它生根发芽的生态环境,用功利性的手段对其进行竭泽而渔式的商业开发,一味追求经济利益,那么运河文化遗产的真实性和完整性将

---

① 胡郑丽:《文化资源学》,光明日报出版社2016年版,第84页。

会受到严重破坏,从而失去其存在的价值和意义。所以,要实现运河文化遗产的可持续发展就应该重点保护好这种文化赖以生存和发展的土壤,在任何情况下,都要正确处理好保护文化遗产价值与开发利用遗产资源之间的关系,始终将运河文化遗产的保护放在第一位,万万不可急功近利,对运河文化遗产资源搞掠夺式开发和过度开发。

（四）可操作性原则

对于任何政府部门而言,针对任何社会问题的一个对策方案,不管它有多完美,如果没有现实的可操作性,那就没有任何的实际意义。一般而言,具有可操作性的对策方案具有以下特点：第一,对策方案要明确执行主体,即制订出来的方案由谁去执行。也就是说,"问题"要有明确的"归口",对策方案要有直接解决问题的政府部门或职能机构去处理与落实。第二,对策方案要有明确执行步骤,即制订出来的对策方案怎样执行。也就是说,对策方案不能只是大的原则,让人感到无所适从,而是要有解决这些问题的具体步骤、办法,要能够付诸实施。第三,对策方案要明确执行的时效,即制订出来的对策方案何时实施。也就是说,对策方案要认真考虑其时效性,它不是遥遥无期的许诺,而是解决当前问题的切实可行的办法。第四,对策方案要有明确执行的条件,即制订出来的对策方案在什么条件下实施。也就是说,对策方案的提出必须充分考虑到解决问题所需要的主客观条件。如果提出的对策方案在现实中不具备实施的主客观条件,也只能是一纸空文。"有些制度难以贯彻落实,一方面是执行力度不够的问题；另一方面,就是可操作性不强的问题。有的笼统空洞,遇到问题找不到相应的规定；有的语言表述模糊,出现问题难以有效处理；有的不切实际,这就给制度的执行带来了难度。"①

在山东运河文化遗产的保护和开发过程中也要坚持可操作性原则。要根据大运河山东段遗产的价值和现状,结合山东社会、经济的发展计划,科学、合理地确定其保护区划及相关保护、管理、展示、考古措施,保证规划实施的可操作性。要坚持问题导向,做到长短结合、远近衔接,明确具体实施方案,狠抓贯彻落实。要区分轻重缓急,集中力量完成重要遗产点段的保护、展示和利用工作,维护和展现大运河遗产的历史风貌,尽量保留遗产本体的历史信息和文化特色。

---

① 孙雪亮编著：《高校教材管理实务》,复旦大学出版社 2010 年版,第 86 页。

二 保护要求

运河文化遗产的保护、传承和利用是一项庞大而复杂的工程,要坚持共抓大保护、不搞大开发,着力强化文化遗产保护传承,推进河道水系治理管护,加强生态环境保护修复,推动文化和旅游发展,促进城乡区域协调发展,着力创新保护传承利用机制,建设全国大运河文化遗产保护传承利用示范区,为新时期现代化强省建设提供重要支撑。具体而言,要努力做到以下几点。

(一) 资源保护

大运河山东段总体保护应严格遵循"保护为主、抢救第一、合理利用、加强管理"的工作方针,依据《山东省大运河遗产(山东段)保护管理办法》(山东省人民政府令第265号)"实行统一规划、分级负责、分段管理的体制,遵循真实性、完整性、延续性的原则"的要求,贯彻《中华人民共和国文物保护法》《历史文化名城名镇名村保护条例》《山东省历史文化名城名镇名村保护条例》等法律精神,坚持价值导向,保障大运河山东段的完整性、保护大运河山东段的真实性、保持大运河山东段的延续性。要深入挖掘运河文化资源精神内涵,充分体现中华民族伟大创造精神、伟大奋斗精神、伟大团结精神、伟大梦想精神,突出"鲁风运河"文化特色内涵,使得运河文化遗产在新时代重新焕发生机和活力。

(二) 依法保护

明确大运河山东段遗产受法律保护的地位,划定大运河山东段遗产的保护范围和建设控制地带,作为确定其法定保护界线的基本依据,受《中华人民共和国文物保护法》《历史文化名城名镇名村保护条例》《山东省历史文化名城名镇名村保护条例》的保护,受我国签约的文化遗产国际公约、宪章的约束。要坚持规划先行,突出顶层设计,统筹考虑资源禀赋、人文历史、区位特点、市场需求,注重跨地区跨部门协调,与法律法规、制度规范有效衔接,发挥文物和文化资源综合效应。

(三) 科学保护

大运河山东段遗产作为不可再生的国际级文化资源,要严格遵循文化遗产保护的不改变文物原状、真实性和完整性原则,充分尊重活态遗产合理利用的现状,科学规划大运河(山东段)遗产的保护、展示、管理。充分考虑资源差异和齐文化、鲁文化、莒文化等文化多样性,实行差别化政策措施,最大限度调动各方积极性,实现共建共赢。既着眼长远又立足当前,既尽力而为又量力而行,务求符合基层实际、得到群众认可、经得起时间检验,打造民族文化名片。

（四）系统保护

文化遗产保护是一个系统工程,除了做好文物的保护与修复,还要考虑环境保护、科技保护、教育传承等问题。在保护物质文化遗产的同时,还要注意加强对非物质文化遗产的保护。要识别、区分遗产重要区段、重要点段在技术、经济、社会和景观各方面的不同价值特征,系统保护由河道遗存及其联系的运河水工设施、运河附属遗存、运河相关遗产及背景环境构成的价值单元。根据大运河文化遗产空间肌理和线路脉络,加强系统保护、立体保护,保持运河文化遗产的真实性和完整性。

第二节 运河文化遗产保护和传承的举措

针对后申遗时代山东运河文化遗产保护现状及存在的问题,山东应全方位做好遗产保护、法规制定、生态保护、文化传承、统筹协调等方面的工作。以保护好、传承好、利用好大运河文化遗产为遵循,以打造中华文明的新名片为目标,着力推动大运河历史遗产挖掘保护和优秀传统文化创造性转化、创新性发展,着力保护和改善生态环境,着力完善政策体系和统筹协调机制,力争将大运河山东段打造成为大运河文化交流互鉴先行区、大运河生态文明建设引领区和大运河文化旅游融合示范区,为弘扬和传播大运河文化作出更大贡献。本节主要针对山东运河文化遗产现状及问题,提出符合山东实际的保护和传承举措。

一 加大宣传力度,增强保护意识

山东旅游资源丰富,为全国旅游大省。由于历史和现实等原因,山东省对于儒家文化、泰山文化非常重视,曲阜、泰安也成为国际、国内旅游胜地。而作为对山东传统社会产生重要影响,发挥过巨大功能的京杭大运河山东段一直处于一种默默无闻的状态。在国家大力弘扬运河文化的今天,我们一定要努力扩大运河文化的宣传力度,将运河文化上升为与泰山文化、儒家文化相提并论的三大文化类型。要以政府为主导，社会力量为辅助，通过运河普及刊物的出版、运河题材电视剧与动漫的拍摄、电视与网络的大力宣传、运河文化主题公园的打造、运河古镇的建设等，将山东运河旅游业推出省外，推向国内与世界，使运河成为一条重要的旅游线路与遗产廊道。具体来说，可以从以下两个方面进行努力：

一是要坚持以社会主义核心价值观为引领，将运河文化传承纳入实施中华优秀传统文化传承发展工程，推进运河文化元素进学校、进家庭、进机关、进社区、进村庄、进企业，开展大运河文化体验活动，使运河文化成为社会主义核心价值观的重要源泉。鼓励山东沿运地区各类学校立足地方特色和中小学生特点，开发建设运河文化校本课程，加强运河文化教育传承。加强教育引导、舆论宣传、文化熏陶、实践养成、制度保障，结合时代条件，赋予大运河文化新的含义，为践行社会主义核心价值观提供丰厚滋养。要集合优势力量，综合采取各种艺术形式，打造多层次、成系列、开放式的优秀传统文化普及推广作品。

二是实施大运河文化数字化展示工程，创作《大运河故事》《大运河文化》等系列广播、电视、微电影、动漫节目，促进运河文化的传播。高水平举办运河论坛、运河学术研讨会等各类论坛活动，策划举办运河文化节、运河文化主题庙会，加强大运河沿岸的文化互动，开展高端对话、主题讲座、文明体验、文化会演等系列活动，推介运河沿线地区发展成果与经验。深化与大运河沿线省市的合作，推动运河文化在交流中繁荣、在互鉴中发展，携手打造中国"千年运河"品牌。聚焦"一带一路"沿线区域，充分运用海外中国文化中心、尼山世界儒学中心、孔子学院等载体，结合感知中国文化周、文物展览、博览会、旅游推介和各类品牌活动，策划组织大运河文化专题活动，积极推动运河文化"走出去"，拓展运河文化的国际交流空间。

作为一种活态传承的文化遗产，大运河文化遗产存在方式要求其保护必须依赖于多方主体。将其重点保护主体可由政府变为政府、市场、社会公众多方主体。大运河沿岸的原住民对于运河怀有浓厚的情感，对当地文化有着独有的理解和认知。因此，必须尊重和维护民众与文化遗产之间的关联和情感，更加注重大运河文化遗产的世代传承性和公众参与性。如果对大运河文化遗产的保护没有落实到民众自觉参与的程度，保护大运河文化遗产不可能真正得以实现。①

二 健全法律法规，完善保护机制

目前，国家层面已制定《大运河遗产保护与管理总体规划（2012—2030年）》《大运河遗产联合保护协定》《中国大运河遗产管理规划》《关于全面推行河长制的意见》等国家级立法或规划，这些对于保障运河遗产现状，促进其科学利用具有重要意义。随着形势的发展，特别是中国大运河已入选世界遗产，很多规范、条例与《保护世界文化和自然遗产公约》存在着不一致之处，所以如何处理国内法规与国际规范之间的关系，是亟须解决的问题。②"从严格意义上来说，当前还没有一部完整意义上的运河文化遗产保护传承的法律。"③ 相关部门应进一步增强运河文化遗产保护和利用工作的危机感和紧迫感，抓紧制定出台相应的法律法规，使运河文化得到更好的推广，运河文化遗产得到更好的保护。沿运各级政府要结合当地实际，制定运河文化遗产保护规划，明确保护范围、措施和目标，并认真付诸实施。各级管理部门应从行业管理的需求出发，建立满足运河文化事业健康发展需要的工作体制和机制，加大资金投入和行业管理力度，积极培育和探索建立健康、稳定、繁荣的运河文化市场机制。要以科学规划为基础，结合当前国家对非物质文化遗产保护工程的实施，做好保护和开发运河非物质文化遗产的相关工作。

运河文化遗产既包括河道、建筑、水工设施等物质性遗产，同时也涵盖饮食、舞蹈、音乐、民间工艺品等非物质文化遗产，各类遗产具有自身的特点，所以应区别对待，采取不同的保护措施。遗产点要加强保护性修复，不能过多地修建仿古建筑，应划定遗产保护区，建立遗产展示平台，同时充分利用技术手段，做好基础性数据获取工作，搭建数字化管理、监测平台，科学的保护、展示运河文化遗产。要深入挖掘大运河非物质文化遗产的丰富内涵，加大宣传推广力度，努力提升非物质文化遗产保护利用

---

① 徐奇志、王艳：《大运河（山东段）文化遗产及其活态保护》，《理论学刊》2018年第6期。
② 郑民德：《"运河文化带"视阈下的遗产保护与利用研究》，《华北水利水电大学学报》（社会科学版）2019年第1期。
③ 徐奇志、王艳：《大运河（山东段）文化遗产及其活态保护》，《理论学刊》2018年第6期。

水平。要建立监测预警体系，做好相应的紧急情况应急机制，提高处理突发事件的能力。要统筹推进文化遗产整体性、抢救性、预防性保护，实施历史文化遗址遗迹保护、抢救和修复工程，最大程度保持大运河文化遗产的真实性、完整性和延续性。

三 深入进行挖掘，讲好运河故事

大运河是中国古代劳动人民建造的一项伟大工程，是世界上开凿最早、距离最长、规模最大的人工运河。历史上，大运河山东段一直是大运河的中枢区段，是经济往来、商贾流通、军事调配的交通动脉，在国家漕运和战略实施中一度发挥着不可替代的重要作用。作为"活着的、流动着的人类遗产"，蕴含着丰厚的历史文化资源，具有独特的历史文化价值。我们要深入挖掘大运河山东段历史文化资源，凝练大运河文化的思想理念、人文精神和文化特质，结合时代要求，讲述运河故事，传播运河精神，激活运河记忆，让大运河文化展现出永久魅力和时代风采。针对山东运河文化的阐释和挖掘，我们可以采取以下措施：

一是加强山东沿运地区文化资源普查，整合运河民间文献、文化旅游、民俗、水利工程枢纽等资源，建设大运河文化资源公共数据平台。继续加强大运河文化研究阐释，促进运河文化研究的突破性创新，推出一批具有前瞻性、独特性的研究成果。深化运河文化与"一带一路"理念、儒家文化、泰山文化、中原文化、黄河文化、红色文化、水浒文化、漕运文化等的研究，阐释大运河在推动南北文化、东西文化、中外文化交流融合中的重大作用。深入挖掘运河民俗文化，定期举办弘扬传承非物质文化遗产的研讨论坛、技艺交流和群众喜闻乐见的节庆等活动，加强对非物质文化遗产的研究阐释、活态利用。①

二是充分利用运河沿线丰富的水利工程遗址遗产，加强对运河河道及船闸、桥梁、堤坝、码头、渡口、水柜等古代水利工程的基础研究和技术研究，展示中国古代水利工程智慧和自然生态理念。充分挖掘漕运文化和商贾文化，采用虚拟现实、全景展示、历史文化纪录片等形式，建设漕运主题公园，重现大运河山东段重要历史文化面貌，讲述大运河文明史。加快重点和特色博物馆建设，进一步规范提升聊城运河文化博物馆、东平戴

---

① 山东省发展和改革委员会：《大运河文化带（山东段）建设专项规划研究报告》。

村坝博物馆建设，谋划新建济宁运河博物馆，形成特色突出、互为补充的综合博物馆展示体系。加强与大运河沿线省市的合作，积极开展国际运河城市交流，推动运河文化大繁荣、大发展。策划组织大运河文化专题活动，通过运河大型图片展、运河书画精品展、运河沿线城市文化主题展、非遗工艺美术展及对外宣传报道活动，推动运河文化"走出去"，展现中华文明和中国智慧无穷魅力，打造运河文化国际交流平台。①

四　推进河道治理，保护生态环境

近年来，随着沿运地区经济社会的快速发展，运河河道及生态环境保护的形势日益严峻。部分运河河段河道阻塞严重，运河堤岸坍塌，沿线垃圾侵占河道，运河水质污染严重，严重破坏了运河河道及周边环境的完整性与真实性。针对这一情况，我们可以采取以下措施：

一是围绕大运河不同河段的功能定位，统筹兼顾，合理布局，科学配置和优化调度水资源，加强岸线保护，升级水利水运设施，加快恢复和提升大运河河道和岸线保护、防洪排涝功能，重塑大运河"有水的河"现实载体。依托自然水系、调蓄工程、人工水系等，改善大运河及周边河湖水利联系，加强自然河道保护，统筹实现大运河的生态、防洪、供水、文化、景观、航运等多种功能。结合南水北调东线二期工程建设，以聊城、德州段为重点，科学实施必要的航道疏浚、边坡护岸处理、碍航设施改造等，逐步恢复河道生态用水，稳妥推进适宜河段通航，优先实现旅游通航。立足既有航道条件，以供水、水环境改善和水生态保护和修复为重点，提升南水北调东线输水能力，加快推进济宁、枣庄段运河航道整治工程，提升航道建设水平，建成国内领先的内河高等级航道。②

二是坚持严格保护与合理利用相结合，根据河湖功能定位，制订差别化的岸线资源利用方案，优化岸线开发利用和保护格局，提升沿岸文化旅游、港航物流、临港产业、城镇建设、生态保护等综合功能。牢固树立"绿水青山就是金山银山"的理念，实施国土绿化行动，建立环境质量底线、生态保护红线、资源利用上线和全流域协同的"三线一协同"机制，

---

① 山东省发展和改革委员会：《大运河文化带（山东段）建设专项规划研究报告》。
② 山东省发展和改革委员会：《大运河文化带（山东段）建设专项规划研究报告》。

加强生态空间管控，补齐生态环境短板。①

2019年2月，中共中央办公厅、国务院办公厅印发了《大运河文化保护传承利用规划纲要》，明确了将大运河建设成山水秀丽的绿色生态带，把满足人民群众对优质生态产品的需要作为文化传承的重要组成部分，为改善大运河沿线区域生态环境质量，实现生态环境保护和文化传承相互融合，推进区域协调发展、绿色发展和高质量发展提供了有利契机。我们要牢固树立"绿水青山就是金山银山"理念，坚定不移实施生态文明建设千年大计，实行最严格的生态环境保护制度，严守永久基本农田控制线，建立水环境质量底线、水生态保护红线、水资源利用上线、全流域协同的"三线一协同"机制，推动形成大运河沿线人与自然和谐共生的现代化建设新格局，树立全流域生态文明建设典范，为全国大河流域生态文明建设积累新经验、探索新路径、提供新模式、贡献新力量。

五 加强统筹协调，促进区域发展

山东运河遗产数量多、范围广、内容丰富，但多以点状分布，开发利用难度大，而通过构建山东运河文化遗产廊道，可以将分散的遗产点串联起来，形成科学的保护方法，突出遗产的文化价值与自然价值，实现自然环境、生态环境、经济环境、文化环境的平衡与协调发展。然而目前由于缺乏协作，旅游发展存在诸多问题。② 山东运河遗产廊道的构建应由政府主导，统一协调，打破条块分割，优化资源，推动旅游产品创新，搭建文化遗产保护、利用信息平台，形成旅游资源信息数据库，实现文化资源向经济资源的转化。

运河流经经济相对落后的山东西部地区，沿线各地市要结合山东省提出的"西部隆起带"战略，打造黄、运生态大走廊，要借助运河文化带建设的机遇，通过相关项目与基础建设的实施，加大对沿线城镇的生态、经济、文化投入，实现区域产业转型升级、水环境综合治理、特色资源开发等目标。统筹大运河文化保护传承利用与城乡建设、区域发展，按照沿河集聚、组团发展、互动协作、因地制宜的原则，发挥支点城市和沿线镇村的作用，推进运河城镇建设，打造沿运美丽乡村，充分展现古城、水城和

---

① 山东省发展和改革委员会：《大运河文化带（山东段）建设专项规划研究报告》。
② 钟行明：《山东运河遗产廊道的旅游协作策略与路径》，《中国名城》2014年第5期。

生态发展特色，真正将山东运河建设成为文化的河、经济的河、生态的河、人居的河、繁荣的河，促进区域的整体发展。

六 强化学术研究，服务社会现实

作为一种线型文化遗产，大运河具有跨区域、跨管理单位、历史信息叠加程度高、流动性强、边界模糊等特点，使得运河保护问题十分复杂。因此，如何完整地发掘整理运河文化遗产，科学地保护好、管理好、利用好大运河，是我们必须积极面对的问题。[1] 对于政府而言，需要在深入调查的基础上，制定详细的保护开发规划，建立健全长效保护机制，同时，加大宣传力度，通过网络、媒体、出版物等方式扩大运河文化的宣传，使更广大的民众能够了解运河、关心运河、热爱运河，不断提高运河文化的影响力与魅力。而对于从事运河文化研究的专家、学者而言，需要做的则是弄清运河文化遗产的历史内涵和保存现状，搞好运河文化遗产资源调查和研究，为保护和利用大运河文化提供理论依据和智力支撑。

相比北京、江苏、浙江等沿运省份，山东运河文化的研究还有较大的提升空间。要在政府的统一安排与筹划下，集中山东省高校与科研机构力量，整合研究人员，组建研究中心，加强对山东运河文化的研究，从社会科学、自然科学多方面进行探讨，要加大对运河相关研究机构和课题的支持力度，促进研究成果向现实社会转化，更好地促进运河文化遗产的保护、传承与利用。通过编辑、出版相关书籍和刊物，提升运河研究的理论水平，调动研究者的积极性和创造性，推动运河研究走向深入。要定期召开国内外运河学术论坛、文博与非遗展览会、运河文化主题讲座等，努力扩大运河研究的知名度和影响力。

第三节 政府保障措施

"政府的文化职能是指政府指导和管理文化事业，领导和组织精神文明建设的职能。它是国家行政管理最古老、最重要的职能之一，并且在不

---

[1] 李德楠：《中国运河文化遗产及其保护》，《光明日报》2009年5月5日第12版。

同时代、不同国家有着不同的内容和方式。"① 建设好大运河文化带，做好运河文化遗产保护、传承和利用工作，是深入贯彻落实习近平总书记重要指示批示精神，全面展示中华文明的历程和现代成就的重大战略举措。要充分发挥政府总揽全局、协调各方的作用，调动各方力量，健全体制机制，激发内生动力，坚定信心，勇于担当，集中力量、集成资源、集聚智慧，确保宏伟蓝图变成美好现实。

一 做好宣传引导

运河文化的保护和利用离不开政府相关部门的宣传和引导。相关部门要努力搭建宣传展示平台，拓展大运河宣传推广渠道，积极开展大运河文化保护传承利用的宣传推广。充分利用云计算、大数据等新一代信息技术，积极采用微博、微信、微电影等新媒体手段，构建公众参与平台，提升运河文化的亲和力和影响力。鼓励先行先试、开拓创新，及时总结宣传推广好经验、好做法，注重培育新亮点，强化典型示范引领。加大规划宣传和解读力度，用规划目标凝聚民心、汇集各方力量，创新社会参与机制，营造政府、市场、社会协同推进的良好范围，形成大运河文化带建设的强大合力。统筹利用多种渠道，发挥各类行业协会、公益组织和各类合作组织的作用，鼓励沿线景区、旅行社等结成联盟或合作机制，联合开展宣传推广，形成全球知名的中国大运河文化品牌。

二 加强组织领导

中国大运河是中华文明的标志性工程，是世界文化遗产，它蕴含的历史文化资源，对提升中华民族的文化自信具有重要的现实意义。② 各级党委和政府要高度重视，切实增强保护意识，把运河文化保护开发工作摆上重要日程，严格履行职责，切实把大运河文化保护好、传承好、利用好。具体来说，主要采取以下措施：

一是建立省级大运河文化保护传承利用工作协调机制，负责统一指导和统筹协调本规划实施，研究确定大运河文化带建设的重大政策、体制机

---

① 郑志龙主编：《行政管理学》，中央广播电视大学出版社2000年版，第46页。
② 连冬花：《文化自信视阈下中国大运河世界遗产的保护创新》，《江南大学学报》（人文社会科学版）2017年第5期。

制创新、重大事项、重大工程建设等问题。省直有关部门要根据职能分工，密切协调配合，形成推进合力。沿运各市为规划落实主体，负责本地区大运河文化保护传承利用工作。

二是建立大运河管理、保护、利用的联席会议制度，统一领导，健全协调机制。运河文化带建设是一项庞大的工程，绝非一朝一夕或某一部门就能顺利完成，必须建立国家、省、市、县协调机制，形成中央领导，省市布局，水利、航运、文物、环保、国土、农业、渔政、建设、规划、城管、旅游多部门联合参与的统一组织。省政府要根据不同运河城市的特点，科学指导、分步引导，统筹布局、相互协作，将山东运河文化遗产作为一个系统的整体进行推广与宣传，定期召开联席会议，总结经验、教训，实现局部与整体的协调发展。

三 统筹规划落实

针对沿运各地市普遍存在的各自为政、统筹协调能力不强、规划"落实难"等问题，相关部门应采取以下措施：

一是要积极贯彻落实国家规划总体要求、空间布局和重点任务，加强对大运河文化带建设的各类专项规划和市县规划的指导和约束。加强与国民经济和社会发展规划、国土空间规划、生态环境保护规划、文物保护规划、自然保护地规划等的相互衔接，建立"多规合一"的体制机制，形成规划实施整体合力。

二是要建立大运河山东段文化保护传承利用工作协调机制，负责统筹协调本规划实施，审议重大政策、重大问题，督促检查重要工作落实情况。省级相关行业主管部门要按照国家要求加快制定文化遗产保护传承、河道水系治理管护、生态环境保护修复、文化和旅游融合发展等专项规划，适时对规划实施情况进行中期评估，规划实施期满时组织开展终期评估。沿运五地市要抓紧制定出台本地区的实施方案，强化多层次、多形式沟通，共建基础设施、共抓服务配套、共塑鲁风运河品牌，增强大运河文化保护传承利用的协同性。沿运各市要健全监督检查工作机制，定期开展自查，及时反映重大进展、重大问题和意见建议。

四 强化政策支持

运河文化遗产的保护、传承与利用是一项系统工程，离不开相关部门的政策支持。要建立健全政府、企业、社会组织和公众共同参与运河保护管理的长效机制。制订完善相关法律法规,为运河文化遗产保护提供法律依据。积极争取中央宣传部、国家发展和改革委、文化和旅游部、国家文物局在资源普查、编制规划、重点项目建设等方面的指导支持。省级有关部门多渠道筹措资金,加大对大运河流域内重点水源地的财力支持。各级财政综合运用相关渠道,积极完善支持政策。研究制定具体措施,拓宽多样化融资渠道,鼓励引导社会基金和资金投入,进一步激发市场主体活力,建立完善的多元投资机制。大运河沿线各市要加强资金保障,统筹安排好自有财力和上级补助资金,确保各项重大任务落实。

五 完善智力支撑

运河文化遗产的保护、传承和利用需要全社会的共同努力,健全人才体系、完善智力支撑无疑是其中的关键因素。相比江苏、浙江等沿运省份,山东运河文化遗产的研究还相对薄弱,理论服务现实的功能还不够明显。要切实发挥山东运河经济文化研究中心、聊城大学运河学研究院等学术智库的作用,整合高等院校、研究机构、学术社团等资源,打造高端运河文化研究平台,形成具有全国乃至世界影响力的大运河文化研究高地。完善人才服务体系,整合公共就业和人才服务信息平台,开展区域人力资源交流合作。完善公共就业服务体系,实现跨区域资质互认,促进人力资源合理流动和有效配置。推进多种形式的教育合作,开展联合办学,打造一批开放共享的职业技能人才培养培训基地。合作成立权威性专业机构,汇集遗产保护、非物质文化遗产传承专业人才。

第五章

运河文化遗产资源的开发和利用

2014年6月，中国大运河成功申遗，运河文化遗产资源的保护和开发逐渐引起社会各界的重视。近年来，山东沿运各地都在充分挖掘运河文化，开展各具特色的运河旅游项目。通过发展运河文化遗产旅游，可以加强公众对运河文化遗产重要地位及价值的认知，进而增强保护意识。同时，通过旅游开发为遗产保护注入资金，可以更好地对运河文化内涵进行深入挖掘，促进运河文化遗产的保护和传承，带动沿线区域经济社会发展，从而实现保护和开发的良性互动。本章在对山东运河文化遗产旅游发展现状进行分析的基础上，概括和总结其开发和利用的基本原则和总体构想，并有针对性地提出相应的对策和建议。

第一节 运河文化旅游发展现状

文化旅游业是综合性产业，是拉动经济发展的重要动力，已成为我国国民经济战略性支柱产业和满足人民群众对美好生活新期待的幸福产业。目前，文化旅游产业已进入消费大众化、需求品质化、产业融合化、发展全域化、竞争国际化的优质发展阶段，大力发展文化旅游产业，对推动山东文化旅游大省向文化旅游强省迈进，助力新旧动能转换、实现高质量发展具有重要意义。2020年4月，山东省政府办公厅印发《山东省大运河文化保护传承利用实施规划》。其中提出，坚持全域旅游发展理念，实施旅游精品战略，统筹推进旅游景区建设、旅游产品开发、旅游品牌打造和旅游服务保障，进一步丰富旅游产品供给，培育大运河文化旅游品牌。本节依据相关资料，在对山东运河文化旅游概况进行梳理的同时，重在分析旅游开发过程中存在的问题。

一 旅游资源概况

山东运河沿岸积淀了丰富的运河文化遗产，拥有德州苏禄王墓、聊城山陕会馆、临清鳌头矶、济宁太白楼、台儿庄古城等诸多文化旅游景观。在大运河申报遗产区的名录中，大运河山东段有8个河段，占全部遗产河段的近三分之一；共有15处遗产点，占全部遗产点的四分之一还多。尤其是拥有"运河水脊"——南旺枢纽遗址和"运河之心"——戴村坝，还有元明清时期的运河总督衙门所在地、"运河八大钞关之首"的临清钞关、运河"四大名塔"之一的临清舍利宝塔等。目前，山东沿运地区A级别旅游景区共有100余家，其中5A级旅游景区1家，4A级旅游景区20余家，3A级旅游景区50余家；山东省运河地区现存古遗址20处、古建筑16处、古墓葬10处；有国家级历史文化古城2座、全国重点文保单位10处；国家级森林公园1处。此外，运河山东段有微山湖、东平湖、东昌湖等大型湖泊，其中济宁以南段目前通航，两岸生态景观风貌较好。① 沿运地区丰富的文化遗产资源为山东开展运河文化旅游提供了良好条件，运河文化旅游资源主要呈现出以下几个特征：

1. 文物古迹众多，文化底蕴丰厚

山东运河沿线分布有多座运河文化古城，像临清、济宁、聊城、张秋、东平、德州等都是历史上的运河工商业中心。其中，临清、济宁是省级历史文化名，而聊城则是国家级历史文化名城。这些地区往往都有着丰富的历史古迹，文化积淀深厚，有着很高的开发价值。除了历史文化名城以外，山东运河文化旅游区还有着数量丰富、种类齐全的历史遗迹旅游资源。既有像济宁铁塔、聊城山陕会馆以及光岳楼这样的古建筑精品，也有如德州苏禄王墓、聊城曹植墓这种高品级的古墓葬旅游资源，还有像梁山泊遗址和景阳冈打虎遗址这样富有地方特色和传奇色彩的古代遗址。这些文物古迹不仅历史久远，而且文化内涵深厚，可开发性很强。②

---

① 山东省旅发委：《大运河文化带旅游发展专题研究》相关材料。
② 何佳梅、王德刚主编：《山东省文化资源旅游开发研究》，齐鲁书社2004年版，第267页。

2. 资源类型丰富，地域特色突出

山东运河文化旅游资源种类丰富，几乎涉及了文化旅游的各个领域，而且许多文化旅游资源单体是多元文化的融合，如山陕会馆（山西、陕西文化的融合），枣庄的美食（南北饮食文化的融合），聊城运河文化博物馆（运河文化与水利文化的融合）。更有比较有特色新意的文化创意，如姜堤乐园、临清宛园、凤凰苑科技园等。文化旅游资源的多样性为文化旅游开发提供了更多的可能。

山东运河沿岸的民俗文化旅游资源也非常丰富。其中代表性的在美术方面有东昌府木版年画、茌平中堂画和印花土布以及聊城的雕版印刷等；舞蹈方面有临清五鬼闹判舞、聊城伞棒舞，济宁阴阳板、仙鹤舞，台儿庄的渔灯秧歌等；曲艺方面有山东快书、临清时调、聊城八角鼓、济宁串鼓和嘉祥唢呐等；饮食方面如济宁的酱菜、微山的麻鸭、菱香酒，聊城的呱嗒、张家厚饼，临清的鲤鱼跳龙门，枣庄的石榴茶，德州的扒鸡等。另外，历史上因运河而形成和流传的民间习俗，如茶俗、酒俗、船俗、渔俗、婚俗等许多习俗也都延续了下来。[①]

3. 保存状况较好，开发价值较高

大运河山东段的文化旅游资源总体来说保存程度较好。如聊城的东昌古城和枣庄的台儿庄古城，就是原来的古城遗留下来的，至今许多古建筑保存得相当完好；济宁的太白楼虽然地处济宁繁华商业区，但保存得非常完好；聊城的山陕会馆历经数百年的风雨沧桑，依然矗立在运河岸边；临清鳌头矶、运河钞关这些建筑遗迹不但保存状况较好，还成为当地著名的旅游景点。东平的戴村坝历经数百年，至今仍在发挥着作用。

山东运河文化积淀深厚，运河地区旅游资源丰富，吸引力强，旅游开发价值很高，具有极大的开发潜力。山东运河文化既具有运河文化的典型性，又具有其独特性。它包容了漕运文化、商业文化、都市文化、民俗文化、饮食文化、建筑文化等多种文化，体现在文化教育、科学技术、文学艺术、工艺美术、风情习俗、文物古迹等众多领域，具有较高的旅游吸引

---

① 何佳梅、王德刚主编：《山东省文化资源旅游开发研究》，齐鲁书社2004年版，第267页。

力和开发价值。① 如聊城的光岳楼是国家重点文物,对于古建筑具有极高的科考价值;海源阁是中国历史上最著名的私人藏书楼之一,其藏书对于历史文献研究具有重要的参考价值。再如济宁太白楼,对于研究诗仙李白的生平及作品有重要的文学价值;运河钞关是明清两代朝廷设于运河沿岸督理漕运税收的直属机构,也是目前仅存的一处运河钞关,现为全国重点文物保护单位,具有重要的历史文化价值。

二 旅游业发展情况

近年来,山东省旅游发展委充分发挥大运河旅游资源优势,倾力打造"鲁风运河"文化旅游品牌。"鲁风运河"是指在深度挖掘山东运河沿线丰厚的历史文化和浓郁的民俗风情基础上,以"诚信、仁义、包容、开放"的齐鲁运河文化为核心价值,构建运河经济带、特色文化带、生态景观带,并以运河山东段主要节点为依托,形成具有国际示范意义的历史文化遗产廊道。2016年,由山东省旅游发展委员会牵头编制的《"鲁风运河"文化旅游目的地品牌建设总体规划》通过评审。同年12月,"鲁风运河"品牌联盟成立,枣庄市、济宁市、泰安市、聊城市、德州市五市"牵手",形成了一个对外展示、优势互补、互惠互利的全新区域合作平台。沿线地市不断加大重点项目招商建设力度,品牌建设取得阶段性成果。2016年,沿线地市共接待游客1.5亿人次,实现旅游收入1400亿元。②

一是大项目带动大发展。截至目前,"鲁风运河"品牌已建成旅游项目15个,总投资107亿元;在建项目18个,总投资196亿元。其中,投资60亿元的聊城中华水上古城、投资50亿元的枣庄台儿庄古城、投资30亿元的泰安白佛山文化产业园、投资25亿元的济宁微山湖旅游综合开发、投资20亿元的德州四女寺运河综合开发等一批投资大、带动力强的项目相继开工建设或营业,对"鲁风运河"品牌建设起到了强力支撑作用。

二是联合营销,共树品牌。2016年,山东省旅游发展委策划推出了"鲁风运河"品牌标识,并组织中国旅游报、大众日报、凤凰网等20多家媒体开展了"品儒风雅韵、赏运河美景——走近鲁风运河"采风活动,邀

---

① 何佳梅、王德刚主编:《山东省文化资源旅游开发研究》,齐鲁书社2004年版,第268页。
② 数据来源于山东省旅游发展委员会相关统计材料。

请旅行社代表对"鲁风运河"沿线城市进行了实地考察和调研。与此同时,省旅游发展委联合运河五市成立"鲁风运河"品牌联盟,实行5市轮值主席制度,共同打响"鲁风运河"品牌。

三是加强领导,强化考核。山东省旅游发展委在"鲁风运河"品牌联盟基础上又成立了"鲁风运河"品牌协调小组,由省旅游发展委分管负责同志任组长,5市分管副市长任副组长,5市旅游发展委(局)主要负责人任成员。协调小组定期召开会议,调度工作进度,研究部署品牌的整体开发推广等相关事宜,对品牌联盟工作进行季度考核。

三 旅游开发过程中存在的问题

虽然山东沿运地区对运河文化旅游开发高度重视,并做了大量的工作,但由于先天自然原因和后天人为因素的存在,造成现在运河文化遗产资源开发水平不高,运河文化旅游的品牌没有打响。总的来看,山东运河文化遗产旅游开发主要存在以下几个问题。

(一)水环境问题突出,资源保护面临严重威胁

济宁以北的河段已经断航,德州、聊城境内的以往水源持续不断的情况大改变,许多运河河段干涸,岸上杂草丛生,虽然有些河段还有一定的水源,但河面狭窄,水量不足。这些都严重影响着运河的形象,制约着运河文化旅游开发的进展。仍在通航的济宁以南河段也存在一些资源破坏的问题,如河水遭到一定程度的污染、部分河道较窄、新旧运河结合不善、个别岸线存在人为滥建等。由于大运河断流许久,很多遗迹也失修,文化旅游资源大多处于沉睡状态,文化旅游资源的优势没有转化为经济优势。如德州的运河目前都处于保护未开发状态,很多沿河的全国重点文物保护单位,但因年久失修游客较少,知名度也不高。运河的灵魂是水,水兴则运河兴,水衰则运河衰。失去了水,当前的旅游开发失去了重要的载体,很难依托于运河水体将沿线的资源串联起来,再现昔日的辉煌场景。同时,目前运河水污染较为严重也是制约运河旅游开发的重要"瓶颈",没有好的水质做保证,运河旅游只能是纸上谈兵。[①]

---

① 何佳梅、王德刚主编:《山东省文化资源旅游开发研究》,齐鲁书社2004年版,第270页。

（二）旅游开发各自为战，缺少统筹协调

由于运河旅游资源涵盖河道、水工设施以及会馆园林、寺庙、聚落等，产权单位或管理部门众多，增大了运河旅游资源整合开发的难度。河道、水工设施属于水利局主管，遗址、遗迹属于文物局管理，航道属于交通局管理，寺庙属于宗教局管理等。多头管理导致区域间协调难度增大，区域一体化发展受到一定影响。

大运河山东段流经的五地市，目前在大运河文化旅游的开发上基本处于各自开发、各自为政的状态，没有形成统一的联合开发机制。五地市在做旅游规划的时候也都是只针对本地市进行规划和管理，打造的文化旅游产品具有相似性和雷同性，不利于形成文化旅游产品的竞争力。在管理上也没用形成统一管理，这样使得运营效率大打折扣，在人员配备、景区运营、景区风格、设计理念上没有形成一致性，开发的进度方面参差不齐。对于大运河山东段来说需要打造的是一个旅游目的地品牌，也就是"鲁风运河"，任何一个地市都不是孤立的，虽然目前五地市在运河文化旅游方面的开发深度、水平不一，但是只有统一规划，统一机制，才可以做成品牌，形成品牌效应、联动效应。只有区域旅游合作才可以形成优劣势互补，资源共享，形成文化特色。

（三）旅游产品结构单一，产品层次有待提高

旅游产品是满足人们在旅游活动过程中食、住、行、游、购、娱多方面需要的综合性产品，其内涵极为丰富。旅游产品结构是指各类旅游产品之间及其内部的比例关系，它是旅游经济结构的重要组成部分。"在旅游产品的多方面构成中存在一定的比例关系。任何一部分的超前或滞后都会影响旅游经济活动的开展，进而影响旅游产品使用价值和价值的实现。"①旅游产品的层次结构包括：游览观光类的基本产品，娱乐、购物等高层次产品以及休养、疗养、会议等专门层次产品。从这一点来分发析，目前运河文化旅游产品基本上属于单一的观光旅游产品，并未形成综合的产品体系，缺乏高层次的专项旅游产品。②

山东运河沿线除台儿庄运河古城、东昌古城开发程度较好外，沿线其

---

① 程瑞芳：《旅游经济学》，重庆大学出版社2018年版，第28页。
② 何佳梅、王德刚主编：《山东省文化资源旅游开发研究》，齐鲁书社2004年版，第270页。

他地区主要为依托自然资源开发的旅游产品，如湿地公园、森林公园、生态公园等，旅游产品开发层次不高。各地对运河产品的设计缺乏独特性，在品牌建设上缺乏足够的创意与策划，造成旅游产品的低层次重复开发，不利于旅游品牌体系的形成。此外，山东运河沿线水上旅游产品开发不足，也影响了鲁风运河的整体品牌。

（四）旅游与相关产业融合不够，制约了旅游产业的集聚

"产业融合是指不同产业或同一产业不同行业相互渗透、相互交叉，最终融合为一体逐步形成新产业的动态发展过程。"[1] 旅游产业融合是旅游产业内部或者旅游产业与其他产业之间发生的相互联系、相互渗透。[2] 旅游业综合性强、关联度高，与许多产业相互关联，这就决定了旅游业不可能游离或独立于其他产业之外。旅游产业与第一、第二、第三产业之间的密切融合，有助于推动旅游产业创新，推进产业结构优化与产业发展，能有效提升旅游产业的竞争力，对推动旅游产业的整体发展具有非常重要的作用。[3] 产业融合既是旅游业形成的本质属性，也是现代旅游业发展的主要方式。[4] 目前，旅游与文化、体育、农业等的联系互动融合较少，旅游产业结构相对单一，导致"旅游产业链短，泛旅游格局未形成"的局面。此外，"鲁风运河"在空间上属于显著的线性形态产业，所串联城市跨度空间大，受行政区划、地域资源影响显著，也阻碍了泛旅游产业的形成。

（五）旅游资金投入不足，基础设施相对滞后

虽然现在山东省已经设立了旅游产业发展基金，但这个基金是面向全省的，东部沿海旅游项目的打造也需要大量的资金，而且现在旅游产业基金的运行一般都是好多年，从前期的尽职调查、基金的募集都需要一个过程。所以就现在所处的阶段来讲，很多发展旅游的资金远远没有到位，社会的资本参与到旅游投资中来也需要投资者的信心和对未来的判断，大运河山东段流经区域属于人口稠密，经济发展水平一般的地区，地方财政收入一般，旅游的专项资金相对匮乏。

---

[1] 田里主编：《旅游管理学》，东北财经大学出版社2015年版，第80页。
[2] 罗明义编著：《旅游融合发展：旅游产业与相关产业》，中国环境出版集团有限公司2016年版，第75页。
[3] 江燕玲：《重庆市旅游业竞争力研究》，重庆大学出版社2016年版，第133页。
[4] 罗明义编著：《旅游融合发展：旅游产业与相关产业》，中国环境出版集团有限公司2016年版，第75页。

"旅游基础设施是直接为旅游者服务，具有公益性、社会性和基础支撑性的各项设施的总称。"① 旅游基础设施既是连接各旅游服务环节的重要链条，也是提升旅游产品质量和服务质量的基础性因素。一个国家或地区旅游业的发达程度，并不仅仅表现为星级旅游饭店和 A 级旅游景区的数量，更在于游客咨询服务中心、旅游厕所、旅游标示体系、游客休息站、自驾车旅游服务区、景区内外旅游交通设施、旅游停车场、配套供水供电设施、垃圾污水处理设施、消防设施、安全防护设施等旅游配套设施的完善。"旅游基础设施服务是智慧旅游公共服务体系的服务载体，是旅游者关于智慧旅游公共服务最直接的接触体验点，旅游基础设施服务质量的高低将直接影响旅游者对旅游目的地旅游公共服务整体水平的认知。"②

旅游基础设施是旅游的"吃、住、行、游、购、娱"六大要素的承载体，是旅游业不可或缺的物质基础，离开了这些物质基础，旅游便无从谈起。山东沿运各地市的旅游基础和公共服务设施建设与省内外先进地市相比还有差距。星级饭店数量相对较少，部分饭店所处的位置较为偏僻，环境和条件相对落后。旅游交通方面，目前只有德州、曲阜、滕州、枣庄建有高铁站。聊城、济宁还没有高铁站，山东东部地区的游客和山东西部省份像河南、山西等来到此地只能乘坐大巴或者一般的火车，旅游目的地的交通设施还不够完善。沿运五个地市与旅游相关的文化娱乐、体育疗养实施还不够完善。博物馆、游泳馆、游乐中心、疗养院、养生馆、网球场等休闲娱乐设施较少，导致游客逗留时间不长，体验不够好。在咨询体系建设，旅游交通标识体系和智慧旅游等方面的发展相对滞后，影响了"鲁风运河"旅游目的地品牌的建设。

第二节　运河文化遗产开发的基本原则

运河文化遗产旅游开发是一项艰巨而复杂的系统工程，开发过程中需要全方位的调研和审视，做到恰到好处的开发，尽量避免肤浅开发和过度开发的情况发生。运河文化的保护与开发，既要做到立足实际，结合现

---

① 杨富斌编：《旅游法教程》（第 2 版），中国旅游出版社 2018 年版，第 46 页。
② 吴国清、申军波：《智慧旅游发展与管理》，上海人民出版社 2017 年版，第 169 页。

状,有原则、有目标、有态度地进行,更要未雨绸缪,有规划、有未来、有责任。"运河申遗是手段,利用是辅助,保护是最终目的",如果忘记了这个根本的原则,那么前期的一切准备、后期的一切成果,最终都会失去意义。① 在运河文化遗产旅游开发过程中,我们需要坚持可持续发展、保护和利用相结合、特色开发、市场导向等原则。

一 坚持可持续发展原则

"可持续发展原则是指人类的经济活动和社会发展要控制在自然资源和生态环境可承载范围之内,又不能使发展处于停滞状态。"② 与一般的文化遗产不同,大运河是活着的、流动的文化遗产。两千多年来沿运人民在运河两岸生活居住、繁衍生息,孕育了灿烂的运河文化。保护不仅仅是为了维护现状,而是让大运河的多重价值在全中国全世界人民面前得到重新展示,让子孙后代能得到"运河水更好的滋养"。保护开发运河,要以尊重自然、保护好运河两岸的生态环境为前提;保护开发运河,要在探寻挖掘历史史料的基础上,尽可能地恢复运河原有的风貌;保护开发运河,要关照民生,把"还河于民,造福于民"作为基本的出发点和落脚点,让沿岸老百姓享受到更多的实惠。

运河文化旅游开发作为一种区域旅游开发,必须考虑旅游的可持续发展问题。首先就要强调在保护的前提下进行开发,要从积极的保护观念出发,不仅要看到运河文化旅游资源所具有的永续性特点,也要看到它不可再生性的一面,加强对沿运地区的资源、水体、地方特色文化活动的保护,以达到永续利用的目的。再就是要强调开发中的协调原则。要注意旅游开发应与地方人民生活和社区发展相协调,应与地方财力相协调,运河地区许多地方经济实力较差,在外来资金不足的前提下应当量力而行。第三就是搞好资源调查,针对资源的特性、级别、潜力,有选择地进行分批、分阶段的长远开发。最后,发展运河文化产业的目的,在于通过运河景观环境的整合与治理推动山东省旅游业的发展,促进山东省经济社会的

---

① 徐苑琳、孟繁芸:《后申遗时代运河文化遗产的保护与开发》,《山西档案》2018 年第 2 期。
② 缪珠主编:《从物到人:生态正义理论下的新型城镇化道路》,光明日报出版社 2016 年版,第 143 页。

繁荣，但其宗旨和落脚点在于运河的长远保护与开发。应进行市场可行性分析，确定重点开发项目，以提高经济效益，兼顾社会效益和生态效益，做到三者有机结合，保证运河文化旅游的可持续发展。①

二 坚持保护和利用相结合

大运河文化遗产不仅具有丰硕的历史文化价值，而且具有巨大的经济社会价值。无论是在申遗过程中，还是列入世界遗产后，大运河文化遗产的保护与利用都是一个重要的课题。保护大运河遗产就是要保护其突出普遍价值，而利用大运河遗产必须坚持"保护优先"的原则，在保护前提下加以利用，使运河得到长期的、可持续的保护。②

具体到山东来说，要正确处理好保护与利用、保护与开发、保护物质文化遗产与非物质文化遗产等几对关系，搞好"适度开发"。第一，修旧如旧，延年益寿。对残缺、损坏的古遗存，进行修缮，凡是有保存价值的，要在保存原有风貌的前提下，尽可能地延长建筑物的使用时间。第二，原址恢复，建新如旧。对已湮灭的古遗迹，要在原来的地址上按照原有的风貌进行恢复。第三，统一规划，原貌恢复。在运河古城的保护开发过程中，要有前瞻性，制定统一的规划，尽量从整体上恢复古运河的建筑风貌和民俗特征。对运河遗迹的恢复，不能割裂历史，也不能仅是静止地复制某一个历史断片，而是要展现各个历史时期的独特风貌，使运河古城成为运河文化的集中体现和缩影。

三 坚持特色开发原则

大运河从北京到杭州，纵跨几个省市，在大运河申遗成功的背景下，在全国文化旅游搞得如火如荼的背景下，突出个性化和地域文化特色才是必须要坚持的原则。虽然在经济方面，运河山东段所处区域和天津、苏南杭州比起来还稍逊一筹，但是山东段有自己的特点，在名人名家、历史遗迹、文化传统、美食养生、民俗文化等方面有着非常巨大的优势，如何扬长避短，增加自身的竞争力，就是得坚持特色开发的原则。在大运河山东

---

① 何佳梅、王德刚主编：《山东省文化资源旅游开发研究》，齐鲁书社2004年版，第273页。
② 姜师立：《大运河文化遗产基于OUV的保护和利用》，《世界遗产》2013年第6期。

段有其他地方没有的巨大的内陆湖——微山湖、东平湖和东昌湖，在保持原始风貌的同时，努力突出自己的特色，反映出当地的文化、民俗和地方特色，就会形成旅游目的地。山东运河两岸景点众多，古迹遍布，这些文化古迹是运河旅游的主线，要通过认真选择，精心设计，最大限度化地体现山东运河文化旅游资源的特色与优势，突出旅游产品的独特性和唯一性，满足旅游者的需要。

国内外旅游景区开发建设的实践经验表明，旅游景区开发要想成功，必须具有自己的特色。"在项目设置与景区形象的呼应方面做好文章，景区形象以当地的地文、人文内涵和特色为基础，通过项目设置更加凸显出来。项目设置必须紧扣当地历史文化内涵，适当地加以强化和突出，而不应偏离、淹没主流和特色。"① 在运河旅游开发开发中，一定要因地制宜，充分利用所在运河段的人文、自然遗迹，发挥自身的优势，找准自己的特点。从而开发出独具特色的项目，而不要盲目跟风，一哄而上。

四 坚持以市场为导向

"旅游是一种特殊的商品，不能脱离市场需求的原则来进行开发。"② 大运河的保护和开发不是某一团体、某一部门的工作，而是一项群众性、社会性的事业，需要社会各界和广大群众的积极支持和广泛参与。在运河的保护开发中要引入市场机制，通过市场化运作，吸引有实力的投资商前来开发建设，为运河保护开发提供必要的资金支持。要以市场来统领各项旅游业务工作，开展产品设计、市场营销和行业管理。一方面，通过市场调研，了解旅游者需求，结合山东沿运地区资源和特色研发出丰富的适应不同类型、不同消费层次旅游者的旅游产品；另一方面，加强对旅游商品开发、生产、销售的宏观指导，从政策、资金方面指导和扶持，深度挖掘具有山东运河文化特色的旅游产品。要立足山东省内，积极拓展省外市场，争取海外市场，以产品和市场为核心，创新合作理念和营销方式。积极发挥旅游协会、旅游企业的作用，加强与沿运各省市的深度合作，力争实现资源共享、市场共享、利益共享。

---

① 何佳梅、王德刚主编：《山东省文化资源旅游开发研究》，齐鲁书社2004年版，第272页。
② 唐学锋、苟世祥：《中国西部旅游发展研究》，重庆出版社2001年版，第46页。

第三节　运河文化遗产开发和利用举措

2019年初，中共中央办公厅、国务院办公厅联合印发《大运河文化保护传承利用规划纲要》，这为山东省发展运河文化旅游提供了难得的历史机遇。山东省要把旅游产业作为大运河文化带建设的推进器和先导产业，以"诚信、仁义、包容、开放"的齐鲁运河文化内涵为核心价值，不断丰富旅游业态，完善旅游服务水平，全面提升"鲁风运河"品牌形象。深入挖掘运河文化、历史文化、民俗风情等文化内涵，重点发展度假体验、健康养生、运河观光、文化创意、研学旅游等旅游产品。坚持国际标准，推进休闲度假等旅游要素转型升级，完善交通、绿道、码头等旅游基础设施和旅游集散、咨询等旅游配套设施，增强沿线景区核心吸引力。加大旅游市场促销力度，规范旅游市场秩序，将大运河山东段建设成为生态环境优美、文化魅力独特、设施和服务一流，具有国际示范意义的历史文化遗产廊道和休闲度假旅游目的地。本节主要针对山东运河文化旅游的现状及问题，提出运河文化遗产开发和利用的具体举措，以求为相关部门的决策提供参考和借鉴。

一　加强宣传推介

长期以来，山东省致力于打造"一山一水一圣人"这一经典旅游线路。现在来山东的游客多是冲着泰山、"三孔""黄金海岸"、泉城济南等品牌而来的，几乎没有人是来游运河的。甚至在一些旅游的组织者眼里，运河也与旅游挨不上边。运河两岸不是没有景点，然而，今日的运河两岸，虽然古茶楼还在，会馆犹存，却由于宣传促销不到位，不复往日的人气，像一些高品级的景点，如铁塔寺、声远楼、钞关、鳌头矶等，就因欠缺包装与宣传，养在深闺无人识。针对这一情况，我们应摒弃落后的促销手段，借助现代化的多媒体传播手段，采取电视、网络、报纸等手段对历史遗迹旅游产品进行立体式的促销，可以借助拍摄专题片或有关的影视作品以及组织节庆活动，对外宣传山东运河文化旅游的形象，要加快专业的旅游网站的建设和扩容，尽早实现产品营销和交易的电子商务化。

二　促进区域合作

由于行政区划和管理体制的制约，运河沿岸各地在运河文化旅游开发方面没有统一的规划与开发战略，在景区开发、项目建设、市场促销方面各自为阵、缺乏合作，难以形成合力，形成规模化、系列化、前瞻化的开发态势。运河沿岸各城市应加强合作，出台运河区域旅游整体规划，全面协调各地市运河旅游开发工作。运河文化旅游开发是一项跨地区、跨部门的艰巨工作，需要统一的管理部门和顺畅的管理体制才能确保开发的顺利进行。要加强旅游统一管理工作，规范旅游开发、旅游市场和旅游经营行为，优化旅游环境。根据运河旅游发展的要求，积极构建与其相适应的管理体制，进一步加强旅游管理部门领导班子和干部队伍建设，积极培养旅游专业人才。在开发中应树立全局观念，建立旅游协作制度，加强密切合作，共同筹集资金，进一步健全旅游设施，加快重点景区、景点旅游配套设施建设，规划建设餐饮、娱乐和商贸服务设施。特别要大力开发具有运河特色的旅游纪念品、手工艺品，努力提高产品档次和质量。

运河文化旅游开发应以众多的文化古城为节点，发挥其龙头带动作用，促进整个区域的旅游发展。可以将济宁、聊城、枣庄作为主要的节点城市，发挥它们的资源优势，盘活整个运河文化旅游区，以点带面，逐步辐射，把运河旅游与山、水、圣人旅游、水浒旅游、民俗旅游等联结起来，展现运河文化旅游开发的大格局，改变山东旅游区划"五区一线"的结构，进而形成运河文化旅游区。那么，整个运河文化旅游区将构建成一个大的旅游产品，发挥巨大的影响力。

三　优化空间布局

旅游空间布局是通过对土地及其负载的旅游资源、旅游设施的分区划片，确定次一级区域名称、发展主题、形象定位、旅游功能、突破方向、规划风格以及选址等，使得旅游六大要素的未来模样呈现于空间展布状态之过程。[①] 旅游空间布局、旅游功能区划是旅游规划的重要环节，旅游布局和旅游功能区划合理，旅游业的发展便能充满活力，继而促进旅游经济

---

① 廖培：《旅游规划方案评价的理论与技术研究》，四川大学出版社2016年版，第157页。

的不断发展。①

山东省要以"鲁风运河"文化旅游品牌为统领,以运河文化为灵魂,以运河水道为骨架,采用点轴结合,以轴串点,以点带面的布局模式,构筑形成"一带、两段、四节点"的空间布局。按照点轴布局,以点带面做大产业,打造中国运河文化带上的产品制高点,推进文、河、城、旅一体化整合发展。根据运河通航情况和南水北调水道的调整,以黄河为界划分为南北两段。南段重点打造水乡古都运河文化水上休闲廊道;北段建设水城古镇运河文化陆路休闲廊道。重点选择台儿庄古城、济宁济州古城、聊城东昌古城、临清中洲古城四个节点作为突破口,带动山东运河文化旅游观光带建设。同时,积极谋划运河文化带腹地建设,建设以沿运城市为支点,以特色小镇建设为依托的网状经济文化旅游区域,着力打造山东运河旅游隆起带,引领文化旅游大发展。

四 丰富产品体系

旅游产品体系是指旅游产品各种表现形式的集合,主要是由食、住、行、游、娱和购等因素组成。从旅游产品的功能来看,旅游产品可划分为基础型产品、提高型产品和发展型产品三个内部存在递进关系的层次。其中,基础层次的旅游产品是旅游业进行深度发展和开发的基础,没有基础层次的繁荣与成熟,一个地区乃至一个国家都无法形成规模旅游和特色旅游。提高层次和发展层次的旅游产品是增强旅游吸引力、促使旅游者多次来访和重复消费的保障,也最能体现出产品的质量和特色。②

要依托枣庄、济宁、泰安、聊城、德州等市相关旅游资源,深度挖掘山东运河沿线丰厚的历史文化和浓郁的民俗风情,重点发展度假体验、健康养生、运河观光、文化创意、研学旅游等旅游产品。以运河为廊道,以城市为节点,构建带状遗产旅游目的地产品集群。以台儿庄古城和聊城东昌古城为轴线,连接微山岛、南阳古镇、微山湖湿地、济宁运河古城、东平古州城、临清中洲运河古城、德州四女寺和苏禄王墓运河旅游区,构建世界知名的线型旅游遗产廊道,形成特色旅游线路。挖掘山东运河两岸餐

---

① 王志华、李渊、韩雪编著:《旅游规划与开发的理论及实践研究》,中国商务出版社2018年版,第133页。

② 孙国学、赵丽丽编著:《旅游产品策划与设计》,中国铁道出版社2016年版,第11页。

饮文化，突出各地饮食特色，发展"运河味道"餐饮体验游。利用运河两岸环境良好的乡村、林地、湿地、湖泊，增加游憩功能，引入"绿道""遗产小道"、自驾营地等模式，发展运河生态养生休闲游。通过举办微山湖荷花节、中国（滕州）微山湖湿地红荷节、台儿庄运河古城千年大庙会、中国春节旅游产品博览会、台儿庄运河龙舟赛、运河马拉松、水上运动等文体活动，发展运河文化体育休闲游。

五 提升服务能力

"旅游服务是指旅游目的地、旅游企业和旅游行业职工凭借一定的物质资料，以提供服务性劳动为主要形式，以最大限度地满足旅游者需求为目的，在旅游者活动过程中所提供的有关食住、行、游、购、娱等服务的总和。"[1] 旅游服务包括导游服务、酒店服务、交通服务和商品服务。旅游者除在旅游过程中消耗少量的有形产品外，主要是消费旅游经营者提供的服务。旅游服务是旅游产品的主体要素，是实现旅游资源和旅游设施价值的关键。"旅游服务贯穿于旅游者活动的全过程，既是现代旅游发展的生命线，也是现代社会服务的重要组成部分，在旅游产业发展中具有重要的地位和作用。"[2] "旅游服务水平、旅游接待能力、旅游资源的吸引力，是一个国家或地区旅游业发展水平的标志。其中，旅游服务质量是生命线，是市场竞争中获胜的重要保证。"[3]

旅游的通达性是旅游服务水平高低的重要体现。旅游通达性是指旅游者在旅游目的地之间来回移动的方便、快捷、通畅的程度，具体表现为进出旅游目的地的难易程度和时效标准。主要可从以下几个方面加以考查：一是顺达的交通条件；二是便捷的通信条件；三是手续的繁简程度；四是安全的社会环境。旅游目的地的通达性对旅游产品的成本、质量和吸引力等有较大的影响作用，因此也是旅游产品构成的重要内涵。[4] 对于山东沿

---

[1] 苏金豹、王珺、王瑞花主编：《当前视域下旅游管理学新探》，中国商业出版社2018年版，第54页。

[2] 苏金豹、王珺、王瑞花主编：《当前视域下旅游管理学新探》，中国商业出版社2018年版，第54页。

[3] 雷晓琴、谢红梅、范丽娟主编：《旅游学导论》，北京理工大学出版社2018年版，第69页。

[4] 孙国学、赵丽丽编著：《旅游产品策划与设计》，中国铁道出版社2016年版，第10页。

运各地来说，除了提升旅游从业者的服务质量外，完善基础设施建设，增强旅游的通达性亦是提升旅游服务能力的重要举措。要加强沿线基础设施建设，特别是高铁与高速公路的建设，强化高铁站点、高速公路出入口与运河沿线主要节点的密切联系。加快推进运河山东段风景道建设，提升沿线堤顶路建设，建设运河沿线景观绿道，烘托"运河慢生活"氛围。合理规划水上交通，因地制宜发展水上特色旅游交通产品，率先选择运河聊城段、台儿庄段开发驳船旅游，同时配套建设换乘驿站等服务设施。枣庄、济宁、泰安、聊城、德州要结合当地特色，着力打造旅游特色街区和旅游社区。提档升级旅游住宿设施，积极引进国际知名品牌高端度假酒店，建设一批特色文化主题酒店、俱乐部式度假酒店、运河特色高端酒店。推动民宿改造升级、集群化发展，实现标准化、特色化、品牌化经营，构建"一院一主题、一房一文化"的特色居住空间，打造精品民俗。统筹推进"智慧旅游"规划建设，设立多层次的旅游咨询集散网络，规范完善旅游标识系统，为游客提供便利化、智能化、个性化服务。

六　打造特色旅游品牌

城市旅游形象是城市旅游发展的品牌，城市旅游首先因形象而引发旅游者的兴趣，形象是旅游吸引的第一要素。运河城市因运河而兴盛，在漫长的历史发展中积淀了运河城市的独特形象。要把握运河成功申遗的重大历史机遇，充分利用好山东运河文化资源丰富、文物古迹众多的特点，充分体现历史文化底蕴、自然风貌特色，提升城市的文化品位。

山东省应借鉴杭州、扬州等运河城市成功经验，坚持城市建设与文化资源开发相结合，充分挖掘山东境内的运河文化资源，达成文化、旅游、居住、商业的协调发展，形成自己独特的城市文化风格和城市经济模式。要按照资源共享、品牌共创、市场共拓的原则，强化"鲁风运河"品牌联盟建设，构建"鲁风运河"整体旅游品牌形象。整合沿运城市特色运河资源，推进旅游景区改造提升，加强景区协同发展和跨区域的旅游合作，开发一批精品运河专题线路产品，争创国家 5A 级旅游景区和国家级风景名胜区。坚持"好客山东"与"鲁风运河"宣传相结合，开设"鲁风运河"品牌宣传专区，拍摄"鲁风运河"形象片或纪录片，形成宣传重点集中、多方力量叠加的营销机制。依托高铁站点和沿线机场，推进一体化旅游形象推广中心建设，鼓励各县（市）区设立专业推广机构和网络，加强山东运河旅游产品的整体宣传推广。加强与运河沿线省市的旅游合作,将"鲁风运河"品牌纳入国家"千年运河"统一形象品牌。

七 发展运河文化产业

开发利用大运河文化资源,打造大运河文化产业带,不是简单的园林、水务等的规划,而是围绕大运河文化形成一个特色明显的文化经济和产业带。这是一个综合性和系统性的工程,其核心是将运河文化内涵渗透到相关文化产业,乃至第一、第二产业中去,实现"运河文化有载体,产业运营有内涵"的运河文化开发模式,促进沿线城市与运河本身的共同发展。山东省要以大运河成功申报世界文化遗产为契机,进一步加强运河文化遗产的挖掘、整理、保护、利用的研究,认真收集、整理山东独具特色的、极其珍贵的历史文化,认真保护自成体系的古运河两岸一大批文物古迹,认真整理流传民间鲜活生动的非物质文化遗产。充分发挥广大文艺工作者的智慧,依靠科学和艺术手段,创造出面向广大群众,人民喜闻乐见的作品和形式,使运河文化更加灿烂、辉煌。积极组织引导开展多形式的非物质文化遗产项目展演活动,多渠道、多形式地展示民间音乐、舞蹈、戏曲、美术、工艺等优秀乡土艺术,以及节庆活动和餐饮、服饰等传统民俗文化,激发非物质文化遗产的内在活力。

大运河文化产业带的建设需要国家层面的顶层设计,而顶层设计的"落地"则必须发挥市场的主体作用。要高度重视区域的联合,有计划地规划建置运河文化产业园,加快文化产业项目建设,打造以运河文化为核心的文化产业矩阵,做大产业集群,做长产业链条,推动运河文化产业的形成与发展。要紧紧围绕运河文化主题,以旅游、影视制作、出版发行、印刷复制、广告、演艺娱乐、文化会展、数字内容和动漫等产业为重点,策划运河主题公园、会展中心、商贸服务场所、影视创意基地等大型文化产业项目,促进运河文化产业又好又快发展。要加速文化旅游产业化进程,整合提升运河文化资源,引导社会力量对"非遗"资源进行整合包装、重新打造,为非物质文化遗产展示展演提供活动平台和宣传窗口。

山东的运河文化博大精深,兼收并蓄,旅游开发价值巨大,是潜在的精品级旅游产品。但要发挥其在山东运河旅游发展中的灵魂作用,必须有一个转化的过程,而转化成功的关键在于以运河文化为灵魂,突出文化主题，用科学的、创新的、适度超前的手段来开发运河文化旅游资源。① 要把旅游产业作为大运河文化带建设的推进器和先导产业，以"诚信、仁义、包容、开放"的齐鲁运河文化内涵为核心价值，深入挖掘运河文化、历史文化、民俗风情等文化内涵，不断丰富旅游业态，增加沿线景区核心吸引力。要努力推进休闲度假等旅游要素转型升级，完善交通、绿道、码头等旅游基础设施和旅游集散、咨询等旅游配套设施，加大旅游市场促销力度，规范旅游市场秩序，提升旅游服务水平，将大运河山东段建设成为生态环境优美、文化魅力独特、设施和服务一流，具有国际示范意义的历史文化遗产廊道和休闲度假旅游目的地。

---

① 何佳梅、王德刚主编：《山东省文化资源旅游开发研究》，齐鲁书社2004年版，第277页。

第六章

运河文化遗产保护与开发的个案研究

大运河山东段全长643公里，由北向南依次流经德州、聊城、泰安、济宁、枣庄5市。沿运5市的自然和社会环境不同，运河文化遗产也各有千秋。德州地处南北水运咽喉，既是重要的商贸码头，又是漕粮储存和转运中心。聊城号称"江北水城、运河古都"，境内河湖环绕，名胜古迹众多。大运河泰安段全长约30公里，东平湖是大运河山东段的最大水源地，戴村坝更是山东运河沿岸最有代表性的水利工程之一。济宁是元、明、清三代运河治理的重要枢纽，明清时期负责黄、运河道治理的河道总督衙门便设在济宁，因此济宁又被称为"运河之都"。枣庄运河沿岸文物古迹众多，尤其是台儿庄古城内的3公里运河河道，被称为"活着的运河"。本章以山东沿运五地市为例，在梳理其运河文化遗产概况和现状的同时，重在探讨其保护和开发措施的异同，从中找寻运河文化遗产保护和开发的特点与规律，以此为相关部门的决策提供参考和借鉴。

第一节 德州运河文化遗产的保护与开发

德州位于山东省西北部、黄河下游冲积平原，总面积10356平方公里，人口580万人。京杭大运河有140多公里流经德州境内，历史上德州曾是重要的漕运通道，因此，德州自古就有"九达天衢""神京门户"之称，是南北文化交流、交通之要地，有着深厚的历史文化底蕴。2014年6月，南运河德州段作为大运河重要遗产河段，被列入《世界文化遗产名录》。运河成功申遗在给德州带来重要历史机遇的同时，也带来了一系列挑战。本节在对德州运河文化遗产概况和现状进行梳理的同时，重在探讨运河文化遗产保护和开发的对策和措施。

一 德州运河文化遗产概况

大运河德州段是京杭大运河的重要组成部分,开凿于隋唐时期,距今已1400多年,主河道由南运河和卫运河组成,全长141公里。其中自德城区二屯镇第三店村至四女寺水利枢纽为南运河段,计45公里;自四女寺枢纽至夏津白庄村为卫运河段,计96公里。

大运河德州段是保存最好、最原生态,也是历史最悠久的古运河。其中南运河段,因其"弯道抵闸"的水利工程技术,以及原真性的人工弯道及自然生态和形态,被联合国教科文组织列为世界文化遗产。现存河道及周边遗产保存完好,主要承担行洪、输水和灌溉等功能。大运河作为德州的"母亲河",具有重要的科学、历史和文化价值。

(一) 运河河道本身的科学价值

为了解决水量变化较大给航运带来的困难,南运河在自然河道的基础上,通过人工弯道,以蜿蜒曲流的河道形态对航道水面坡降作出调整,将河道纵比降减缓,降低流速,便于行船,不建一闸而实现航道水力特性的调整,同时满足干流行洪的需要,并有效地提高了通航质量。其综合工程效益被归纳为"三弯抵一闸",而大运河德州段是"三弯抵一闸"弯道代闸技术的代表性河段,体现了古代运河在工程规划方面的科学性,具有重要的科学价值和现实意义。其次,南运河地势较高,有些河段高于两岸地面,全靠堤防约束。而堤防多弯曲易导致堤岸塌落,险段甚多。为解决这一问题,南运河多采取夯土加固工程措施,对堤岸进行加固。南运河这种险工段加固工程,以及河道工程管理中利用洪水冲淤、泥沙固堤等措施,都体现出古代河工技术中以堤治河、以河治河的特点。

(二) 运河体现的文化历史价值

大运河德州段现存最原生态的古河河道是漕运这一已消逝的文化传统的最有力见证。大运河德州段是南北物质交流的纽带,促进了德州与南北各地的交流,推动了德州城市的形成,带动了地方工商业的发展和沿运地区城镇的兴起。大运河德州段沿线分布有德州码头(仓储)、德州电厂机房旧址、德州机床厂旧址、苏禄王墓、达官营清真寺、德州老城墙遗址、北厂漕仓遗址、闸子遗址、金氏家族墓地、高道悦墓、窑上窑遗址、漳南县遗址、东阳县遗址、祝官屯大闸、老武城遗址、夏津文庙大成殿、宋氏兄弟墓、渡口驿桥、白马湖险工、郑保屯油坊大桥等重要文化遗产，遗产类型涉及河道遗存、水工航运设施、历史、民俗、工业等多个方面。其中，已列入县级的文物保护单位有15项，市级以上的24项。非物质文化遗产类，市级的90项，省级的23项，国家级的4项。这些都体现了大运河德州段的历史内涵及文化价值。

（三）大运河赋予德州人民的情感价值

大运河德州段通过对德州地区风俗传统、生活方式的塑造，与运河沿线德州人民产生了深刻的情感关联。在一千多年的历史积淀下，大运河在便利交通运输，繁荣德州商业的同时，也孕育了德州特有的民情风俗，深刻影响着沿线人民的生活方式。在沿袭传统节日如春节、元宵节、端午节等保留传统娱乐活动的同时，内容有所增益，其中处处可见运河印记，带有鲜明的运河色彩，成为一代代德州人的共同情感。

二 德州运河文化遗产保护与开发现状

（一）保护和开发情况

京杭大运河德州段作为目前德州市旅游开发重点，凭借着本身悠久的历史和丰富的文化内涵，极具开发潜力。近年来，德州政府为了保护与开发运河的河道堤防，努力保持其原状堤貌，加大对运河的日常维修养护，及时清理了杂树、杂草，显著改善其工程外观，从而为运河文化旅游的开发提供了条件，创造了优势。

1. 文化保护、传承和利用情况

在运河文化的保护和传承方面，德州市本着"保护、传承、利用"的总原则，首先对运河水工遗存、运河文化遗迹等重要文物及周边区域进行保护和修缮，整治环境，提升品质。其次，组织专家深入研究大运河历史文化内涵，收集和保护各类非物质文化遗产，挖掘德州的运河文化特质，讲述更多能够传诵的德州运河故事，整理出版研究成果。最后，以文化为统领，建设文化平台，活化再现德州运河繁荣景象。运河德州段在隋代就已开凿，繁荣在明清时期，特别是漕运的兴起，带动了德州的繁荣，因此以各时期德州运河文化为统领，打造德州运河旅游古镇等文化推广平台，再现德州运河两岸的建筑风貌、风俗习惯、戏曲文艺、民间工艺、传统节庆、服饰饮食、集市贸易等内容，更加直观地推介运河文化。

2. 大运河旅游开发情况

绵延曲折140余公里的大运河德州段承载了德州历史上深厚的历史文化遗产，是德州唯一的世界级旅游资源，一直以来都是德州旅游开发的重要课题。南运河原生态运河河道、四女寺水利枢纽、古船闸等水工遗存内涵丰富，是大运河核心科技价值的最佳展示地；闸子滚水坝、北仓遗址、德州老城墙、窑上遗址、德州码头、德州仓储建筑群等历史遗存厚重绵长，是大运河辉煌的直接历史见证；董子文化、扒鸡文化、苏禄王墓文化等历史文化要素历久弥新，表现出运河文化的发展和演进过程，见证着不同的民族文化通过运河在德州交流、碰撞、融合，是丰富的运河文化旅游资源；马堤吹腔、运河船工号子、花杠舞等一系列代表着德州乡土气息的运河民俗文化源远流长，被列入山东省非物质文化遗产名录，德州也因此成为休闲农业与乡村旅游示范地。

德州高度重视运河旅游文化开发，立足高规格规划引领，坚持保护与开发并重，积极推进旅游平台建设，在资源开发、基础设施建设、产业项目等方面进行了重点谋划。目前，德州已经建成的运河文化景区有：董子园风景区、四女寺风景区、苏禄文化博物馆、运河九龙湾公园、扒鸡文博馆、运河文化广场、运河古玩街等。

3. 大运河生态文明建设情况

文化带的前提是生态带，长期以来，德州市都致力于运河生态环境的改造和提升，尤其是运河申遗成功后，德州市采取多部门联动，以便形成工作合力的方法，统筹规划建设涉及土地空间布局调整、湿地修复及污染防治等一系列工程项目，探索建立吸引社会资本投入生态大走廊建设等市场化机制，构建大运河绿色生态走廊。一是以"水十条"为主要依据，贯彻德州作为京津冀南部重要生态功能区的定位，实施"治（水污染治理）、用（污水资源化）、保（流域生态恢复与保护）"并重策略，统筹大运河生态环境调查与评估、流域污染源治理、流域生态修复与保护、环境监管能力建设，为水环境持续改善奠定基础，促进南运河德州段水系生态修复。二是以大运河绿色生态廊道建设为主轴，以沿岸生态景观建设为亮点，打造"一线两片"大运河绿色生态廊道。

（二）存在的问题和不足

近年来，德州市在大运河保护和开发方面做了大量工作，也取得了很

大成绩。但也应该清醒地看到,运河文化遗产的保护和利用仍面临诸多矛盾和问题。归纳起来,主要体现在以下几个方面:

1. 思想认识不到位

首先,对运河的保护利用存在"线性"思维。德州运河文化的保护、传承和利用仅围绕运河河道本身,没有把将德州水系、城市文化融入运河,缺少"德州融入运河、运河滋养德州"的发散思维。其次,对运河的再利用思考不足。认为失去了运输功能的大运河,仅存遗产价值,其现实功能及意义已基本丧失,而忽略了千年运河的生态、防洪、旅游等其他功能,因此在保护利用方面思维狭窄。

2. 遗产挖掘不充分

运河文化遗产涉及水利、文物、交通、历史、地理、民俗等多个方面,德州市未组建包含这几个方面的高素质专业队伍对运河进行遗产摸底研究,在遗产研究中,也只是文物、旅游部门点对点的展开工作,没有进行全方位的覆盖,运河文化内涵尚未深度挖掘。

3. 运河生态环境问题极为突出

相较其他河段,德州段运河主河道较为狭窄,随着时间的延长,不良后果逐渐暴露。首先,淤积和阻水障碍不断出现,主河道弯弯曲曲,甚至不少弯道呈现"U"字形。其次,污染问题严重,短期内无法得到根治。无论是政府还是民众,由于都缺乏对运河的环境保护意识,导致从20世纪80年代开始,运河德州段污染日益加剧,严重时期,河中臭气扑鼻、黑水滚滚是对其真实的写照。有学者指出,德州段运河当前的主要问题是水质恶化、河道基流量不足等。[①]

4. 缺少统筹和协调

运河保护利用涉及文物、规划、旅游、水利、漳卫南局等多个部门,至今没有建立起统一的市级层面的运河保护利用组织领导体系,导致九龙治水,各自为政,有的部门重视保护,有的部门重视开发,规划之间缺乏有机衔接和协调,甚至出现无法协调的矛盾,导致互相之间无所适从,具体工作无法顺利展开,全局性的工作无从谈起。

---

① 谭徐明、王英华、万金红等:《大运河遗产保护规划编制过程中的认知与研究——以大运河山东德州段为例》,《中国水利水电科学研究院学报》2010年第3期。

5. 总体开发水平不高

相比省内外其他城市，德州运河文化旅游总体发展水平不高，其原因主要有以下几点：一是缺少地域文化特色。山东运河沿线除台儿庄运河古城、东昌古城开发程度较好外，包括德州在内的沿线其他地区主要为依托自然资源开发的旅游产品，如湿地公园、森林公园等，旅游产品开发层次不高。各地对运河旅游产品的设计缺乏独特性，在品牌建设上缺乏足够的创意与策划，旅游产品存在低层次重复开发现象。二是旅游与相关产业融合不够。目前，旅游与文化、体育、农业等的联系互动融合较少，旅游产业结构相对单一，导致"旅游产业链短，泛旅游格局未形成"的局面。三是旅游基础和公共服务设施相对滞后。德州运河文化旅游基础设施和公共服务设施建设与省内外先进地市相比存有差距。如游客集散、咨询体系建设，旅游交通标识体系建设和智慧旅游等相对滞后。

三 德州运河文化遗产保护和开发举措

德州是一座因运河而兴的城市，古老的大运河是德州市不可多得的世界知名文化旅游资源，是宝贵的文化遗产。深入挖掘运河文化内涵，突出文化主线，彰显德州特色，打造中心城区文化旅游载体，对于德州市建设协同发展示范区，加快新旧动能转换，形成京津冀文化旅游目的地，具有十分重要的现实意义。

（一）加强宣传推介，加大开发力度

运用各种媒体，采取各种形式，开展各种相关活动，大力宣传大运河的历史和价值、保护利用的原则和基本知识，增强运河文化的感染力和渗透力，争取各有关方面特别是广大公众的理解和支持，为大运河的保护和利用创造良好氛围。[①] 要从增强文化自信、造福沿河人民、实现中华民族伟大复兴的战略高度，把弘扬和传承运河文化、发展运河文化旅游列入重要议事日程，建立定期会商、协调、合作机制，形成党委统一领导、党政群协同推进、有关部门各负其责、全社会共同参与的建设格局。运河沿线各级政府都应设立专家咨询委员会或专家咨询组及专门研究机构，为党委、政府实施科学决策发挥参谋部、智囊团作用。要组织专家深入研究大

[①] 张缨、周家权、孙振江：《水利工程文化遗产的保护与开发探讨——以京杭运河德州段为例》，《中国水利》2016年第6期。

运河历史文化内涵，收集和保护各类非物质文化遗产，挖掘德州的运河文化特质，整理出版研究成果，讲述更多能够传诵的德州运河故事。要通过举办大运河文化艺术节、大运河庙会、旅游产品博览会等文化活动，扩展德州运河文化旅游的知名度和影响力。

（二）加强统筹协调，形成部门合力

大运河保护与开发要立足长远，抓好当前，明确大运河德州段保护与开发建设任务。要在深入调研基础上，站在德州历史文化传承，打造德州文化旅游高地的高度，组织专门力量和专业力量，着眼中长期，高质量制订大运河保护建设规划。规划要强化与京津冀等地对接，站在全国乃至全世界的高度看德州，要具有较强可操作性，坚持问题导向，做到长短结合、远近衔接，明确具体实施方案，责任落实到区和部门。要统筹资源，加强运河沿岸各县区的资源整合，整体考虑大运河保护开发建设，进一步研究完善发改、国地、住建、规划、文化、旅游等各方面的专项政策，统筹力量。要坚持政府主导，统一规划，属地实施，把大运河文化带建设与运河生态修复、环保治污行动、水系治理等有机结合起来，同时更好地发挥市场作用，积极吸纳社会力量参与大运河文化带建设。要牢固树立一盘棋思想，齐心协力，扎实推进大运河保护与开发建设。

（三）保护水资源，优化生态环境

德州段运河严重的河道污染早在20世纪80年代就已经开始了，这使得运河两岸生态环境不断恶化，运河原有风貌更是遭到严重性破坏。为了保护植被，政府应积极做好植树造林工作，遵循运河原来的自然风光和面貌，并贯穿在生态环境保护的全过程。除了进行普遍绿化之外，也可以在合适的区域和地段以园林化的方式加以装饰和美化。但需要注意的是，在此过程中一定要防止和避免过度现代化，地面杜绝过多的水泥硬化，建筑、围墙、堤坝等避免过多的钢筋混凝土结构。①

（四）彰显地域特色，打造"文化运河"

"要以明清时期德州运河文化为统领，打造德州运河旅游古镇，再现德州运河两岸的建筑风貌、风俗习惯、戏曲文艺、民间工艺、传统节庆、

---

① 王珊珊：《关于京杭大运河德州段历史文化旅游资源的调查报告》，《文化学刊》2018年第2期。

服饰饮食、集市贸易等内容,实现老街古韵,展现德城之源。"① 立足德州特有的文化资源,大力弘扬城市的文化特色,将德州"天人合一"的城市底蕴,"厚德载物、开放包容"的城市精神,融入现代城市文化的构建中,传承文化价值观,体现文化独特性,塑造文化影响力,提升文化创造力。将德州的运河文化、传统文化、铁路仓栈文化、杂技文化、饮食文化等地域文化进行保护,建议设立古运河保护区、苏禄王墓及守陵村保护区、运河铁路仓栈保护区、柳湖生态景观区、减河生态景观区、古运河北厂街区,以延续德州宝贵的历史文脉。② 充分利用运河水资源,整治城市水网,适当扩大水域及其系统,在城中形成若干人工湖与运河交互的格局,重新赋予运河以新的生命,打造北方"运河水城"。③

(五) 充分挖掘内涵,发展运河文化产业

德州发展运河文化产业的优势资源主要包括历史文化旅游、生态文化旅游、饮食文化资源和民俗文化资源等。德州市要重点挖掘古运河、苏禄王墓与德州非物质文化遗产等内涵,激活资源利用模式,结合城市时尚休闲和文化消费,大力发展文化旅游创意产业。着力打造德州主城区文化产业与城市形象品牌,通过展示德州运河文化、民俗民间文化和现代休闲文化,建立德州文化产业核心竞争力,引领区域性城市时尚生活和城市休闲消费潮流,将德州主城区的文化创意产业园和文化旅游区打造成极具时代活力和时尚魅力的文化高地和城市标志。④

(六) 组建城市联盟,强化区域联动

自大运河申遗成功以后,沿运35个城市大多已抓住机遇,加大运河保护开发的力度,其中北京、河北、江苏、浙江等省市已形成明确的思路,创出了许多亮点。山东运河沿岸的济宁、聊城、枣庄等地,其运河文化旅游也各具特色。德州要借鉴部分省市的经验,发挥运河"联"和"带"的作用,加强与运河沿线城市的交流和沟通,在保护上联动、传承上联手、利用上联合,以运河为纽带,加强文化交流,联合发展运河文化产业、联合构建运河城市带,从而带动经济的交流和互动,共筑中国东部

---

① 赵月生:《突出运河文化 打造旅游载体》,《德州日报》2017年9月26日第A3版。
② 姚子刚:《城市复兴的文化创意策略》,东南大学出版社2016年版,第278页。
③ 姚子刚:《城市复兴的文化创意策略》,东南大学出版社2016年版,第279页。
④ 姚子刚:《城市复兴的文化创意策略》,东南大学出版社2016年版,第279页。

地区的文化产业带和经济增长带。

大运河凝聚了适应自然、改造自然、与自然和谐相处的中国智慧,是先辈们创造力、民族自信心的物证,也是我们向全世界展示文化自信、讲好中国故事的传世瑰宝。保护好、传承好运河遗产、运河文化、运河精神是我们义不容辞的历史使命和责任担当,更是实现文化自信和民族自信的机遇。相关政府部门必须坚持科学发展观,加大资金、人力、科技等各方面的投入与建设力度,加强历史文化研究,积极开发其独特的旅游文化资源,使德州运河文化发挥最大化效益,达到经济发展、生态保护与社会发展之间的和谐,达到古与今的和谐、收效与发展的和谐,这是历史赋予德州人民义不容辞的责任。[①]

第二节 聊城运河文化遗产的保护与开发

聊城是受运河文化影响较早的地区,隋代开凿的永济渠流经今临清市。元代对古运河进行了较大改造,特别是开凿了纵贯聊城腹地的会通河,确定了大运河聊城段的基本走向。此后,明清两代又对会通河进行了多次疏浚和改造,使会通河成为南粮北运以及南北经济文化交流的重要通道。聊城也得益于漕运的兴盛,成为运河九大商埠之一,被誉为"漕挽之咽喉,天都之肘腋","江北一都会",经济繁荣、文化昌盛达400年之久。本节在对聊城运河文化遗产概况和现状进行梳理的同时,重在探讨运河文化遗产保护和开发的对策和措施。

一 聊城运河文化遗产概况

京杭大运河聊城段包括卫运河临清段和会通河聊城段两部分,全长110公里。其中卫运河临清段始凿于隋,流经今临清市,主河道全长12.5公里;会通河聊城段始凿于元至元二十六年(1289),流经今阳谷县、东昌府区、临清市境,全长97.5公里。

2014年6月,中国大运河成功申遗。在《世界遗产名录》中,中国大

[①] 王珊珊:《关于京杭大运河德州段历史文化旅游资源的调查报告》,《文化学刊》2018年第2期。

图 6-1　聊城市区的古运河（作者拍摄）

运河遗产共包括 27 段河道，58 个遗产点，85 个遗产要素，其中山东省境内共有 8 段河道、15 个遗产点，共计 23 个遗产要素。聊城作为山东运河流经的重要城市，有会通河临清段元运河、小运河，会通河阳谷段三段河道入选，在山东沿运城市中，位列第一。在山东沿运城市中，聊城段运河长度是最长的，占了总长度的近三分之一。聊城有临清运河钞关、阳谷荆门上闸、荆门下闸、阿城上闸、阿城下闸 5 个遗产点入选《世界遗产名录》，在山东沿运城市中仅次于济宁，位列第二位。除此之外，聊城境内还有大量的水利工程、古建筑、民间工艺品、音乐与舞蹈、饮食文化等，它们属运河重要的物质与非物质文化遗产，有着丰富的运河文化内涵。总的来说，聊城运河文化遗产主要分为运河水利工程文化遗产、运河城镇遗产、运河相关遗存和非物质文化遗产四大部分。

（一）运河水利工程文化遗产

由于京杭运河聊城段所经过的地区南北落差较大，且无水源补给，为了"以节蓄泻"，确保运河畅通，元明清时期相继在这一段河道上兴建了众多船闸,因此聊城段运河也被称为"闸河"。大运河聊城段现存闸、码头和桥梁等各类航运工程设施共计24处,包括荆门上闸、荆门下闸、阿城上闸、阿城下闸、七级上闸、七级下闸、周家店船闸、李海务闸、永通闸(辛闸)、梁乡闸、土桥闸、戴湾闸、砖闸(二闸)、会通闸(会通桥)、临清闸(问津桥)、陶城铺闸、水门桥码头、七级码头、运河大码头、运河小码头、三元阁码头、水门桥、迎春桥和月径桥等。

聊城境内不同历史时期开凿的古运河河道以及建造的涵闸、堤坝、码头、桥梁等遗迹极其丰富,展示了我国古代水利航运工程技术的杰出成就,为研究运河水利工程史、管理史等提供了丰富的资料,是聊城作为"运河古都"的重要历史见证。

(二) 运河城镇遗产

聊城是受运河文化影响比较早的地区,运河的贯通为聊城带来了数百年的经济和文化的繁荣。"南有苏杭,北有临张",是古人对京杭大运河沿岸四处著名商埠的描述,"临张",即为聊城的临清市和阳谷县张秋镇。明清两代,张秋镇得京杭运河水运之利,工商各业得到较快发展。其全盛之时,城有九门九关厢,七十二条街,八十二条胡同。其繁荣景象,阳谷、寿张等县城确实难以相比。① 民国《临清县志》记载漕运兴盛时临清的繁荣景象:"每届漕运时期,帆樯如林,百货山积,经数百年之取精用宏,商业勃兴而不可遏。当其盛时,北至塔湾,南至头闸,绵亘数十里,市肆栉比,有肩摩毂击之势。"时至今日这些城镇中仍然分布众多的古城镇、古街巷和古建筑,如临清运河钞关、阳谷盐运司、山陕会馆等文化遗存,具有丰富的历史文化内涵。

《大运河遗产山东聊城段保护规划》中所列的运河城镇有三处:聊城古城区、临清老城区、七级运河古街区,除此之外,还有张秋、阿城、七级等众多运河城镇。除了上述的几处运河城镇,大运河还造就了周店、博平、梁水镇、魏湾、戴湾、北馆陶等商贸重镇,只是运河物质文化遗产留存相对较少。这些古城镇、古街巷和古建筑是研究明清时期建筑艺术、漕运历史、运河沿岸城市的形成发展、明清时期城市的经济文化尤其是市井文化、封建社会经济关系、社会形态的重要实物资料。

---

① 高建军编著:《山东运河民俗》,济南出版社2006年版,第103页。

(三) 运河相关遗存

聊城段运河沿岸还分布着许多能够见证大运河历史发展进程、与运河经济和文化发展相关的各类遗存。

1. 古代运河设施和管理机构遗存：阿城盐运分司、魏湾钞关分关和临清运河钞关。其中临清运河钞关是明清两代中央政府设于运河督理漕运税收的直属机构，是目前国内仅存的一处运河钞关，成为研究古代运河钞关的实证孤本。

2. 古遗址：河隈张庄明清砖窑遗址位于临清市戴湾乡河隈张庄村东侧，遗址面积约 30 万平方米，现存残窑 10 余处。临清贡砖烧制兴于明初，自明永乐间起，每年向京城输送皇家建筑用砖百万块左右，成为明清两代京城建筑主要供砖基地。明清中央政府在临清曾专设工部营缮分司督理贡砖烧制。清末，官窑停烧。该窑址是研究古代宫殿建筑、运河漕运、临清手工业和城市发展史等的重要运河文化遗存。

3. 古建筑：与大运河聊城段遗产相关的古建筑有 7 处，包括阳谷县张秋镇的山陕会馆，聊城市山陕会馆、光岳楼，临清市的鳌头矶、清真寺、清真东寺、舍利塔，这些建筑体现了大运河南北融合的特点。

4. 运河生态与景观遗产：大运河聊城段生态与景观环境为龙山，位于临清卫河南支东岸。明永乐十五年（1417），在开挖临清运河南支时，堆土成山，并在高数丈、长 1 公里左右的山上，植树造林，移花接木，既解决了运河开挖土方倾倒问题，又制造出人文景观，体现了我国先民在水利工程、园林设计方面高超的创造力。

(四) 聊城运河非物质文化遗产

京杭大运河穿聊城腹地而过，漕运的兴盛与发达，带动了运河两岸的经济繁荣，给本土传统文化带来了快速发展的重要机遇，外来文化的不断涌入，引进、改良了部分手工艺、艺术、美食等，孕育了新的、带有浓烈运河文化特色的非物质文化遗产资源。运河非物质文化遗产既有本土属性，又有鲜明的运河文化带色彩，主要包括传统技艺、工艺美术、民间曲艺、音乐舞蹈、传统医药、民风民俗等。

二 聊城运河文化遗产保护与开发现状

(一) 保护和开发情况

近年来，聊城市委、市政府高度重视运河文化资源的保护利用，尤其是配合运河申遗工程，开展了大量卓有成效的工作，运河遗产保护利用水平得到很大提升。

1. 以运河申遗为契机，提升遗产保护水平

自启动大运河申遗工程以来，聊城市积极筹措资金，修缮遗产点，整治遗产环境。聊城先后对运河沿线的部分重要文物建筑如聊城山陕会馆、阳谷阿城盐运司、临清运河钞关、鳌头矶、清真寺、舍利塔等进行了修缮。对部分运河河段如聊城城区段、临清城区段进行疏浚和整治，对河道上的大码头、小码头、临清会通闸、临清闸、砖闸、阳谷荆门上闸、荆门下闸、阿城上闸、阿城下闸等水利工程设施进行了保护、修缮。同时，克服时间紧、任务重、资金短缺等诸多困难，加快实施河道垃圾清理、河面清污、清淤疏浚、修整河堤护坡以及运河钞关周边环境治理等一系列环境整治工作。申遗成功后，聊城丝毫没有放松对遗产点段的保护整治。周店船闸清理测绘、考古调查工作已结束；临清砖闸、月径桥、辛闸、梁乡闸修缮工程完工；临清运河钞关二期工程、阳谷运河陶城铺闸、水门桥、运河石桥等水工设施维修工程稳步开展。通过上述工程的开展实施，聊城运河遗产保存状况得到大幅度提升。

2. 加大运河遗产保护监管力度

一是将运河遗产纳入文保单位体系。聊城市大运河遗产点绝大多数都被公布为文保单位，由文物部门负责遗产保护管理工作，其中，列入全国重点文物保护单位的有5处，列入省级文物保护单位的有4处，列入市县级文物保护单位的有8处，列入国家级历史文化名城的有1处，列入省级历史文化名城的有1处，其余6处为未定级文物点。在文保单位体系内，文物部门积极争取上级文物保护资金，实施了一批文物保护工程，使众多的运河遗迹得以保护和延续。

二是编制保护规划，指导运河遗产保护利用工作。早在2009年，聊城市就委托中国文化遗产研究院编制完成了《大运河遗产山东聊城段保护规划》，并于2010年8月由市政府批准正式公布实施。该规划对聊城运河遗产进行了梳理，为遗产的保护利用提出了主导性意见。

三是依据法规加大运河遗产保护和监督力度。2013年7月8日，山东省人民政府第9次常务会议审议通过《山东省大运河遗产山东段保护管理办法》（以下简称《办法》）。为贯彻落实《办法》要求，9月18日，聊城市政府办公室印发了《加强大运河聊城段遗产保护管理工作的通知》，要

求各县（市、区）人民政府、市属开发区管委会、市政府有关部门要严格执行《办法》规定，进一步加强大运河聊城段遗产保护管理工作，切实保护好大运河各类水工遗存、历史遗存和相关附属设施。

四是运河文物收集和展示取得良好效果。聊城市于2004年开工建设了面积达1.5万平方米的中国运河文化博物馆。该馆是国内第一座以运河文化为主题的大型专题性博物馆，集文物收藏、保护、研究、陈列、宣传教育等功能于一体。博物馆对外开放后，吸引了大量的观众参观学习，对运河的认知和申遗的宣传起到了良好的效果。

（二）存在的问题和不足

1. 遗产保护工作仍有待加强

部分未列入申遗名单的遗产点段如东昌府月河、戴湾月河、陶城铺运河等河道保存状况不佳，多处已淤塞或被占用，其真实性、完整性均遭到不同程度的破坏。少数水工设施如李海务闸、水门桥码头、三元阁码头、迎春桥、魏湾钞关分关等遗址已无法搞清确切位置，需要进行实地调查，编制保护方案，及时采取保护措施。部分运河城镇历史风貌保存状态较差，历史风貌遭到破坏，张秋、阿城、七级、周店古镇格局已不复存在，只散存一些运河水工设施、古建筑及遗址；部分郊野河道环境卫生状况、水质维持难度大，其后续保护工作面临压力。[①]

2. 对运河文化研究不够，宣传力度不足

聊城虽号称"江北水城，运河古都"，但很多宣传都是浮于表面，难以普及并向社会推广，运河文化没有深入群众的内心。文化宣传是一种长远的系统工程，需要通过文化沙龙、文化舞台、文化剧场、文化读物、文化教育等方式，使不同职业、不同阶层的人都能感受到运河文化的丰富与博大，进而产生热爱运河、保护运河的责任心，产生城市的自豪感。"在很多城镇与乡村，运河河道已经干涸，变成了平地与废水沟，部分文化遗产的面貌遭到了局部或全部改变。这种情况的出现与宣传、保护的力度不够有很大的关系。"[②]

---

① 吴海涛：《京杭大运河（聊城段）文化带工作浅析》，《水资源开发与管理》2019年第1期。

② 郑民德：《聊城运河文化遗产的保护》，《中国名城》2018年第10期。

3. 非物质文化遗产保护传承存在隐忧

大多数非遗项目传承人年事已高，且从业人员工资收入低、社会认可度不高，导致年轻人不愿意从事非遗艺术项目的学习，不少项目面临缺乏传承人的窘境。一些传统技艺、戏曲曲艺、民间故事、民风民俗等遗产，大多只在乡村基层流传，受到当代新生活方式和审美趣味的冲击，随时都有消亡的危险。一些运河传统产品如聊城毛笔、年画等，知名度不高，销路不广，附加值较低，经济效益不明显，导致流传了几百年的传统工艺即将销声匿迹。①

4. 开发力度不够，文旅融合程度较低

聊城相关部门对京杭运河旅游资源的开发价值和发展潜力认识不够，未认识到京杭运河作为一项旅游资源并对其进行开发的重要性，没有将其提升到旅游发展应有的战略高度，因此也没有付诸更高层面的开发措施，导致聊城运河遗产旅游产品结构单一，没有形成产品体系。另外，由于对运河文化遗产的重视不足，旅游配套设施也不够健全，设施功能尚不完善，并且因为聊城的经济还不够发达，难以引进高素质的人才，致使旅游从业人员素质和旅游服务水平没有达到一定的高度。古运河旅游开发规划保护不到位，导致运河两岸的古迹损坏、运河两岸自然生态环境破坏严重，运河河道污染严重，水质较差，河岸自然生态功能失调，古运河正在失去往日的光彩。②

聊城旅游产品与运河关联度不高，缺乏对运河文化深层次内涵的挖掘，没有讲好运河故事与做好运河文章。文化是旅游产业的软实力，一定要将旅游产品与运河文化密切结合，将运河故事、运河传说、运河成语、运河谚语、运河习俗融入产品之中，使产品带着文化内核与文化感染力，这样才能吸引游客购买，才能大规模地进行推广与宣传，对于旅游产品市场的繁荣起到应有的作用。③

---

① 吴海涛：《京杭大运河（聊城段）文化带工作浅析》，《水资源开发与管理》2019年第1期。

② 王新蕾：《运河城市（聊城市）遗产旅游产品体系的构建及其旅游开发》，《乐山师范学院学报》2011年第1期。

③ 王新蕾：《运河城市（聊城市）遗产旅游产品体系的构建及其旅游开发》，《乐山师范学院学报》2011年第1期。

三 聊城运河文化遗产保护和开发举措

（一）加大宣传力度，增强保护意识

要充分认识运河文化遗产保护的重大意义，聘请专家学者围绕大运河历史文化开办专题讲座，进一步提高群众对大运河遗产保护工作的认识；充分利用报刊、电视、网络等媒体抓好宣传工作，及时发布运河保护工作进展信息，开展一系列宣传活动，提高公众的认知程度，为运河遗产保护工作营造出良好的社会氛围。目前在很多城镇和乡村，运河河道已经干涸，部分文化遗产的面貌遭到了局部或全部改变。这其中一个很大原因是，一些当地群众认为运河已经成了无用之河，完全没有保护的必要。所以，要通过制定法规、政策和制度、条例来约束或制裁破坏运河文化遗产的行为。要将运河文化遗产的保护与利用深入人心，动员全社会民众积极参与，增强他们热爱运河、保护运河的责任感与使命感。①

（二）积极开展运河资源调查，完善保护机制

要充分挖掘运河文化资源，包括漕运文化、城镇商业文化、仓储文化、钞关文化、河道文化等物质与非物质文化，使这些文化资源的潜力得以充分体现，形成完善、系统、丰富的运河文化资源库，从而为保护规划的编制及其他各项工作的开展打下了坚实的基础。积极借鉴国际遗产保护先进理念，不断收集资料，进一步完善监测平台和档案管理工作，设立专门的大运河遗产档案中心，保障遗产构成元素的完整性和真实性。应划定遗产保护区，建立遗产展示平台，同时充分利用技术手段，做好基础性数据获取工作，搭建数字化管理、监测平台，并建立监测预警体系，提高处理突发事件的能力。要着力做好会通河临清段、临清中洲古城等运河文化生态保护区的保护，高标准推进运河环境整治工作。要注重自然、突出生态、加强保护，努力打造文化带、生态带、景观带、休闲区，带动运河沿线乃至全市经济社会发展。

"聊城的运河文化遗产既包括河道、建筑、水工设施等物质性遗产，同时也涵盖饮食、舞蹈、音乐、民间工艺品等非物质文化遗产，各类遗产都有其自身的特点，应区别对待，采取不同的保护措施。"② 要本着保护、

---

① 郑民德：《聊城运河文化遗产的保护》，《中国名城》2018 年第 10 期。
② 郑民德：《聊城运河文化遗产的保护》，《中国名城》2018 年第 10 期。

传承、利用的总原则，对河道、城镇、码头、闸坝等重要文物及周边区域进行保护和修缮。要注重文化传承，按照修旧如旧的原则，搞好历史遗迹的挖掘、修复、整合。各级各部门要严格落实《大运河遗产山东省聊城段保护规划》，加快实施大运河遗产保护、展示和环境整治工程，要区分轻重缓急，集中力量完成重要遗产点段的保护措施、展示利用措施、考古研究及其周边环境整治，维护和展现大运河遗产的历史风貌，尽量保留遗产本体的历史信息和文化特色。要进一步加大巡视和执法力度，定期或不定期对大运河遗产保护规划划定的保护范围和建设控制地带进行巡查，对违反有关规定的行为要及时纠正，视情节轻重给予处罚。成立县、乡、村三级保护组织，加强对大运河的保护管理及周边环境的整治，严厉打击破坏遗产和文物信息的行为。

（三）挖掘文化内涵，打造特色旅游品牌

旅游品牌形象是旅游品牌的基础，它与旅游品牌实力一起构成旅游品牌的"基石"。仅有雄厚的实力而没有良好的形象就无法创造旅游品牌，反之亦然。一般说来，旅游品牌实力是基础，决定和影响着旅游品牌形象，正面的旅游品牌形象能促进旅游品牌实力的加强。"对京杭运河聊城段旅游产业带旅游形象的塑造一旦从物质层面上升到了精神和文化的高度，就实现了从资源营销向文化营销的转变，蜕变为一种高层次的无与伦比的品牌，成为聊城市优秀文化高度凝练的结晶。"[①]

"运河沿岸各省市都很重视运河文化的保护开发，聊城市运河开发要想在激烈的竞争中脱颖而出，须立足聊城市实际，彰显聊城特色，形成文化旅游新优势。"[②] 要以文化为统领，努力打造聊城、临清两座运河古城以及张秋、七级、阿城等运河古镇，再现聊城运河繁荣景象。在旅游开发中，要突出旅游产品的文化性，把握好聊城的文化特色，充分挖掘历史文化内涵，以运河文化理念为基调，依据聊城运河的文化、历史、现存风貌将其文化积淀与旅游开发相结合，在具体的旅游开发建设中体现特色

---

① 张翠芳：《京杭运河聊城段城市旅游竞争力评价及提升对策研究》，硕士学位论文，聊城大学，2019年，第47页。
② 王新蕾：《运河城市（聊城市）遗产旅游产品体系的构建及其旅游开发》，《乐山师范学院学报》2011年第1期。

文化。①

"倘若只有好的旅游产品,却没有成功地把产品营销出去,使其变为旅游商品,那么这所有的开发工程只能被归入为市民服务的市政工程。"②因此,如何使开发出来的产品成为炙手可热的旅游商品才是旅游产品发展的关键所在。要充分利用区位优势,彰显自身文化特色,通过多种宣传手段,对聊城运河文化旅游大力进行推介和宣传,努力提升其在国内外的知名度和影响力。要加大资金投入,树立精品意识,强化旅游资源整合和旅游服务协作,重点培育相关旅游产品、旅游企业和旅游服务,不断推出富有创意、参与度高、受市场欢迎的系列旅游产品,将运河文化旅游打造成聊城最闪亮的名片。

(四)规划精品线路,推进重点项目建设

要按照古运河的流经路线,在现有的"两城七镇"(两城:中华水上古城、临清中州古城;七镇:魏湾镇、戴湾镇、梁水镇、李海务镇、七级镇、张秋镇、阿城镇)的基础上,以点带面、分段负责,形成两城七镇百村一体,打造核心旅游品牌。③以"鲁风运河"品牌为依托,策划开展世界遗产经典旅游、运河城镇记忆旅游、名人探访之旅、宗教文化旅游、阿胶养生之旅、美丽乡村生态旅游、红色文化追忆旅游等一批运河旅游产品,努力将聊城建设成为山东省文化产业和旅游产业融合发展示范区。

扎实推进东昌湖旅游景区提升改造项目、临清中洲古城、景阳冈旅游景区综合提升工程、张秋古镇旅游综合开发项目等重点项目建设,做好临清鳌头矶、运河钞关等重大修缮保护项目建设,开发建设张秋运河文化小镇、阿城养生小镇、七级古风怀旧小镇、李海务运河度假小镇、梁水葫芦文创小镇、魏湾有机生活小镇和戴湾贡砖创意小镇等运河特色小镇,最终将京杭运河聊城段打造成为具有世界影响力的文化遗产保护利用亮点工程和文化旅游示范区。

---

① 王新蕾:《运河城市(聊城市)遗产旅游产品体系的构建及其旅游开发》,《乐山师范学院学报》2011年第1期。
② 李建君:《聊城运河旅游资源开发研究》,硕士学位论文,扬州大学,2012年,第40页。
③ 吴海涛:《京杭大运河(聊城段)文化带工作浅析》,《水资源开发与管理》2019年第1期。

（五）完善基础设施，提升服务水平

聊城市要以《聊城市城市综合交通体系规划（2017—2030年）》《聊城市城区水上客运（公交、旅游）航道专项规划》《聊城市城市公共交通规划（2017—2030年）》等规划文件为依托，围绕重要自然和人文景观资源，改造提升现有旅游道路，配套建设自行车道、旅游步道等交通设施。"要以运河为纽带，以东昌湖、徒骇河和县市河湖为主要节点，聚点成线、连线成面，形成河湖相连、水系相通的水生态系统，构筑起水上交通游览线路，建设全域水城。"① 积极推进大运河沿线码头与公路、铁路等衔接，打造融交通、文化、体验、游憩于一体的复合文化旅游廊道。此外，聊城还要在提升旅游服务质量上下功夫，定期开展专业培训，努力提高旅游从业者的服务水平，保障旅游服务、商品质量。

（六）推动产业融合，打造运河文化旅游产业带

充分利用京杭运河、马颊河、位临运河、西新河等水域生态资源，以京杭运河、马颊河两大河流为主线，沿河打造旅游强镇、特色村，串联沿岸各景点，形成两大旅游风景带，进一步提高乡村旅游点的吸引力。策划系列文化主题活动，设计具有地方特色的各类旅游产品，促进旅游与农业、林业、水利、文化、体育、工业等产业的深度融合，重点打造江北欢乐小镇、梁水文创小镇、周店漕运小镇等一批文旅示范区，培育一批有竞争力的文旅企业。实施"旅游+"工程，重点推动运河旅游文化产业带建设，加快打造全域水城，有效推动旅游业转型升级。

聊城以"江北水城·运河古都"而著称，大运河见证了聊城的辉煌历史，彰显了聊城的深厚文化底蕴，是聊城历史记忆和聊城文化传承最重要的载体。聊城要把握大运河成功申遗、大运河文化带建设大运河国家文化公园建设等重大机遇，深入发掘运河遗产文化内涵，全方位展示聊城大运河文化遗产的历史、科学和文化价值。在保护和传承聊城运河文化遗产的同时，将其与旅游发展有机结合起来，真正将大运河聊城段打造成为"文化的河、流动的河、美丽的河、繁荣的河"。

---

① 吴海涛：《京杭大运河（聊城段）文化带工作浅析》，《水资源开发与管理》2019年第1期。

第三节 泰安运河文化遗产的保护与开发

大运河泰安段主要流经东平县境内，南自新湖乡小河涯村入境，北至戴庙乡十里堡村出境，全长 34 公里。东平县是古济水和汶水的交汇地带，历史上也是京杭大运河的枢纽地段，由于受黄河的不断侵袭、淤积，京杭大运河在东平境内频繁变迁，对沿线地区经济、社会发展产生了深远影响。运河的流经在促进当地经济和社会发展的同时，也在泰安境内留下了数量众多的物质和非物质文化遗产。2014 年 6 月，中国大运河成功申遗，戴村坝、小汶河两处遗产点、段被列入世界文化遗产。本节在对泰安运河文化遗产概况和现状进行梳理的同时，重在探讨运河文化遗产保护和开发的对策与措施。

一 泰安运河文化遗产概况

（一）泰安段运河的历史沿革

泰安（东平段）运河开凿于元代。至元十九年（1282），由兵部尚书李奥鲁赤主持，引汶、泗水自今山东济宁，开挖济州河，北至今梁山县辖区之小安山，接通古济水河道，全长 150 里，于次年竣工。南方粮饷即可从济宁向北经开河、袁口向西北，到小安山西南，北入大清河，继而入海直达京津。该河段使用三年，因入海口沙壅而漕运转海受阻，不得不从东阿舍舟陆运，经 200 里抵临清入御河水运至北京。

至元二十五年（1288），平章政事桑哥，根据漕运副使马之贞的建言，开挖安山至临清渠，由断事官忙速儿、礼部尚书张孔孙（东平人）、兵部郎中李处巽主持，征丁夫 3 万，于 1289 年正月动工，至六月告成，因河起于须城（今山东东平）安山，初称"安山渠"，因河渠官礼部尚书张孔孙、兵部郎中李处巽、员外郎马之贞言："开魏博之渠，通江淮之运，古所未有"，故元世祖忽必烈亲自赐名为"会通河"。会通河自安民山接济州河开渠，引汶水向西北经由寿张集东、向北经沙湾、张秋至东昌（今山东聊城），又向西北到临清与御河相接，全长 250 里。同年六月，为解决漕运、壅水行船，在会通河上建安山、开河船闸。元时会通河初开，岸狭水浅，不负重载，每年漕运仅数十万石，故有元一代，海运不废。

第六章 运河文化遗产保护与开发的个案研究

明洪武二十四年（1391），黄河在河南原武决口，洪水进入梁山水泊，元代开挖的济州河、会通河在梁山一段大部淤平，航运不通，停运达20年之久。永乐九年（1411），明成祖朱棣为调运南方粮至北京，决定恢复航运，征调民工30万，命工部尚书宋礼负责疏通这段运河。宋礼采纳了汶上老人白英"引汶绝济"的建议，于宁阳之北堽城坝截汶水入洸之流，并于坎河之西修筑戴村坝，迫汶水西行，使趋南旺，以济运道。戴村坝修成之后，遏汶水入小汶河南流，流至南旺运河分水口，再分水南北。从此，妥善地解决了山东运河水源不足的问题，使南北漕运得以畅通无阻。明成祖迁都北京之后，大运河便成了交通大动脉，每年从东南运粮米等物资数百万石，接济京师。

清咸丰五年（1855），黄河在铜瓦厢（河南省兰考县境内）决口，黄河改道，穿运河夺大清河入海，即现行黄河河道。黄、运穿交，给运河漕运带来两方面的困难，一是在十里堡和张秋镇修建防洪闸，以防黄河水淤积运道；二是粮船穿黄要避开洪峰，不敢冒险。随着海运的兴起，政府又施行粮银分纳政策，减少了运粮任务，运河航船大减，到光绪二十七年（1901），漕运被迫停止，东平段运河也完成了其历史使命。

（二）泰安运河文化遗产的价值和特点

1. 大运河泰安段文化遗存丰富

大运河泰安段主要流经东平县境内。东平县运河文化历史源远流长，被民政部评定为"千年古县"，大运河东平段沿线有闸坝、渡口及周边文化遗迹89处，其中，世界文化遗产2处，国家级文物保护单位4处，省级13处，市级24处，非物质文化遗产资源现已整理10大类别308个项目；运河之心——戴村坝、运河水柜——东平湖及运河故道、戴庙闸、安山闸等是大运河现存重要节点。宁阳县堽城坝、禹王庙是古代大运河济运配套工程，是古运河重要遗产点，文化内涵深厚，是研究古代政治、经济、文化、社会等方面的重要实物资料。岱岳区上泉古泉群是济运水源之一，该泉群形成于第四纪早期，距今300万年左右，为上升泉，几大泉水相汇，形成大汶河支流——漕河，引泉水补给运河，是汶河流域济运的一大创举。

大运河自南向北穿过东平湖，这一河一湖，恰巧形成了一个"中"字，在这周围密集分布着众多的自然人文景观，与悠久的运河文化相互照映、相互衬托。一是数量多。县境内有以东平湖为核心的自然景观、以运河和水浒文化为代表的人文景观400余处，全省分布的五大类41个亚类旅游资源中，除滨海风景外，东平有40个亚类。二是品位高。境内有国家级景区景点5处，省级重点文物保护单位8处，市级文化保护单位10处。其中，水资源优势在北方极为罕见，大运河、黄河、大汶河、东平湖纵横交错，水域面积约占全县面积的1/3，目前东平已成为首批国家"黄河文明"和"京杭大运河"旅游线、全省"山水圣人""水浒之旅"旅游区和泰安"大泰山旅游圈"上的重要县份。三是结构优。东平悠久的历史以及特定的地理环境，孕育了运河文化、水浒文化、黄河文化、宗教文化、名人文化等特色文化，形成了奇山、秀峰、怪石、碧水、湿地等自然景观，各种景观浑然一体，让人流连忘返。四是密度高。县内80%以上的景点都集中分布在东平湖、大清河、运河周边，旅游开发具有先天的资源优势。①

2. 大运河泰安段文化内涵深厚

大汶口文化是新石器时代文化，分布地区东至黄海之滨，西至鲁西平原东部，北达渤海南岸，南到江苏淮北一带，基本处于古籍中记载的少昊氏文化地区，为龙山文化的源头。东平湖是宋代梁山泊的唯一遗存水域，常年积水面积209平方公里，蕴涵着丰富的运河文化和水浒文化。目前是南水北调工程重要水柜之一；东平戴村坝是我国著名的古代水利枢纽工程，被誉为"江北的都江堰""运河之心"，是世界水利史上一颗璀璨明珠，对我国南北经济交流、文化融合、社会发展起到了重要作用；宁阳堽城坝是古代大运河的分水枢纽，它拦截汶水，通过洸河注入济宁接济大运河，在水利史上具有很高的学术价值；东平州城是运河畔的千年古城，存有宋代以来的众多文化遗产；宁阳禹王庙为大运河附属文物，是省级历史优秀建筑和省级文物保护单位。

二 泰安运河文化遗产保护和开发现状

（一）保护和开发情况

近年来，在国家和山东省文物局的正确指导和大力支持下，泰安市高度重视，以申遗为契机，着力做好保护工作，加强领导和宣传，完成了市级保护规划和遗产点方案的编制及实施，重点抓好遗产点本体保护及环境

---

① 泰安市发展和改革委员会：《泰安市大运河文化带建设规划基础研究报告》。

整治工作，受到世界遗产组织现场考察评估专家的高度肯定，大运河保护和开发工作取得明显成效。

1. 强化政府职责，努力提升保护水平

为保护和弘扬运河文化，泰安市强化政府的保护和管理职责，调整充实市、县大运河保护工作领导小组，建立健全市、县、乡（镇）和村四级大运河保护管理机构，明确工作职责，促进大运河保护管理规范化、科学化。强化对资源环境及周边生态环境的日常巡查，加强对大运河遗址的保护和控制，防止破坏占用，切实维护大运河世界遗产保护完整性。

严格按照《世界遗产公约》《大运河遗产保护管理办法》等规章要求，根据泰安段大运河遗产的实际，完善《大运河遗产（泰安段）保护规划》，编制《戴村坝总体规划》，注重规划引领，充分发挥规划对大运河保护的规范与引导作用，真正将大运河保护工作纳入当地的经济和社会发展规划。进一步明确遗产地保护的基本原则和管理措施，协调解决遗产科学保护与社会、经济发展的关系，促进大运河保护与利用，推进社会经济的可持续发展。

2. 注重科学研究，坚持可持续利用

近年来，泰安市重点围绕"一坝一馆、一城一湖、一镇一集"，做好运河的展示利用。按照《保护世界文化和自然遗产公约》的要求，正确处理大运河物质文化遗产与相关非物质文化遗产的关系，加强运河沿线非物质遗产及传承人的保护，挖掘运河文化，如运河两岸敬河神、赛龙舟、踩高跷、舞狮子以及民间武术、灯会等民间风俗文化。东平社会科学联合会已成立了"京杭大运河与东平研究学会"，吸收一大批热爱研究东平历史文化的人来深入挖掘运河文化。对东平段"运河故道"、戴村坝、元代堽城坝等重要文物遗存深入开展调查研究和价值评估工作，充分挖掘其历史内涵和文化底蕴。并通过召开专家恳谈会等形式，不断对遗产利用开发进行指导。按照《山东大运河历史文化长廊建设规划》，遵循严格保护、合理开发、持续发展、永续利用的原则，正确处理大运河世界遗产的"活化"问题，在保护历史和文化价值的基础上，适当地开展旅游活动。结合东平"水浒文化"，发掘其历史元素，将丰富多彩的历史元素运用到文化旅游、文化影视、文化演出上。充分挖掘其历史内涵和文化底蕴，打造品牌旅游项目，促进当地旅游经济的发展，成为传播和弘扬运河文化、中华文化和文明的有力工具。采取多种形式加强宣传工作，充分发挥媒介传播功能，在新闻媒体上进行广泛宣传，开设京杭大运河专题栏目，在《泰安日报》等报刊刊登有关运河的文章，宣传报道运河现存遗产情况、申遗工作情况以及运河岸边风土人情、传说故事等。并通过召开专题座谈会、讲座、组织中小学学生参观等形式，提升民众的保护意识，使遗产地公众、有关政府部门和机构等利益相关者，理解、认同大运河遗产的价值，支持大运河保护工作，形成人人保护运河遗产的良好社会环境。

3. 文化产业快速发展，文化旅游影响力日益扩大

近年来，泰安大运河文化遗产内涵不断展现。大运河"申遗"被提上日程后，东平县依托丰富的自然文化资源优势，开通了大清河——东平湖150公里环湖水路、滨河大道——环湖路117公里的环湖陆路，拉开了"双线串珠"的发展框架，城市生态水系景观工程、水上东平游、水浒影视基地、千年宋城、文化发展线5个投资过10亿元的大项目陆续开工建设，东平正逐步成为省内外游客体验生态、感受文化的旅游目的地。目前，东平县正积极打造水浒文化产业园、运河文化产业园、白佛山文化产业园三大产业园区，其中，水浒文化产业园被命名"国家文化产业示范基地"，进入中国文化产业园区100强。宁阳县新建了复圣公园、文庙历史文化街等文化旅游项目，修复了琵琶湖风景度假区、颜回家庙及颜林、禹王庙、开元寺、蟋蟀古都等文化项目，形成了以儒家文化、田园风光、乡村民俗为代表的文化旅游项目。①

4. 生态环境保护取得积极进展

近年来，泰安运河生态环境保护亦取得了显著成绩。南水北调沿线生态环境整治力度不断加大，河长制全面推行。大运河沿线河湖水环境保护不断加强，水环境、水生态、水资源等一批生态保护工程加快实施，大运河岸线资源逐步得到有序利用。截止到2018年8月，东平县已对汇河、东金线河、湖东排水河、湖区排水干沟4条河道进行了治理，治理河段长58.875公里。"十三五"期间，东平县又将2条流域面积200平方公里至3000平方公里河流列入治理项目，规划治理河段总长13.72公里。水利部门全面落实河长制，并全面部署并完成了河湖排查任务，至2017年12月14日，东平县443项河湖违法事项全部清除，恢复了正常河道管理保护秩序，实现河畅、水清、岸绿、景美。2017年，戴村坝入选山东省首家也是

---

① 泰安市发展和改革委员会：《泰安市大运河文化带建设规划基础研究报告》。

唯一一家国家水情教育基地。①

(二) 存在的问题和不足

1. 文化遗产的创造性转化和创新性发展不足

泰安文物古迹众多,旅游资源丰富,尤其对泰山文化的挖掘更是取得了显著成绩。与泰山文化形成鲜明对比,泰安市长期以来对运河文化缺乏足够的重视,对大运河文化遗产的内涵挖掘、研究、展示不够,传承利用力度不足,与儒家文化、泰山文化等联动发展水平有待进一步提高。由于缺乏重视,再加上资金投入不足,导致文化遗产保护任务较重。由于沿线地区经济的发展,导致水污染现象极为突出,生态环境有待进一步改善。

2. 统筹协调能力不强,区域合作机制不健全

运河文化遗产的保护和开发涉及文物、旅游、交通等诸多部门,由于缺少统一规划和引领,致使多头管理现象依然存在,统筹协调能力有待加强。与沿运各地市缺乏深入、有效的合作,缺少特色鲜明的文化旅游品牌,运河品牌的规模集聚和整体推介力度明显不足。相比济宁、聊城、枣庄等地市,泰安运河文化的开发和利用相对滞后,文化与经济融合深度不够,文化引领、转型发展的动力亟待增强。

三 泰安运河文化遗产保护和开发举措

(一) 提高重视程度,健全保护机制

保护和利用、传承和发展是相互促进的,只有传承和发展,才能使文物保护进入良性发展的轨道。泰安境内丰富的人文和自然遗产、众多的旅游资源如果不保护利用好,就是浪费资源,如果不传承发展就对不起子孙后代。要在市级层面成立运河文化遗产保护管理机构,梳理归并事权,形成统一管理。沿线各县、市成立相应分支机构,落实工作责任,明确工作分工,健全工作机制,制定切实可行的保护规划及建设方案。加强部门间的沟通衔接,以及与周边地区的联系和协作,形成区域互动、合作、多赢的协调机制。将运河文化遗产的保护纳入考核评价体系,建立监督管理机制,解决规划实施过程中遇到的问题,加强对规划实施情况的跟踪分析,做好各项工作和政策措施落实的监督检查。

---

① 泰安市发展和改革委员会:《泰安市大运河文化带建设规划基础研究报告》。

大运河不仅是一条交通大动脉,也是一条博大精深的文化长廊。要坚持高效开发、保护与开发治理相结合的原则,采取政府主导、市场运作、多元投入的方式,实施分类开发、重点突破。对一些古桥、古闸要以保护为主,保持原有面貌,让游客充分感受到运河当年的繁荣景象。对戴村坝、州城等重要旅游景点,要在保护的基础上,创新思维,创新方式,引进战略投资者进行科学开发,让古老的景点体现出特色,展现出旺盛的生命力,发挥更大的效益。对八里湾航闸、斑鸠店解山穿黄口等标志性建筑,要按照观光旅游的理念进行规划设计,高标准建设,在完成基础功能的同时,更多地体现旅游功能,集调水灌溉、旅游观光、生态保护于一体,体现出古老运河强大的生命力。①

(二)加大遗产保护力度,保护运河生态环境

大运河在长期运行中遗留下来的古迹,都是运河文化的重要组成部分,如果没有这些历史文化瑰宝的存在,运河就失去了灵魂。运河已停止漕运一个多世纪,要抓紧对运河遗迹进行保护整理,使其文物古迹和传统文化特产得以延续。重点对大运河泰安段河道及其沿线的戴村坝、戴庙闸、安山闸、埕城坝及附属文物禹王庙、上泉古泉群等运河枢纽上重要的水利水工设施进行修缮保护;完善戴村坝博物馆设施,编制戴村坝遗址公园规划及环境整治规划,建设"中国第一坝"和"运河之心"世界文化遗产遗址公园;抢救保护千年古城——州城,编制保护规划,修复城门楼、宋代一条街以及历史上原有的 10 余处古建筑,基本恢复运河畔明珠城市的历史景观;规划建设"运河石刻博物馆",将与运河有关的相关石刻碑刻集中保护、展览;完善大运河世界遗产监测平台体系和巡视制度。

要统筹协调发展与保护的关系,切实保护好大运河周边历史风貌和格局。编制历史文化风貌保护专项规划,落实历史风貌管理要求,整体保护大运河周边历史风貌格局及其所依附的山水环境,依托自然形态,做好整体设计,彰显历史风貌特色。对大运河历史文物、古建筑及重要的古建筑遗址,划定保护范围,制定具体保护措施。要积极开展非物质文化遗产普查,建立非物质文化遗产代表作名录体系,妥善保管非物质文化遗产实物、资料及物质载体。通过举办非物质文化遗产的展示、论坛、讲座、培

---

① 孟建成:《关于东平运河文化领域新旧动能转换的若干建议》,《人文天下》2018 年第 13 期。

训、交流等系列活动,以及各类民间文化艺术展演、会演和民间文化节等文化活动,努力使其得到更好的保护、传承和发展。

运河是一条生命之河,运河的生态事关泰安及沿运地区人民群众的生活。要把运河的生态摆上生命线的位置,在搞好水土保持、污染防治的基础上,在运河两侧50米内建设生态林、生态片,既要有生态效益,也要具有一定的旅游观光效果。要以大运河为中心,加强河湖水环境保护,划定河湖保护岸线,严格环境准入,从严审批有污染物排放的项目。加快周边产业结构调整,取缔、转型、搬迁不符合大汶河文化带发展的生产项目,保障水质安全。全面落实河长制,加强周边污水处理厂建设及管网配套工作,防治渔业养殖、畜禽养殖污染,推进河湖生态修复和保护。[①] 要深化大运河生态环境保护协作机制,加强统筹协调,促进沿线区域充分协作,共同研究确定大运河保护阶段性工作重点,互通工作信息,协同治理大运河生态环境。探索设立保护和建设基金,建立协同保护大运河生态环境共建共享机制。整合各部门的资金、职能,加快建立以水权为中心的生态补偿区域协同保护制度,鼓励、扶持绿色产业发展。

(三) 深入挖掘运河文化,讲好运河故事

大运河泰安段开凿距今700余年,在漕运鼎盛时期每年400万石漕粮皆取道于此运往京都,运河沿岸的城镇和村庄默默见证着古运河昔日的辉煌。通过挖掘整理,利用新闻媒体、现场讲解等方式,让更多的人了解流传于民间的传说故事,知晓横跨汶河的戴村坝、引汶济运的堽城坝等蕴含的水工文化,完善戴村坝国家级水情教育基地功能,弘扬和宣传运河文化。切实围绕泰山文化、龙山文化、儒家文化、水浒文化、黄河文化、运河文化、宗教文化、名人文化、民俗文化、红色文化、餐饮文化等特色文化资源,建设泰山文化产业园、水浒文化产业园、运河文化产业园等一批文化产业项目。要准确把握大运河文化带建设总体要求,深入挖掘大运河蕴含的丰富文化内涵,开展资源普查,建立运河文化遗产数据资源库。加强大运河的本体保护、合理利用,推进一批大运河保护利用重点项目,探索大运河遗产保护与文化旅游、美丽乡村建设、美丽特色小镇建设等协调推进、融合发展。

---

① 泰安市发展和改革委员会:《泰安市大运河文化带建设规划基础研究报告》。

（四）突出地域特色，打造特色旅游品牌

沿运地区人文自然遗产的开发利用要狠抓"地方特色"，需要沿运各有关乡镇首先对自己区域内的景观开发进行专家研讨，优势定位，发挥强项，突出特色，在"特色"的主导下进行景点、景区的保护与利用。按照精致化、特色化、品牌化的要求，突出运河"慢节奏"、休闲性、体验性旅游品质，全力打造十大文化旅游目的地品牌之一的"鲁风运河"品牌，同时结合"水浒故里""平安泰山"两大品牌丰富运河旅游的内涵。依托大汶河遗址、戴村坝景区，结合汇河景观带、龙珠岛、清月湖公园、大清河旅游码头等景点形成运河之心旅游品牌；整合东平古州城融入大运河线型旅游遗产廊道，培育"运河人家"旅游品牌；依托安山古镇漕运码头、渔家风情旅游资源，打造安山运河小镇品牌；依托运河沿岸古镇古村，打造舌尖上的运河品牌；基于禹王庙、堽城坝遗址，形成以汶水文化为主题，展示禹王治水、人类起源等滨水文化品牌。

（五）促进产业融合，完善基础设施

京杭大运河显示了我国古代水利航运工程技术领先于世界的卓越成就，留下了众多的水利工程遗存、历史文化遗存以及依托运河发展起来的名城古镇。如果再加上运河沿线尚未被很好发掘的非物质文化遗产，内容可谓极为丰富。但总的来说，这笔宝贵的文化资源并未在沿运地区的经济发展中得到充分的展示。泰安应借助运河文化优势，大力实施"旅游+"战略，通过优质项目与多元业态的融合，进一步整合资源，提高旅游精品质量，改善供给体系，优化旅游服务，加快推进新旧动能转换，促进旅游发展质量和效益同步提升。突出水上东平、水浒东平、运河东平三大品牌，按照"双线串珠"的发展框架，以大清河—东平湖—京杭大运河为主线，加快开发沿线景点，尽快把资源优势转化为产业优势、经济优势。①

要进一步加强旅游基础设施建设，新建改造一批星级酒店和购物场所，满足游客不同层次的需求。进一步优化旅游交通体系，尽快实施大运河两岸陆路交通的贯通工程，提高通往运河沿线旅游景区和乡村旅游区的道路标准，让大运河泰安段全线可以实现两侧或单侧堤岸沿线车道贯通，为大运河文化带全域自助旅游创造条件。规划疏浚旅游航道，逐步形成水

---

① 孟建成：《关于东平运河文化领域新旧动能转换的若干建议》，《人文天下》2018年第13期。

陆连接、南北贯通的运河旅游通道。完善配套旅游基础设施，发展立体、生态旅游停车场，在运河沿线景区全部设立游客服务中心。启动智慧旅游工程建设，推动涉旅数据信息共享，建成一站式旅游大数据平台。

（六）借鉴先进经验，加强与沿运城市的合作

京杭大运河作为世界上不可多得的文化遗产，其保护、开发和利用的价值非常巨大，对沿线城市发展起着不可估量的推动作用。杭州、扬州、枣庄、济宁等城市都打出运河品牌，吸引众多游客前去观光旅游。大运河北段虽已不通航，但沿线聊城、德州等城市也以运河成功申遗为契机，策划实施了一批运河文化项目。泰安要抓住机遇，搞好宣传促销，加强与济南、泰安、曲阜等周边城市以及聊城、济宁、枣庄等运河城市的对接联合，互推旅游线路，同时，坚持差异化发展，突出泰安段运河的特色，不断提高运河文化的知名度和美誉度，彰显独特的泰安文化魅力。①

京杭大运河是世界上最长的人工运河，是中国古代重要的"漕运通道"和经济命脉。作为中华民族南北文化交流的桥梁，大运河可谓一条历史之河、文化之河，凝结着中国政治、文化诸多领域的庞大信息。大运河泰安段历史悠久，文化遗产资源丰富，在整个京杭大运河中地位极为重要。2014年6月，中国大运河成功申遗，这既给泰安运河文化遗产的保护、传承和利用带来了重要机遇，也带来了一些新的困难和挑战。我们要以运河成功申遗为契机，在摸清沿运地区各类珍贵文化资源家底的基础上，研究大运河文化在新时期的创新发展方向，传承大运河文化中的优秀基因，凝练体现社会主义先进文化的元素，推动大运河文化创造性转化和创新性发展，探索与儒家文化、龙山文化、泰山文化、水浒文化等融合发展新模式，努力将其打造为展示中华文明的金名片。

第四节　济宁运河文化遗产的保护与开发

济宁素有"孔孟之乡、运河之都"的美誉。历史上的济宁曾是"东鲁之大郡，水陆之要冲"，在中国运河发展史上具有举足轻重的地位。大运

---

① 孟建成：《关于东平运河文化领域新旧动能转换的若干建议》，《人文天下》2018年第13期。

河济宁段全长约230公里，占据山东运河河道总长度的三分之一。由于济宁位于大运河中段，又处在"水脊"的位置，所以在长达1700多公里的京杭大运河全线，山东段运河处于关键地段，济宁段运河更是关键中的关键，元、明、清三代都把治运的最高机构设在这里。清代康熙、乾隆南巡，曾几度驻跸济宁。京杭大运河沿线与都江堰水利工程齐名的南旺分水枢纽工程也位于济宁境内。因为运河的流经，济宁兴盛繁荣达600多年，孕育了灿烂的运河文化。本节在对济宁运河文化遗产概况和现状进行梳理的同时，重在探讨运河文化遗产保护和开发的对策和措施。

一 济宁运河文化遗产概况

大运河济宁段纵贯济宁全境，流经梁山、汶上、嘉祥、任城、北湖新区、鱼台、微山7个县区，总长度587公里，申遗保护规划293公里，是大运河的关键性河段。济宁运河是一条文化内涵丰富、旅游资源密集的文化遗产廊道，除申遗的11个遗产点段（十里闸、邢通斗门遗址、徐建口斗门遗址、运河砖砌河堤、柳林闸、寺前铺闸、南旺分水龙王庙遗址、会通河南旺枢纽段、会通河利建闸、会通河微山段、小汶河）外，还有运河文化遗产59处，相关历史文化遗产84处。[①]

（一）运河水工遗产及相关附属设施

大运河济宁段运河水工遗产及相关附属设施主要由河道、闸坝、堤防、桥梁等组成。河道遗产共15处，由8条运河河道，7条人工引河组成，其中运河河道为会通河、南阳新河、泇河、泗黄运道、梁济运河、湖西运道、湖中运道、越河；人工引河为：小汶河、府河、洸河、泗河、白马河、薛河、漷河；水源工程遗产共3处，由1处水柜，2处泉组成，分别为南四湖，浣笔泉遗址，泗水泉林；水利工程设施遗产共5处，由2个闸（徐建口斗门遗址、邢通斗门遗址），1个坝（兖州金口坝），2处堤防（北五湖湖堤、运河砖砌河堤）组成。航运工程设施遗产共19处，由14处船闸（通济闸、天井闸遗址、靳口闸遗址、袁口闸遗址、寺前铺闸、十里闸、柳林闸、利建闸遗址、南阳闸遗址、师庄闸遗址、通惠闸遗址、枣林闸、仲浅闸、韩庄枢纽），5处桥（会通桥、漕井桥、太和桥、大石桥、

[①] 吕明笛、姜春宇、李雪婷、杨明慧：《京杭运河济宁段历史文化遗产的旅游开发策略探讨》，《全国流通经济》2019年第18期。

夏桥）组成。

（二）运河聚落遗产

大运河济宁段运河城镇共2处，由1处古城，1处古镇组成，分别为济宁古城与南阳古镇。

（三）运河相关遗存

运河相关遗存主要由古建筑和石刻两部分组成。其中古建筑遗产共14处，由6处坛庙祠堂（东大寺、柳行东寺、太白楼、崇觉寺、南旺分水龙王庙、仲子庙）、1处亭台楼阙（吕公堂春秋阁），7处宅第民居（皇宫所、康熙御宴房、皇帝下榻处、堂房、清代钱庄、娘娘庙、清真寺）组成。石刻遗产由4处碑刻组成，分别为大元新开会通河记事碑、开河闸碑、清雍正疏浚济州河碑、乾隆御碑。

（四）运河生态与景观环境

大运河济宁段生态与景观环境构成为湿地、林地、农田，南四湖湿地是济宁段运河最重要的湖泊湿地。南四湖历史可推溯至2400多年前，但直到距今120年前才形成如今规模的南四湖。1982年，微山县政府批准成立县级南四湖保护区。1994年，南四湖湿地被列入《中国重要湿地名录》；1996年，济宁市政府又将南四湖确立为市级自然保护区；2003年，山东省政府批准成为省级自然保护区。为了改善南四湖流域入湖水体质量、满足南水北调东线工程需要，2006年建设了位于新薛河入湖口的人工示范湿地；2011年12月13日，以该湿地为核心的微山湖国家湿地公园经国家林业局批准建立，并在2016年顺利通过验收。①

（五）相关非物质文化遗产

大运河济宁段相关非物质文化遗产共计6类27项。其中，民间文学5项（康乾南巡过济宁、金口坝下聚金石、鲁班传说、夏镇八景的故事、微山湖歌谣），传统戏曲2项（山东梆子、枣梆），曲艺歌舞7项（湖上端鼓腔、鲁西南鼓吹乐、济宁八角鼓、渔鼓、落子、打排斧、拉粮船），相关民俗8项（南阳夜市、长沟大集、渔民敬大王、湖上婚礼、玉堂酿造技艺、微山湖渔具、微山湖漂汤鱼丸、漕河斗蟋蟀），传统工艺2项（嘉祥鲁锦、渔家虎饰），民间美术3项（嘉祥石雕、嘉祥彩印花布、木版

---

① 葛秀丽、刘建、张依然、王仁卿：《南四湖湿地植被及生态恢复研究》，中国环境科学出版社2018年版，第25页。

年画)。

二 济宁运河文化遗产保护与开发现状

元代定鼎大都(今北京)后,基于漕运的需要,先后开凿了济州河和会通河,使得京杭大运河全线贯通。运河的开通和兴盛,为济宁提供了开放交流的大通道,使得济宁"南通江淮,北达幽燕","南引吴楚闽粤之饶,北壮畿辅咽喉之势",出现了"百货聚处,客商往来,南北通衢,不分昼夜"的繁荣景象。"源远流长厚重的运河文化成为济宁的城市之魂,纵横交错的河湖水系是济宁的城市之韵。"[①] 大运河成功申遗后,济宁市已经拥有了包括"三孔"在内的两处世界文化遗产。"这不仅为世界认识中国、了解济宁提供了一个重要平台,也为发掘运河文化,重组旅游空间,打造世界级的运河旅游产品带来了重要机遇。"[②]

(一) 保护和开发情况

济宁运河文化形态丰富,遗迹众多,观赏性强,旅游资源容量较大,类型较为齐全,开发潜力巨大。[③] 近年来,济宁市在大运河保护中,把文化遗产事业融入了全市经济社会发展全局,纳入济宁市国民经济和社会发展规划,纳入济宁市新一轮城市总体规划,纳入各级财政预算,纳入年度综合考核体系。始终以文化遗产保护成果惠及广大民众的理念推进大运河保护工作。在大运河保护中,坚持以人为本,通过改善生态和人居环境,做到人与自然和谐、遗址与现实融合、保护与利用统一,实现了遗址保护和提升环境质量的良性互动、文化遗产保护和惠及民众的同步"双赢"。在推进大运河保护工作中,严格依法落实地方政府保护文化遗产的责任,加大地方财力投入,将丰厚的文化遗产资源,转化为城市的文化软实力,进一步彰显出济宁"孔孟之乡、运河之都"特色,成为推动科学发展、跨越发展的文化力量和宝贵财富。

[①] 冯刚:《唱响运河之都加快运河旅游发展》,载孙宝明、程相林主编《中国运河之都运河文化高层论坛论文集》,山东人民出版社2007年版,第175页。

[②] 陈晓霞:《新时代传统文化创新性发展研究》,中国国际广播出版社2018年版,第205页。

[③] 樊存常:《突出运河文化特色 重振运河名城雄风——对开发利用济宁运河文化资源的思考》,载山东省济宁市政协文史资料委员会编《济宁运河文化研究》,山东友谊出版社2002年版,第480页。

1. 创新体制机制,大力推进保护工作

大运河南北贯穿济宁市,古河道、水工设施和沿河遗迹众多,国家文物局确定的 28 处遗产点,列入大运河济宁段申遗预备名单。成立了以市长为组长的大运河济宁段保护工作领导小组,沿运 8 个县市区成立各自的工作领导小组,做到机构到位、人员到位、经费到位、办公场所到位,形成了市、县、乡三级一体、上下左右联动的工作协调体制。在 3 个月的时间内,对大运河济宁段古运河道本体、水工设施以及沿线文物古迹遗存进行全面调查、勘探、拍照、测绘、收集整理,建立了完整的历史档案资料,清理出分水龙王庙建筑群古遗址 7000 多平方米、河道 6 万平方米,编制出《大运河遗产南旺枢纽保护规划》等 5 个保护方案和规划设计,对禹王殿等 5 个古建筑群进行了抢救性维修和油漆保护;投资 1700 多万元,委托央企建设公司建设了占地 5000 平方米的中国大运河科技馆,展现南旺枢纽工程的科技成就和大运河的自然风光、历史文化。

2. 坚持以人为本,将运河保护与民生建设相结合

大运河申遗成功不仅是一项关于文化遗产的保护工程,更成为惠及运河两岸民生、建设生态城市、美丽乡村、推动乡村旅游的惠民工程。济宁市把改善遗址区居民生产生活条件作为大遗址保护的出发点和落脚点。为推动大遗址保护,对占压南旺湖遗址、运河河堤和河道的南旺一、二村进行了整体搬迁,涉及群众 747 户、4000 多人,拆迁建筑面积 12.6 万平方米,腾空土地 590 亩,在搬迁过程中,坚持民生优先,做到了宣传发动到位、政策落实到位、资金补偿到位、建筑质量到位、回迁安置到位。济宁市还把环境综合整治作为大遗址保护的重要内容,把扩大居民公共文化空间作为大遗址保护的直接目标。对南旺分水龙王庙建筑群内的不协调建筑进行拆除,对分水口等遗产点环境进行综合整治;全力清除梁济公路沿线违章建筑和生活垃圾,在公路沿线植树 1 万株、绿化 16 万平方米,极大地改善了遗址保护区的生态环境和发展环境。依托大遗址保护,南旺枢纽考古遗址公园、大运河科技馆等公共文化设施的兴建,为居民提供了思想性、知识性、观赏性有机统一的公共文化服务平台,丰富了居民的精神文化生活。"活态"的运河文化重新焕发生机,柳琴戏、梆子戏、划旱船等传统文艺活动活跃于城市乡村,曲乡艺海的盛景重新显现,大运河真正成为水利工程与民众生活和谐相处的美丽公园。初步统计,通过大运河保护与申遗直接和间接受益的民众超过 40 万人。

3. 加强环境治理，大力保护运河生态

国家生态保护与建设示范区创建扎实推进。不间断开展大气治理集中攻坚行动，环境空气质量综合指数为 7.2，同比改善 10.8%，改善幅度居全省第 5 位；"蓝天白云、繁星闪烁"天数同比增加 65 天，增幅居全省第 1 位。完善"治用保"水污染防治体系，119 个治污项目全部完成，南四湖跻身全国 14 个水质良好湖泊行列。新增造林 110 万亩，森林覆盖率达到 30.8%，建成国家级生态乡镇 43 个。关停淘汰落后产能企业 371 家，万元 GDP 能耗下降 17%。

4. 深入挖掘文化内涵，大力弘扬运河文化

大运河济宁段堪称文化的廊道、活态的遗产、流动的历史，沿线地区文化旅游资源极为丰富。为深入挖掘运河文化底蕴，济宁市委市政府成立了大运河文化产业带开发建设指挥部，充分挖掘运河文化，并与儒家文化、水浒文化等进行有效融合，形成济宁文化特色段、水文化体验长廊，做到古为今用、经世致用，成为城区至微山湖旅游航线的"门户景点"，"全景济宁、全域旅游"的重要特色景点，确立起济宁"运河之都"的标杆地位。充分利用各种平面媒体，广泛深入地宣传大运河保护和申遗的重要意义和工作成效。成立大运河文化遗产保护小志愿者联盟，向大运河沿线和全国青少年发出做大运河保护的积极倡导者和坚定实践者的倡议，努力承担保护和传承大运河遗产的历史责任。开展运河文物和民间传说征集活动。群众踊跃参加，积极献物、献宝、献传说，共捐献文物 100 多件，提供民间传说 20 多万字。高规格举办"大运河流域曲艺学术交流展演及研讨"等各类文艺活动，提高济宁运河文化影响力。

（二）存在的问题和不足

济宁段运河两岸的文化遗产较为复杂多样，受自身文化遗产类型的限制，其保护和利用难度很大，面临诸多困难和挑战。归纳起来，主要体现在以下几个方面：

1. 遗产保护意识薄弱

大运河是一种特殊的文化遗产类型，运河的河道及周围的水利工程、古建筑都是极宝贵的文化遗产，这些遗产都凝结了古代劳动人民的聪明才智，文化价值很高。但由于大运河在现实社会中仍发挥着航运、灌溉、供水等实际作用，它作为文化遗产的价值经常被民众所忽略。济宁段运河遗产在保护过程中同样存在类似的问题。济宁当地民众对运河现状并不了

解，不清楚哪些是运河古道，哪些是运河遗迹，对大运河的文化价值也没有太多的认识。这样的现实情况不利于大运河遗产的保护，针对这种现状，济宁政府应加大运河遗产的宣传，增强民众对遗产的认同感，提高人们的保护意识，将保护意识转化到现实行动中。①

2. 管理体制相对滞后

由于大运河遗产自身的特殊性，其保护和管理涉及多个政府部门，主要包括文物、水利、交通、环保、建设、国土等部门。这些部门之间相互独立、各自为政，没有形成统一的管理机构，不利于保护工作的进行。当前，济宁市的文物部门对运河沿岸的古建筑等遗址进行了重点保护，但是在保护过程中也存在资金不足、保护积极性有所欠缺等问题。总体来看，运河遗产保护中出现的这些问题大多是由于管理体制不畅所造成的。大运河的遗产构成是一个动态系统化的体系，这就要求我们必须建立与之相适应的系统化管理模式，理顺管理体制。②

3. 旅游开发水平有待提高

一是缺少特色产品。运河主题景区的发育程度还比较低，缺少有规模、有知名度的大型景区和特色产品，品牌形象亟待提升，旅游市场亟待拓展。"运河之都"旅游目的地的发育水平还比较低，产品辐射带动力还比较弱，区域旅游产业要素综合发育不良，综合性的文化品牌目的地建设仍然是任重而道远。

二是旅游产品层次较低。相比运河沿岸其他省市，济宁运河文化旅游开发程度较低，主要以游览观光为主，缺乏对旅游要素的全面整合，综合收益不高。在时间安排上尚未突破"一日游"的模式，在产业链条上缺乏要素之间的相互串联，直接导致各地运河文化热而运河经济冷、学术界研究热而企业投资冷的状况。

三是产品体系不够完善。在产品层次上绝大部分是以观光产品为主，缺乏运河文化深度体验、运河文化系统休闲、运河游憩度假型的产品。现有的产品开发多以古镇、古城为主，历史时期文化资源的观光占有较大份

---

① 郭文娟：《京杭大运河济宁段文化遗产构成和保护研究》，硕士学位论文，山东大学，2014年，第65页。
② 郭文娟：《京杭大运河济宁段文化遗产构成和保护研究》，硕士学位论文，山东大学，2014年，第66页。

额，而具有时尚元素和互动功能的新兴旅游产品相对缺乏，深度文化体验的旅游产品尚不太多，旅游产品体系还不够完善。①

四是文旅融合程度较低。受经济发展水平和地理位置所限，济宁运河文化旅游与高端休闲游憩市场对接不够。从产品档次上看，还多是消费水平偏低的类型，从配套上来看，缺乏具有运河特色的住宿、餐饮、游乐和购物设施，无法延长游客的逗留时间，增加其餐饮、住宿、游乐和购物等方面的消费。从产业发展来看，与相关产业的关联性较差，文旅融合程度较低，对当地的旅游发展的促进作用还有待增强。②

三　济宁运河文化遗产保护和开发举措

（一）加大遗产保护宣传，营造良好社会环境

虽然济宁为运河文化名城，但当地民众对运河文化遗产并不太了解，对其历史价值和文化价值也没有清晰的认识，群众基础薄弱是运河遗产保护面临的一大困境。针对这种情形，政府部门应该加大遗产保护宣传力度，通过网络、电视等媒体宣传大运河的历史变迁、文物遗存、申遗现状等信息，增强当地人民对遗产的认可度，唤起民众的保护意识和保护热情。③ 要发挥学术研究机构的专业咨询作用，定期组织大运河遗产的历史文化展示及宣传活动，加强群众对济宁运河遗产历史、科学、文化等价值等的认知。在加大宣传力度的同时，建立群众性的大运河民间保护组织，积极开展保护志愿者的组织、指导与培训工作，对相关部门的行动或日常的遗产维护管理进行有效的监督与反馈，并构建相应的沟通渠道，使公众可以通过网络等形式对相关主管部门提出合理化建议。

（二）加大环境整治力度，保护运河生态环境

"运河环境与遗产本体之间是相互依存、相互见证的，一方面运河环境为遗产的存在和发展提供了自然地理条件；另一方面遗产本体又是周围环境关注的重点。良好的运河周边环境是开展遗产保护工作的重要前提和

---

① 陈晓霞：《新时代传统文化创新性发展研究》，中国国际广播出版社2018年版，第209页。
② 陈晓霞：《新时代传统文化创新性发展研究》，中国国际广播出版社2018年版，第209页。
③ 郭文娟：《京杭大运河济宁段文化遗产构成和保护研究》，硕士学位论文，山东大学，2014年，第68页。

基础。"① 近年来，济宁市政府相继开展了一系列运河水系整治工作，运河水质和周边环境得到一定程度地改善，但是在工业发展的大背景下，运河的生存状态仍不理想。为了保持运河遗产的真实性和完整性，必须加大对运河环境的治理。政府及相关部门要加大对污染源的治理力度，严格控制污水排放，严禁在运河水系及两岸倾倒固体废弃物，加大运河沿岸的绿化建设。在改善运河水体环境的同时，还要加强对运河沿线景观的规划和整治。"要从实际出发，将运河环境整治工程和遗产保护工作结合起来，营造和谐的运河文化景观，实现城市建设和遗产保护的共赢。"②

（三）加大保护力度，健全管理机制

济宁市应建立由市政府牵头，各相关管理部门主管领导参与的大运河遗产保护办公室。统筹协调涉及大运河遗产保护的文物、水利、航运、交通、城规、国土、环境等相关部门，以《大运河遗产山东济宁段保护规划》为依据，确立基于运河遗产保护为主体的各部门相关管理权限调整与实施策略，并适当调整相关的部门规划。各部门的建设活动不得违反大运河遗产保护带的保护管理要求。要建立以文物部门为主体的合作管理机制，对遗产保护工作进行统一部署和安排。重点保护区内建设项目申报立项必须得到济宁市水利或航运等相关主管部门与济宁市文物主管部门批准与备案。

（四）更新观念，实现遗产保护与旅游开发双赢

运河文化遗产的保护与旅游开发并不矛盾，"唯开发论"和"唯保护论"的观点都不可取。在对济宁运河文化遗产进行旅游开发时，要秉承"保护为主、抢救第一、合理利用、加强管理"的原则，重视对文化遗存的原貌修缮、对水污染的治理、对自然和文化生态的整体修复、对非物质文化遗产的动态传承，运用现代科技手段创造性的展示遗产，开发高品质的运河文化旅游产品，实现济宁运河文化遗产保护与发展的"双赢"，实现生态效益、社会效益和经济效益的平衡。③

---

① 郭文娟：《京杭大运河济宁段文化遗产构成和保护研究》，硕士学位论文，山东大学，2014年，第67页。
② 郭文娟：《京杭大运河济宁段文化遗产构成和保护研究》，硕士学位论文，山东大学，2014年，第67页。
③ 吕明笛、姜春宇、李雪婷、杨明慧：《京杭运河济宁段历史文化遗产的旅游开发策略探讨》，《全国流通经济》2019年第18期。

要坚持全面科学规划，统筹安排，从大旅游角度入手，全面调查，科学研究分析，充分论证，全面权衡各种利弊关系和轻重缓急的因素，打破目前行政分割、条块分割、各自为政的局面，理顺农业、工业、运输、水利、城乡建设、文化、文物等部门关系，统一使用资金、人力、物力，使之优势互补、相辅相成，形成旅游业名城的整体优势。①

（五）加强区域合作，丰富旅游产品体系

"运河旅游带是区域性线型产品，沿线各县市区、各景点要进一步加强沟通，密切配合，在旅游产品规划设计、景点开发建设、客源市场开拓等各方面协同合作，齐心协力提升济宁运河旅游的核心竞争力。"② 当前济宁运河旅游产品形式较为单一，应考虑国内外旅游市场需求、遗产旅游消费特点，依托济宁运河丰富的历史文化遗产资源，进行旅游产品的全面开发，丰富和完善包括观光游览、文化体验、休闲度假、研学教育等类型在内的济宁运河文化旅游产品体系。把运河旅游开发与沿线城市规划与建设、南水北调工程的实施、沿途生态环境综合整治、社会主义新农村建设结合起来，局部利益服从整体利益，从全市经济、文化、社会、生态建设的大格局出发，高起点、大手笔、科学合理地开发运河文化旅游产品，全力打造"运河之都"旅游文化品牌。③

（六）深挖内涵，推动文旅融合发展

济宁是省级文化名城，依托大运河，才有了济宁经济、社会、文化的兴盛，济宁旅游应以水为依托，打出古运河这个招牌，在水上做文章。各县市区、城建、环保等部门在城市规划和环境保护上要十分重视运河文化的保护、开发，通力合作。重点开发市区老运河河道，把环境整治和开发旅游结合起来，把"水"这篇文章做大、做活。要搞好策划，开发的项目要丰富多彩，动静结合，以适应不同年龄、不同文化层次、不同兴趣爱好游客的需求。要以运河文化特色为目标，全力打造吃、住、行、游、购、娱六大要素，把"游在运河中、住在船屋里、行在风景中、吃遍大运河、

---

① 冯刚：《唱响运河之都加快运河旅游发展》，孙宝明、程相林主编：《中国运河之都运河文化高层论坛论文集》，山东人民出版社 2007 年版，第 180 页。
② 冯刚：《唱响运河之都加快运河旅游发展》，载孙宝明、程相林主编《中国运河之都运河文化高层论坛论文集》，山东人民出版社 2007 年版，第 179 页。
③ 陈晓霞：《新时代传统文化创新性发展研究》，中国国际广播出版社 2018 年版，第 210 页。

玩转南北中、买尽天下物"作为运河文化旅游的开发理念。①

要深入挖掘运河文化,讲好运河故事。一是以推进项目建设为关键点,推动运河文化深入挖掘,策划一批体现济宁特点的标志性项目。二是以开展调研考察为突破点,推动运河文化深入挖掘。三是以组织专家座谈为切入点,推动运河文化深入挖掘。四是举办一批运河区域曲艺学术交流展演及研讨、特色文艺节目展演、知识竞赛、运河文物和民间传说征集等活动,促进大运河区域文化交流。五是加强对以运河为研究对象的协会和组织的指导力度,支持其深入研讨运河文化、推进运河保护开发、普及和宣传运河文化、开展运河文化节庆活动、推进对外交往交流等。

大运河成功申遗后,济宁已经拥有了包括"三孔"在内的两处世界文化遗产。这不仅为世界认识中国、了解济宁提供了一个重要平台,也为发掘运河文化,重组旅游空间,打造世界级的运河旅游产品带来了重要机遇。开发建设运河文化带,利用好丰厚的济宁运河文化资源,对于弘扬优秀传统文化、展示"中国运河之都"的良好形象、确立国内外著名的儒家文化、水浒文化与运河文化相互交融的历史名城的地位、促进济宁经济和社会发展,都具有十分重要的现实意义和深远的历史意义。济宁市应充分挖掘济宁作为运河之都的文化价值,在做好遗产保护工作的同时,大力发展运河文化旅游,将京杭大运河打造成继"三孔"之后另一个重要旅游品牌,真正将其打造成为遗产保护和文旅融合先行示范区。

第五节　枣庄运河文化遗产的保护与开发

枣庄段运河主要包括洳运河枣庄段和伊家河,全长 93.9 公里,流经台儿庄区、峄城区、薛城区、滕州市 4 个区(市)、14 个乡镇。上连微山湖,下接骆马湖,与周边支流共同形成了一个巨大的水系,是江苏以北从未断航过的河段,是南下北上的枢纽,是京沪大通道进入京杭大运河主航道的主要接口。辖区航道里程 108.4 公里,43 公里主航道为国家三级航道

---

① 陈晓霞:《新时代传统文化创新性发展研究》,中国国际广播出版社 2018 年版,第 211 页。

标准，建有台儿庄一线、二线和万年闸三座国家二级船闸，被交通部命名为"全国文明样板航道"，是名副其实的"黄金水道"。枣庄段运河在明清时期是漕运的主要通道，现在则是"北煤南运、北材（建材）南运"的重要渠道。本节在对枣庄运河文化遗产进行梳理和概况的基础上，通过对其现状和问题的分析，提出解决对策和建议，以求为相关部门决策提供参考与借鉴。

一 枣庄运河文化遗产概况

（一）枣庄运河文化遗产的构成

大运河枣庄段文物古迹众多，遍及运河两岸，尤其是台儿庄古城内的3公里运河古道，是目前全国保存最为完好的古运河河段之一，被称为"活着的运河"。枣庄运河文化遗产主要由运河水利工程遗产、运河聚落遗产、运河相关遗存和运河非物质文化遗产四部分组成。

1. 大运河水利工程遗产

大运河水利工程遗产包括河道和水利工程设施两部分。大运河遗产山东枣庄段包含迦运河枣庄段、伊家河两段河道，全长70.7公里。其中迦运河枣庄段开凿于明万历二十一年（1593），包括迦运河、月河、韩庄运河台儿庄段，流经台儿庄、峄城等区镇。伊家河始建于乾隆二十二年（1757），西起微山湖东岸新河头村的湖口，东至山东、江苏交界处的黄林庄。大运河遗产山东枣庄段沿线现存闸、码头等各类水利工程设施共计14处，包括顿庄闸、台庄闸、台儿庄闸、郁家码头、王公桥码头、骆家码头、谢家码头、霍家码头、王家码头（小南门码头）、南清真寺码头、四十万码头、高家码头（阎家码头）、双巷码头、典当后码头。

2. 运河聚落遗产

运河聚落遗产主要分布在台儿庄古城区。台儿庄古城区因大运河而生，保留了较多运河相关历史文化遗存，其中代表性建筑有台儿庄中和堂药店和台儿庄仁寿堂药店两处。台儿庄中和堂药店位于枣庄市台儿庄区繁荣街南、丁字街两侧，沿岸顺河而建，整体布局灵巧合理，错落有致。台儿庄仁寿堂药店位于枣庄市台儿庄区繁荣街南、丁字街东侧，店面邻街庭院朝河，其建筑风格集南北风格于一体，体现了北方建筑风格的沉稳和南方建筑风格的灵巧。

3. 运河相关遗存

运河相关遗存主要为"黄林庄石碑",位于台儿庄区邳庄镇黄林庄村东南、运河北岸,主要包括明崇祯碑、清咸丰碑等。其中"明崇祯碑"刻于明崇祯十二年(1639),2003年由枣庄市航运管理局运至运河展览馆存放。碑主体高2.68米,宽1.18米,厚0.37米,重约5吨,碑帽上面雕刻着二龙戏珠图案。碑体两侧各有一突起的小石柱,似为石碑的护楹扣节。从碑文拓片辨识、研究后确认,这是明代崇祯年间钦差督漕御马监太监杨疏名写给崇祯皇帝的奏章以及皇帝批红,兵部议办、各司职官员执行的抄出文本。立碑的主要目的是震慑运河沿线活动频繁的所谓"土寇水贼",以期扭转漕运治安混乱的局面。"清咸丰石碑"已被回填于地下。

4. 运河非物质文化遗产

京杭大运河作为活态的、线性的文化遗产廊道,不仅在枣庄境内留下了异常丰富的物质文化遗产,也留下了内涵深厚、外延广泛的非物质文化遗产。枣庄国家级非物质文化遗产有两项,分别为柳琴戏(戏曲)和鲁班传说(民间文学)。山东省级非物质文化遗产共有31项,包括女娲传说、奚仲造车传说、皮影戏、鼓儿词、山东琴书、伏里土陶、藤县松枝鸟、枣庄民间缝绣技艺、滕州张汪竹木玩具制作技艺、枣庄运河船工号子、薛城唢呐、鲁南花鼓、四蟹抢船、独杆轿、大洪拳、石榴盆景栽培技艺、齐村砂陶烧制技艺、人灯舞、骨牌灯舞等。

(二)特点和价值

枣庄运河文化遗产资源丰富,特色鲜明,归纳起来,其特点和价值主要体现在以下几个方面:

1. 历史底蕴丰厚

我国南方的吴越文化、徽派文化和北方的燕赵文化、三秦文化在此碰撞,山东的儒家文化、齐鲁文化基因得到传承,枣庄本土的墨子文化、鲁班文化、奚仲文化、工业文化、红色文化深植运河水脉。大运河流域有北辛遗址、薛国故城城址、前掌大遗址、郁郎古国遗址、偪阳故城遗址等,有开凿运河时修建的被水石堤,明清时期用于装卸货物的"水门",大清国皇帝御碑,中兴煤矿煤炭外运时修建的台儿庄火车站,台儿庄大战留下的53处弹孔墙,铁道游击队抗击日寇战场遗址等。还有柳琴戏、鲁班传说等非物质文化遗产。目前运河沿线拥有世界文化遗产1处(中河台儿庄段)、国家级重点文物保护单位9处(薛城遗址、北辛遗址、中陈郝窑址、偪阳故城、台儿庄大战旧址、京杭运河台儿庄段、前掌大遗址、龙泉塔、建新遗址)、省级以上文保单位117处;国家级非物质文化遗产项目2项(柳琴戏、鲁班传说),省级非遗项目31项。

2. 运河明珠璀璨

中运河台儿庄段沿微山湖东岸的韩庄向东45公里连接黄河(现为故道),开凿于明万历三十二年(1604),史称"䢴河新道"。运河的通航与繁荣,造就了运河明珠——台儿庄,清乾隆、嘉庆年间,呈现出"商贾迤逦,入夜,一河渔火,歌声十里,夜不罢市"的繁荣景象,被乾隆皇帝御赐为"天下第一庄"。如今,重建之后的台儿庄古城,占地面积1018亩,建筑面积41万平方米,先后被相关部门批准为国家5A级旅游景区、国内首个海峡两岸交流基地、首个国家文化遗产公园、首个国家非物质文化遗产博览园。2017年除夕,台儿庄古城曾一天内五次亮相中央电视台直播节目中。

3. 生态环境良好

运河枣庄段上连微山湖,下接骆马湖,与周边支流共同形成了一个巨大的水系。2014年,代表山东省迎接国家淮河核查,取得了国家九大流域和淮河流域"双第一"。2016年,韩庄运河等全市8条省控河流断面水质稳定达到Ⅲ类标准。各类水生植物、动物平均恢复度达到了70%,达到20世纪60年代枣庄河流生态最好时期的水平。

4. 旅游资源丰富

运河枣庄段两端分别是国家5A级旅游景区台儿庄古城和争创国家5A级景区的微山湖红荷湿地旅游区,运河穿过日出斗金的微山湖,沿线有享誉华夏的冠世榴园、秀色可餐的台儿庄运河湿地、妇孺皆知的铁道游击队纪念园,还有峄城古邵港航物流小镇、台儿庄区邳庄七彩小镇,以及孝三村、小李庄村等美丽乡村。

二 枣庄运河文化遗产保护与开发现状

(一)保护和开发情况

中国大运河成功申遗,为枣庄运河文化遗产的保护、传承和利用提供了重要机遇。近年来,枣庄市以台儿庄古城开发为龙头,在科学保护传承大运河遗产的同时,采取多项措施推进大运河生态文化经济带枣庄示范区项目，取得明显成效，主要体现在以下几个方面：

1. 在规划引导方面，近年来，枣庄市政府高度重视运河申遗工作，先后参加了京杭大运河杭州会议、北京会议、济宁会议和扬州会议，及时掌握最新的申遗动态和国家方针政策，将运河保护申遗工作写入政府工作报告，在政府层面上采取科学谋划，精心实施积极有序地开展工作。加大了运河沿线文化遗产保护力度，改善运河沿线交通和生态环境，对运河古城进行建设，科学规划，编制《大运河遗产山东枣庄段保护规划（2010—2030年）》《曲阜片区——枣庄区域文物保护总体规划》等，成为山东省最早公布实施的运河遗产保护地级市规划。

2. 在文物保护方面，实施了"文物保护项目带动战略"，启动了台儿庄大战旧址清真北寺修缮、北辛遗址保护展示、薛国故城二期城墙加固工程等文物保护项目维修工作，相继落成汉画像石馆、滕州博物馆新馆、中华车祖苑等文化遗产保护项目；推进历史文化展示工程，先后建成大运河非物质文化遗产博览园、台儿庄非物质文化遗产博览园、第二届中国非物质文化遗产博览会主展馆，推动了非物质文化遗产的活体呈现、动态传承。

3. 在生态治理方面，以实现"点源全达标、城区管网全覆盖、中水全回用、污泥全处置、生态全修复、风险全防控"为目标，通过加强水源地保护，关闭拆除饮用水源保护区内畜禽养殖场，新建提升绿色生态廊道，努力保障运河清水源头，山亭、台儿庄先后被纳入国家重点生态功能区。

4. 在非遗保护方面，依照《大运河遗产山东枣庄段保护规划（2010—2030年）》，积极做好县及县以下历史文化展示工作，枣庄市13处展馆入选山东省首批县及县以下历史文化展示"十百千"示范点。推荐枣庄市书源笔业有限公司、山亭区伏羲土陶艺术展销中心等5家单位申报了第三批山东省非物质文化遗产生产性保护基地，组织峄县唢呐传承人颜成军、运河梁氏石刻脸谱制作技艺传承人梁化中等15位项目传承人申报了第五批省级非物质文化遗产名录项目代表性传承人。

（二）存在的问题和不足

近年来，枣庄市围绕运河文化遗产的保护和传承做了大量工作，取得了显著成效，但仍存在一些问题和不足，有待进一步加以改正和完善。归纳起来，主要体现在以下几个方面：

1. 保护意识有待增强

目前，虽然各级政府和文物行政部门对保护运河文化遗产法律法规进行了广泛的宣传，但从总体上讲，社会民众对运河文化遗产进行保护的法律意识还很淡薄，全社会对运河文化遗产价值的认知程度还不够深入，缺乏运河保护的热情与积极性。在全国沿运城市大做运河文章、运河文化资源开发如火如荼的新形势下，个别地方及部门对运河文化保护与开发认识不足，存在"重开发、轻保护"的误区，盲目投入、重复建设、拆旧建新等现象较为突出。对运河文化遗产的保护更多地还停留在理论层面上，急需转变观念，提高认识，并采取强有力的措施扎实推进。

2. 管理和协调机制有待健全

目前，运河管理涉及单位较多，其各自的工作职责和具体业务不同程度的有所交叉和制衡，运河的保护与开发形成条块分割、多头管理、资源分散的局面，尚未形成地域间、部门间齐心协力共同推进大运河保护传承利用工作的良好机制。枣庄段运河的保护与开发工作涉及面广、工作量大，需要有关部门的高度重视，需要广大群众的热情参与。应当建立相应的组织机构和工作机制，增强有关各方保护与开发运河的主动性，密切配合，协调推进，积极解决存在的困难和问题，加快形成良好的运行体系，加大运河保护与开发力度，促进经济社会可持续发展。

3. 保护力度有待加强

近年来，枣庄市相关部门在保护与开发运河上做了大量卓有成效的工作，但运河保护与开发的力度不大、总量偏小，产业化发展水平不高，传承利用质量较差。运河遗产遗迹碎片化现象突出，保护难度较大，保护措施不集中、支持不到位等问题比较突出。

4. 旅游开发水平有待提升

近年来，枣庄市围绕运河文化旅游开发做了大量工作，取得了显著成效，但仍存在一些问题和不足，主要表现为：旅游资源分布零散，缺乏一以贯之的景观走廊；因缺乏旅游合作和统一规划，难以形成一体化、规模化和系列化的旅游产品；旅游形象定位模糊，独具特色的高级别景点由于缺乏包装而"养在深闺无人识"；旅游产品仅限于观赏游览的基本层次，高层次和深度层次的旅游产品较少等。①

---

① 吴元芳：《基于遗产廊道模式的运河旅游开发研究——以山东省枣庄市为例》，《枣庄学院学报》2008 年第 1 期。

三 枣庄运河文化遗产保护与开发举措

（一）加大宣传力度，增强保护意识

提到枣庄，人们第一时间想到的是微山湖湿地、"台儿庄大战"或"铁道游击队"，外地游客对枣庄的运河文化普遍缺乏了解。即使是当地的民众，由于宣传力度不够，对运河文化的认知也较为肤浅，对其遗产价值认识不够深入，缺乏保护和传承运河文化遗产的兴趣和热情。要通过积极的宣传和开展多种形式的活动，组织当地群众自发地参与到对大运河遗产的保护活动中，使公众在亲身参与中提高认识，进而加深热爱家乡的意识。通过设立说明牌、建立标志系统等手段使游人全面地认识、了解大运河枣庄段遗产的价值，增强各界文物保护意识。

（二）加强统筹协作，健全保护机制

建立健全运河环境和遗产管理机制，协调各部门和各地区间的合作是促进大运河科学保护和合理利用的重要保障。[1] 成立由水利、交通、文物和规划、建设部门共同参与的枣庄市大运河遗产管理办公室，作为大运河遗产各类遗存在管理、保护和利用等方面的协调机构。各部门根据自身管理工作的责权，按照遗存的归属行使日常的管理。在需要各方磋商的情况下，由大运河管理办公室进行协调。根据枣庄开展大运河遗产保护与管理的工作特点，编制和自身工作相适应的大运河遗产管理条例，建立运河环境生态的监控和评估体系，完善有关岗位职责、游客接待、巡逻保卫、消防安全、应急预案和环境保护等规章制度。

要认真贯彻"保护为主，抢救第一，合理利用，加强管理"的文物保护方针，保证枣庄段运河遗产本体的完整性、真实性。以保护大运河遗产为核心，同时注重景观环境的保护，真实全面地保存并延续遗产的历史信息及全部价值。加强对台儿庄闸、现存台儿庄古运码头的日常保养维护，按照考古规划要求对顿庄闸、台庄闸、码头遗址进行整治，树立保护碑、边界标识、位置标识，建立遗产现场管理用房、安全防范技术系统、监测系统。重点实施台儿庄古城、古运河组团式保护工程，加强滕州书院街历史文化街区保护工作，全面提升遗址遗迹保护展示水平。要以运河成功申

---

[1] 王清秀：《浅析京杭大运河的保护与利用》，《文化产业》2018年第1期。

遗为契机，充分发挥大运河的文化遗产资源优势和区域特色，切实做到人与自然和谐、保护与利用统一，并在这种和谐与统一中使古代遗存和现代文明交相辉映，实现遗产保护与经济社会的协调发展。

（三）保护生态环境，建设枣庄沿运生态廊道

生态环境保护是人与自然和谐发展、建设和谐社会的客观要求，是沿运地区坚持科学发展观、走新型工业化道路的必然选择。要牢固树立"绿水青山就是金山银山"的理念，实施国土绿化行动，建立环境质量底线、生态保护红线、资源利用上线和全流域协同的"三线一协同"机制，加强生态空间管控，补齐生态环境短板。相关部门要从水环境保护、大气环境保护、固体废物治理和利用以及生态环境建设等方面加强运河及其周边地区的生态环境保护与建设。重点实施南四湖湖东支流治理、山亭区十字河中支河道治理、山亭区十字河南支（凫城段）河道治理等项目，保护和改善水环境。要加强台儿庄运河、滕州微山湖等湿地建设，实施沿运河绿化工程，真正把枣庄段运河打造成为名副其实的生态休闲走廊。

（四）依托台儿庄古城，建设大运河文化经典示范带

台儿庄古城因运河而兴旺、因抗战而扬名、因重建而辉煌，在文化建设、生态保护、旅游开发、产业发展等方面积累了成功的经验。目前台儿庄古城已成为枣庄旅游的名片，成为全国首个海峡两岸交流基地、首个国家文化遗产公园、国家级文化产业试验园、国家版权贸易基地、5A级旅游景区。台儿庄古城至滕州滨湖红荷湿地近百公里河段不仅文化遗存较多、文化内涵深厚、生态环境较好、旅游资源丰富、发展基础良好、两端龙头带动作用较强，而且特色优势明显。枣庄运河与微山湖相连，水资源极为丰富，是江苏以北从未断航过的河段，运河台儿庄段也是唯一一段东西走向的航道。可以说，台儿庄古城至滕州滨湖红荷湿地段运河是整个京杭大运河的浓缩、精华和代表。由此一段可以领略京杭大运河的全貌，能够体验京杭大运河的魅力。应该高点定位、长远规划，大力提升此段运河文化旅游、港航物流、城市配套、临港产业等功能，将其打造为大运河文化建设经典示范带，使之成为一条文化展示长廊，风光优美旅游带，水资源和生态环境的战略保护区与休闲生活的示范区。

（五）打造特色旅游，发展运河文化产业

旅游形象是旅游地发展的品牌，是旅游吸引的第一要素。运河沿岸各

第六章　运河文化遗产保护与开发的个案研究

省市都很重视运河文化的保护开发,枣庄市运河开发要想在激烈的竞争中脱颖而出,须立足枣庄市实际,彰显枣庄特色,形成文化旅游新优势。枣庄市要在深入挖掘运河文化内涵、完善旅游配套设施的同时,努力推进台儿庄古城、滕州微山湖湿地、冠世榴园等精品景区实施改造提升,完善配套设施建设。围绕铁道游击队,打造红色旅游发展区。依托微山湖、庄里水库、台儿庄古城优越的山水生态景观,打造水上特色旅游项目。要重点实施滕州微山湖古镇、台儿庄区马兰屯祥和鲜花童话小镇、台儿庄区邳庄七彩小镇等沿运特色小镇建设,大力推进葫芦套旅游特色村、孝三村、小李庄村等美丽乡村建设,着力培育"运河人家""湿地渔家"等品牌。通过举办中国滕州微山湖湿地红荷节、中国春节旅游产品博览会、中国奚仲文化研讨会、墨子文化节、鲁班文化节等特色节会活动,打造一批知名运河文化节会品牌。要通过认真筛选,精心设计,最大限度地体现旅游资源的特色和优势。要以运河成功申报世界文化遗产为契机,进一步加强非物质文化遗产的挖掘、整理、保护、利用的研究。要高度重视区域的联合,系统推进枣庄新城科教文化示范区、台儿庄国家级文化产业园、薛城铁道游击队文化产业园、薛城天穹影视基地、薛城奚仲车业文化产业园等项目建设,促进运河文化产业又好又快发展。

京杭运河对枣庄地域文化影响巨大。枣庄因运河而兴,在漫长的历史发展中积淀了运河城市的独特形象。要把握运河成功申遗这一重大历史机遇,充分利用好枣庄运河文化资源丰富、文物古迹众多的特点,充分体现历史文化底蕴、自然风貌特色,提升城市的文化品位。要充分挖掘枣庄境内的运河文化资源,将运河文化与墨子文化、鲁班文化、儒家文化、红色文化相结合,提炼运河文化"诚信、仁义、包容"品质,形成自己独特的城市文化风格和城市经济模式。加大宣传力度,保护运河生态环境,依托运河文化资源,打造特色旅游品牌,发展运河文化产业,把枣庄段运河建设成为运河文化的特色高地和代表枣庄的文化名片。

第七章

运河非遗保护和传承的个案研究

大运河不仅是古代中国连接南北方的水路大动脉，更是一条流动的文化之河。运河在孕育了丰富灿烂的物质文化遗产的同时，也孕育了大量非物质文化遗产。这些非物质文化遗产是运河两岸劳动人民勤劳和智慧的结晶，是具有重要价值的珍贵文化资源。本章选取山东运河区域六种较有代表性的非物质文化遗产作为研究个案，在分析其发展概况及传承现状的同时，重在探讨山东运河非物质文化遗产的保护和传承的具体策略和措施，以求为当前非遗保护和传承提供借鉴和启示。

第一节 民间文学的保护与传承：
以武城四女寺传说为例

武城县滕庄镇四女寺村是一个历史名镇，其"四女"之名，源于一个美丽、动人而又千古不衰的民间传说。该传说讲述的是汉代傅氏四女为侍奉双亲，终身不嫁，最后得道成仙、举家超升的感人故事。"四女孝亲"的传说在民间千百年广为流传，至今已有1700多年的历史。四女寺传说是历代劳动人民社会生活的产物，体现了古代人民追求家庭和睦和幸福生活的美好愿望，具有丰富的文化内涵和重要的文学价值，对于弘扬中华民族"和睦事亲"的传统美德，构建社会主义和谐社会亦具有深远的现实意义。2006年，四女寺传说被列入德州市第一批非物质文化遗产名录。

一 武城四女寺传说概述

四女寺传说的诞生地四女寺，位于武城县、德城区与河北省故城县两

第七章　运河非遗保护和传承的个案研究

省三县（区）交界处的大运河南岸，因地处水陆交通要冲，明清时期在此设有漕运、盐铁、税收以及商会、山西会馆等多个官方、民间的管理机构，以运河重镇而享有盛名。这里常年商贾云集，繁华非常，尤其一年两度的四女寺庙会，船舶辐辏、车水马龙、人山人海。清代曾多年在此设立左衙，即恩县第二衙门，故有"恩县二衙"和"恩县的衙门在寺上"之说。因此，四女寺古建如林、鳞次栉比，除"四女祠"外，尚有石佛寺、清真寺、玉皇庙、娘娘庙、城隍庙、关帝庙、药王庙、山西会馆等十余座院落，而最著名的自然景观"槐荫清风"（又名"四女遗槐"），曾被列为恩县"八景"之一，四女寺的传说也随之声名远扬。其流传渠道既有历代民间口头传播，也有多种形式的文字记载。

图 7-1　武城四女祠（作者拍摄）

明嘉靖时，河南参政左杰所作的《槐荫清风》一诗，其中就有"庭留四女槐"之语。① 明末清初史学家谈迁在其《北游录·纪程》亦载四女祠："山东恩县西北五十里……其祠古安乐镇，汉历亭傅氏，家富亡子，四女不嫁，矢志终养，植槐表誓，有龙爪之瑞，因拔宅飞升仙去。今女像裹帻羽服，补槐四，以续其旧。"②

清顺治年间，恩县知县张光祖在其所撰《四女传》中对"四女寺"地

---

① 孟昭贵主编：《齐鲁八景诗大观》，山东省地图出版社 2007 年版，第 462 页。
② （清）谈迁撰，汪北平点校：《北游录·纪程》，中华书局 1960 年标点本，第 38 页。

名的由来做了详细论述:"四女不知何时人,其姓氏无考,但俗沿传,汉历亭旧地有傅公长者,乐善好施,夫妇年尽五旬,止生四女,俱殊姿色,且奇颖异敏过于男子。……及长,邑之子弟有以媒妁向之者,公以告妇,妇转以告四女,令从夭桃之宜,勿致标梅之感。四女皆不许,遂卸女子妆,衣冠一如男人,取古今典籍而读之,无不博极理奥,友于若兄弟,质疑又若朋友,绝口不道夫妇事。其父母亦视之如父子,不复强;其邻里亦知之志坚,亦不复求。菽水殷勤,益二十年如一日矣。四槐郁葱成荫,枝节畅茂,居人咸以为贞、静、诚之应。乃四女又移庭阶而建梵宫,朝夕焚修,以祝父母寿,且日夜诵藏经,卷不释手。厥后,有异人入其门,亦不知何所为,越旬日,举家超升而去。"①

黄始,字静御,江苏吴县人,其纪实随笔《山东四女祠记》叙所见明成化碑,亦载四女孝亲事:"丙辰(康熙十五年,1676)十月,出都门,畏陆行之劳悴也,舍而之舟。舟行六七日,将至黄河崖,过一村,风急不得行,遂泊舟。人曰:'此四女镇也。'初未详四女何以名。泊少间,风息,卧舟中闷甚,起行崖岸间。一望荒沙,市人皆闭户,无憩立所。迄市尾一古祠,若无人焉者。入门,阒如也。庭一碑,藤薛网布,碑前古树,半无枝叶,秃而龙身。右转得一径,进则老屋三楹而已。中坐像二:一老翁,庞眉而古衣冠;一老媪,白发高髻,咸非近世饰。独两旁侍坐者四人,虽儒衣儒冠,而修眉皓齿,皎若好女子,心颇疑之,无从询其说。乃扪藤剥薛,拭其文读之,盖明成化年碑也。碑载汉景帝时,地有傅姓长者,好善,年五十,无子,生四女皆明慧知礼。寿日觞父,父曰:'吾五十无子,奚寿为?'四女愀然曰:'父期于子者,为终养计也。儿即女,亦可代子职,养父母,父母其勿忧。'明日,俱改男子装。四女共矢不嫁,以侍其亲。……庭前古柏树,叶生龙爪,树身生鳞,金色灿然,乡里咸骇异,以为孝感所致,如是者三十年。一日,天神鼓乐降于庭,树化为龙,载翁媪及四女上升而去。里人感之,遂为建祠,今所树趾遗迹也。呜呼!自汉景帝迄今,不知千几百年。及遍考东国舆图纪载,都无所谓四女祠者。而孝感之报,徒得之于荒烟蔓草中。乃知古人轶事,其湮没不传者概

---

① (清)汪鸿孙修,刘儒臣纂:宣统《重修恩县志》卷9《艺文志》,清宣统元年刊本,第392页。

不乏云。"①

由以上几则史料的记载,我们可以从中得知"四女孝亲"传说的全貌:西汉景帝时期,在安乐镇(今四女寺),有一户傅姓人家,傅氏夫妇为人和善,且经常救济周围的穷苦乡邻,因此,他们颇受百姓们的称赞。傅氏夫妇年届五十岁,膝下只生有四个女儿,四女不但长得姿色出众,而且个个聪慧过人。有一年,她们在为双亲做寿时,发现父亲并无喜悦之容,于是便问父亲为何不悦,父亲长叹道:"为父只有你们姊妹四个,惜无男儿,如今你们已到出嫁的年龄,日后无人为我们养老送终,我怎能不忧。"四姊妹听后恍然大悟,于是便商定,"没有兄弟,我们为父母养老不也一样吗?"从此,四姊妹就改着男装,矢志不嫁,以共祝二老长寿。同时她们为表心愿,还各自种下一棵槐树,并对天盟誓:"槐枯则嫁,槐茂则留。"后来为争养双亲,四姊妹各在暗中用开水浇她人之槐,以期将她人的槐树烫死,免得贻误其他姊妹的青春。没想到,用热水浇槐树,槐树却越长越繁茂。结果,四姊妹只好共同事亲,从早到晚读书诵经,卷不释手,祈祝父母长寿,遂修道成仙,举家超升。人虽然已去,但傅家宅院还在,四棵槐树依然亭亭玉立,于是世人遂改"安乐镇"为"四女树镇",后人为纪念四女,使其美德世代相传,便为其建祠塑像、树碑立传,又将"四女树"更名为"四女寺",一直沿传至今。②据该村老人们讲,在原四女祠附近有一个水湾,湾名就叫"傅家湾",在村东河流拐弯处,人们称之为"傅家嘴子"。由此可见,四女寺传说对当地百姓的影响之大。③

二 四女寺传说的传承现状

四女寺传说的主要价值在于四女寺的传说这一口头文学,源于民间,植根于民间。由于其本身具有典型、生动、感人等特点,反映了劳动人民对家庭和睦、老有所养的憧憬和愿望,因而具有强大的感召力和生命力,曾打动一代又一代的当地老百姓,乃至千百年流传不衰。传说在当地民间产生了巨大的影响,四女的德行已深入人心,成为百姓争相仿效的典范。

---

① (清)张潮辑,王根林校点:《虞初新志》卷5,上海古籍出版社2012年点校本,第61—62页。
② 张从军主编:《山东运河》,山东美术出版社2013年版,第85页。
③ 德州市文化广电新闻出版局编:《德州市非物质文化遗产集粹》,内部资料,2010年,第197页。

四女"和睦事亲"的传说,体现了古代人民善良、质朴以及对家庭幸福生活的美好愿望,是我国文化传统的精华,也是中华民族强大凝聚力和亲和力的具体体现。尤其在当今,对于实现家家团结和睦、人人尊老养老,构建社会主义和谐社会,仍然具有深远的现实意义。①

四女寺的传说,在民间流传已有千余年的历史。然而随着运河漕运的废止,夕日四女寺码头繁华景象已不复存在,流传区域也逐渐缩小。据相关资料记载,原四女祠内的碑刻为明代,但四女祠建于何时已无从考证。遗憾的是1957年运河拓宽时四女祠被拆,除仅存四女塑像照片及碑刻碑文外,其他祠内文物皆失。虽然四女寺村地名源于该传说故事,但如今生活中,人们的工作和生活都非常紧张,相互之间闲谈的机会和次数减少,导致这一民间口头文学生存的土壤越来越少。如今电视、网络等媒体令人们目不暇接,人们的业余文化生活资源丰富多彩,从而导致民间传说等文学形式日渐淡出人们的视线。四女寺的传说流传于民间,虽有文字的相关记载,但均属于资料性质的书籍,出版量极少,故如不加以挖掘整理,进行广泛的宣传和弘扬,将面临消退或不能发挥其应有的价值。因此,四女寺的美丽传说目前面临着较为严峻的濒危状况。②

为了保护四女寺的传说故事,武城县委、县政府制订了十年保护计划,并负责组织实施,由文化局、文化艺术中心负责管理、督导。努力加大力度宣传四女寺传说的内容,让其故事感召更多的人,并纳入旅游文本。继续挖掘四女寺的相关传说,进行整理、存档。鼓励文学创作者以该传说为素材,创作、出版不同形式的作品。努力使四女寺的传说流传下去,让世世代代的人们了解四女侍亲的美丽故事。③

三 四女寺传说的保护与传承策略

在当代非遗保护的语境下,民间传说要想获得大的发展,需要立足自身的发展现状和特点,扬长避短,利用有利因素,克服自身缺陷和局限。

---

① 德州市文化广电新闻出版局编:《德州市非物质文化遗产集粹》,内部资料,2010年,第197页。
② 德州市文化广电新闻出版局编:《德州市非物质文化遗产集粹》,内部资料,2010年,第197页。
③ 德州市文化广电新闻出版局编:《德州市非物质文化遗产集粹》,内部资料,2010年,第197页。

第七章　运河非遗保护和传承的个案研究

具体来说，可从以下几个方面做起：

（一）提高重视程度，加大政府保护力度

民间文学的抢救和保护是一项长期的系统工程，传承人在保护中起着非常重要的作用，是民间艺术精髓保存和发展的必要条件。因此，民间文学的保护措施都必须以传承人为中心，注重提高他们的社会地位、文化自觉与文化自信。庙会、祭祀活动或是其他传统习俗是民间文学的传承场域，是文化生态的组成部分，政府相关部门和社会各界要给予尊重，并在此基础上力所能及地给予支持。要提高重视程度，增强保护意识，完善保护机制，为四女寺传说的传承创造良好的环境。要增加资金投入，鼓励社会力量的参与，加大对民间文学类非物质文化遗产的经济扶持。

民间文学的保护与传承的关键环节是民间文学作品的收集与整理，国家和地方政府在资金和政策上应给予一定的支持和保证，各民间文学团体、学术研究机构及高等院校，应加强民间文学作品、资料的普查、整理和研究。在此基础上，通过旅游活动，有效地宣传推广和开发利用民间文学资源。[①] 要鼓励专家、学者积极挖掘、整理四女祠传说及孝德文化，努力打造四女寺孝德文化品牌，扩大四女寺古镇的影响力和知名度。

（二）保护民间传说赖以生存的地方文化生态

文化生态是文化的重要组成部分，也是文化成长的环境与土壤。文化生态是从生态学的视角提出来的。如同自然界一样，文化也有内在的发展规律与要求，其要求文化按照自身的规律去发展，不能违背这个规律，这是文化存在的生态性依据。[②]"文化生态理论"最初由美国人类学家斯图尔德（J. H. Steward，1902—1972）在《文化进化和过程》一书中提出。斯图尔德认为人类文化的发展和变化很大程度上是适应自然生态环境的结果，"文化生态"是所有文化活动必备的有机条件。[③] 文化生态具有不可再生性，许多历史文化遗产一旦毁损，传统风格一旦变异，人居环境一旦破坏，将是人类文明的损失。文化生态保护所要保护的正是这些千百年流传

[①] 李烨:《非物质文化遗产旅游化生存模式及风险研究——以天津为例》，南开大学出版社2015年版，第167页。

[②] 王明:《大数据视域下贵阳市非物质文化遗产研究》，中国科学技术大学出版社2018年版，第47页。

[③] 徐望:《文化资本时代的中国文化产业论》，中国经济出版社2017年版，第168页。

下来的、融入百姓生活中的东西，比如民风、民情、民俗。①

"由于民间传说往往是和地方历史、风物相结合，在长期的民众传承过程中流传至今，传说存在的原生环境对于传说的发展有着重要影响。一个传说能够在特定的地域里落地生根绵延流传，一定离不开当地的文化土壤。"②就"四女孝亲"传说来说，它在当地的传承和发展经历了漫长的历史过程，是不同历史时期多种因素共同累积的结果。"传统是社会的一种生存机制，是民族内聚力的源泉、维系民族生命的抗体，借助它，各代人方能相互联系起来，并将前人的经验传递给后人；通过传统，社会的精神成就才得以保存和实现。正因为如此，文化传统决非仅仅滞留于博物馆的陈列品和古籍室的线装书之间，它还活跃于今人和未来人的实践当中，成为其思想——行为范式的重要构造因素。"③四女寺传说在长期的流传过程中，逐渐成为地方文化传统的一个象征。由于四女寺传说与当地的历史、地理紧密结合，四女寺镇每年举办的传统民俗活动都会融入四女寺传说的文化。"相较于其他传说，四女寺传说并不是只是单纯存在于书籍文本当中的静态传说，而是摇身一变，渗透入当地村民的民俗生活当中，例如春季种槐习俗、四女寺传统庙会、新京剧《四女槐》的创作。正是如此，四女寺传说变成一种动态的，更加富有生命力文化象征。"④因此，民间传说在传承和发展过程中，往往不是单一的、独立的，而是与特定地方的地理环境、历史文化、社会风俗密切结合，作为文化生态系统中的一分子和其他文化要素有着或多或少的内在关联，所以要保护和促进民间传说的传承和发展，保护地方文化生态是其重要基础。

（三）与地方风物、民俗活动相结合，打造特色旅游品牌

民间传说不是孤立的口头文学，而是包含丰富精神内涵的一个故事载体，是村落民众在长期的历史发展中，在多种因素共同的作用下创造的地方精神文化的一个鲜明表象。"四女孝亲"的传说能够在当地流传如此久远，除历代口头传承外，还有一个很重要的因素是与地方风物紧密相关，

---

① 张慧、朱移山：《新安江之恋》，合肥工业大学出版社2018年版，第84页。
② 孙英芳：《非遗保护语境下民间传说的传承与发展——以晋南"赵氏孤儿传说"为例》，《晋中学院学报》2019年第5期。
③ 冯天瑜等：《中华文化史》，上海人民出版社1990年版，第6页。
④ 朱会芳：《女神文明的解构与重塑：山东德州四女寺传说研究》，硕士学位论文，内蒙古师范大学，2019年，第42页。

第七章　运河非遗保护和传承的个案研究

这些在当代人们的生活里依然可视可见,成为民间传说保持生机和活力的重要依据。历史遗迹和地方风物是民众日常生活景观的一部分,构建着民众日常生活的场域,它们无时无刻不存在于人们的生活中,其意义不仅是一种可视的存在,更重要的在于其附带的传说精神内涵让人们在耳濡目染中了解当地的历史文化,成为其信仰的重要载体。

四女寺地处山东、河北两省三县交界处运河南岸,自西汉时期建镇,明清时期常年商贾云集,繁华异常,一年两度的四女寺庙会,更是船舶辐辏,车水马龙,络绎不绝。"四女侍亲"的传说在当时流传广泛,其德行成为百姓争相效仿的典范,后人为纪念四女建祠塑像、树碑立传。作为当地民众的集体文化记忆,四女寺传说不仅有地方风物的依托,在地方民众的庙会和民间戏曲表演中也有体现。纵观四女寺传说在当地的传承和发展,它之所以能够流传这么久远,根本的原因在于它与当地的社会风俗和文化传统相契合。在传统社会里,由于生产生活方式的相对稳定,与这种传说伴随的民俗活动也会长期延续下来,并流传至今。由此我们可以看出,地方风物、民俗活动是民间传说的传承和发展的重要载体,因此结合地方风物、民俗活动进行民间传说的传承和发展是实践证明的有效途径。

"不同旅游景区中的旅游文化产品都具有各自独特的特点,会根据自身的特色,采取多种方式向消费者进行旅游信息的传递。所以,推动旅游景区品牌的推广以及提升旅游景区吸引力的关键,在于确保景区信息的有效传递从而实现对消费者的吸引。"① 民间传说大多带有鲜明的地域文化色彩,可以说是一个取之不尽、发掘不完的民间文学宝库。这些民间传说肯定会成为吸引游客的有用素材。结合景点的恢复建立,略作一番收集整理,引入人文景观,将会增加城市和地区的魅力。②

武城境内运河文化资源丰富,打造运河文化旅游有着得天独厚的优势。2012 年,四女寺镇被文化部中国传统文化促进会命名为"中华传统美德教育基地"和"中国孝德文化之乡"称号。2017 年 11 月,成功入选全市市级特色小镇创建名单。目前,四女寺风景区主要分为礼孝文化区与佛教文化区两部分,由孝文化广场、孝门、明德湖、四女祠、十二生肖园、

---

① 王若楠:《民间文学资源的使用与旅游景区文化的构建——以山西盂县藏山景区赵氏孤儿传说的调查为例》,《忻州师范学院学报》2016 年第 3 期。
② 刘金忠:《运河文化采风:行宜轩随笔》,作家出版社 2004 年版,第 20 页。

佛光寺、菩提院、槐荫清风湿地公园等景点组成。但是由于位置较为偏僻、宣传力度不够、特色不突出等原因，导致游人稀少，门可罗雀。相关部门要以南水北调和运河成功申遗为契机，以"四女孝亲"传说和四女寺水利枢纽等自然景观为依托，打造特色文化旅游景区。要深入挖掘四女寺传说所蕴藏的文化内涵和时代精神，通过包装、宣传，使其真正具有开发和利用价值。在旅游景点的开发、建设中，要注意赋予其深厚的文化底蕴和观赏审美价值，树立特色文化旅游品牌，实现保护利用历史文化资源与经济发展的相互促进，让四女寺重现运河古镇风采。

（四）采取多样化的传播形式

"在新媒体快速发展和传播方式日趋多样化的今天，民间传说的传承和发展应该摆脱比较单一的以口头讲述为主的传播方式，采取多样化的形式，使其在更大范围内更有效地进行传播。"① 2012 年 7 月，新编京剧《四女槐》在德州市武城县升平广场开演，首次将该县四女寺镇四女寺村流传了两千多年的"四女孝亲"传说搬上舞台，这也是德州市首个将传说搬上舞台的非物质文化遗产项目。2015 年，武城京剧《四女槐》选段被推送到中央电视台戏曲频道进行展播。在当代社会中，民间传说的传承和发展可以借助多样化的传播形式，达到更好的效果。

四女寺传说是历代劳动人民社会生活的产物，体现了古代人民追求家庭和睦和幸福生活的美好愿望，具有丰富的文化内涵和重要的文学价值，对于弘扬中华民族"和睦事亲"的传统美德，构建社会主义和谐社会亦具有深远的现实意义。除广泛流传于武城周边县区外，还沿大运河远扬千里之外。在当今非遗保护的大潮中，民间传说在获得极大发展的同时，其自身也面临着诸多困难和挑战。在四女寺传说的传承和发展过程中，要加大宣传和保护力度，采取多样化的传播方式，注意保护民间传说赖以生存的地方生态环境，把民间传说和地方风物、民俗活动结合起来，打造特色文化旅游品牌，以此实现非遗保护和旅游开发的共同发展。

---

① 孙英芳：《非遗保护语境下民间传说的传承与发展——以晋南"赵氏孤儿传说"为例》，《晋中学院学报》2019 年第 5 期。

第二节 传统戏曲的保护与传承：
以聊城八角鼓为例

聊城八角鼓流传于山东聊城地区。明代中叶以后，八角鼓开始流传于北京。清代中叶，北京八角鼓流传到聊城、临清一带，受到当地城乡居民的喜爱，改用当地方言语音演唱，并吸收了岭调、靠山调、马头调等民间小曲，以及河南鼓子曲的一些曲牌，逐渐衍变成具有独特风格和地方色彩的曲艺形式。当时，北京八角鼓流传到济宁、胶州地区，分别称为济宁八角鼓、胶州八角鼓，后来统称为"山东八角鼓"，而聊城八角鼓是其重要支派，流传最盛。聊城八角鼓是研究明清曲牌、曲谱以及八角鼓唱词、唱腔的有力佐证，是东昌府区民间曲艺的代表，也是研究当时运河沿岸民间曲艺的珍贵资料和活的蓝本，具有很高的史料价值、学术价值和艺术价值，是极其宝贵的非物质文化遗产。

一 聊城八角鼓的历史流变

八角鼓，因鼓身有八个角而得名，又称"单鼓"。八角鼓的鼓框是木制的，代表当时清朝的"八旗"，鼓框用八块乌木、紫檀木、红木、花梨木和骨片拼粘而成；一说是八旗首领各献一块最好的木料嵌拼而成。七面框边内各嵌两三枚小铜钹，一面嵌钉柱缀鼓穗，寓意五谷丰登。

八角鼓规格尺寸有异，常见者鼓面对角长 16.5—19 厘米，鼓框高 4.8—5.5 厘米，单面蒙以蟒皮、驴皮或马皮，以小鳞蟒皮为佳。四周边缘亦镶嵌骨片作为装饰。在鼓的七面边框木板中间，均开有海棠花瓣形的透孔，鼓身周围嵌铜钹，鼓形小巧玲珑。演奏时用指弹击鼓面发出清脆的声音，摇震鼓身或手搓鼓面会发出悦耳的钹声。演奏时，将鼓面竖置，以左手拇指、食指、中指伸在鼓框内，无名指、小指托鼓，右手各指弹击鼓面而发音，音色清脆，优美动听。演奏技巧丰富，过去有"抖鼓十法""击鼓五法"之说，常用的有坐、弹、垫、轮、搓、磕、分弹、簸等。民间有口诀曰："怀中抱月不许偏，四平八稳忌耸肩。摇鼓腕抖臂别动，打垫轮搓应合弦。"演唱中只用坐法，每拍一响，簸（摇）法常用于曲调的托腔部分，弹、垫、轮、搓、磕等技法用在岔曲和音乐的前奏、间奏部分。并可用左手拇指、食指弹击鼓皮的背面。尤其是弹击鼓面与摇震鼓身相结合发出的音响，更具特色。这种鼓是北方曲艺音乐单弦牌子曲的主要伴奏乐器。它的外观小巧玲珑，制作精细，除可作为乐器演奏外，还有着较高的艺术欣赏价值。

聊城八角鼓的发展大概经历了以下几个阶段：

（一）清代中叶至民国初年

八角鼓在清朝初年至中期，为宫廷及军旅中主要娱乐形式，后来逐渐传入民间。八角鼓究竟何时传到聊城，众说纷纭。目前主要有三种说法：第一种说法是，乾隆皇帝三下江南巡视，曾到过聊城，在圣驾随从中演唱八角鼓者甚多，他们在聊城逗留期间，将这一说唱艺术留在了聊城；第二种说法是，昔日聊城乃京杭大运河沿岸九大商埠之一，经济繁荣，教育昌盛，在京居官、经商者颇多。居官者少壮进士及第，暮年去官归籍，经商者有的在京一住数年，在社交活动中，除必要的礼尚往来或生意洽谈，也离不开文艺形式的媒介，对八角鼓耳濡目染，逐渐达到娴熟的程度，由他们或从人将这一演唱形式带回了故乡；第三种说法是，漕运畅通时，聊城为北上京津，南下苏杭之重镇，八角鼓由顺运河南下的流浪艺人传到了聊城。以上三种说法无法考证真伪，但均与运河有关，足以证明聊城八角鼓的产生与形成与运河有着密不可分的关系。①

最早传唱聊城八角鼓的是博平盲艺人褚连登，擅长自弹自唱和巧变丝弦，后来习者渐多，流传日广。早期多是业余爱好者演唱。清代末年盛行以后，职业艺人渐多。除清唱段儿书外，又有褚连登的再传门人吴化侠、展永福开始将八角鼓唱段化妆演出，遂使聊城八角鼓具有了清唱段儿书与化妆彩唱两种演出形式。八角鼓艺人们将原有的曲牌曲调进行改编创新的同时，吸收了河南鼓子词等其他曲艺音乐的特点曲调来丰富聊城八角鼓。唱词题材改变颇大，有传统历史剧《长坂坡》《抱妆合》，喜剧《两亲家顶嘴》《小二姐做梦》，闹剧《男秃子闹房》《女秃子闹房》等反映乡土民情、儿女情长的世俗性的故事。当时聊城八角鼓的曲牌有一百多个，曲目

---

① 山东省文化厅史志办公室，聊城地区文化局史志办公室：《山东省文化艺术志资料汇编》（第25辑），聊城地区《文化志》资料专辑，1992年，第142页。

达七十多个。①

八角鼓的第二代传承人吴化侠祖居城里礼拜寺街,据传为清末秀才,家道中落靠卖青菜为生。他熟读"四书""五经",善唱京剧,又通音律,酷爱八角鼓艺术。师从褚连登后,经多年钻研与探讨,演唱风格日臻成熟,造诣颇深。在继承传统的前提下对八角鼓的音乐,曲目等进行了大胆的创新。在原有三弦伴唱的基础上,增加了截板和小钹,扩大了伴奏阵容,加强了节奏感和音响效果。②

在演出曲目方面,吴化侠承袭师父口传的几个曲目,内容单一、曲目贫乏,为了改变这种状况,他创作和移植了一批新曲目,使演出内容趋于丰富多彩。清末民初聊城八角鼓演出的曲目有:《钻坑洞》《打面缸》《老少换》《瞎子观灯》《王小赶脚》《男秃子闹房》《亲家顶嘴》《错中错》《女起解》《刘伶醉酒》等,清唱大段有:《祭塔》《小二姐做梦》《长坂坡》《二进宫》《劝孝歌》《妓女告状》《四时农家乐》等,清唱小段有:《尼姑思凡》《小降香》《拷红》《鸿雁捎书》《孟母送学》《开当铺》《大赐福》等共百余个曲目。③

民国初年,聊城城里演唱八角鼓的场所共有两处,一处在北门里李家粉房内,为主者许玉江等人;另一处便是礼拜寺街吴化侠的家里,为主者吴化侠、贾占玉等人,另有刘庚寅(诨号"黑脸")、赵金荣、逯本荣(以上三人均为吴化侠之徒)等。他们据经常聚集在一起演唱,若逢喜庆节日,到处来帖相请,他们便去外街或乡间献艺。1929 年,刘庚寅曾带八角鼓艺人数名到济南西市场演出,济南曲坛名流赞誉说:"聊城八角鼓可与'鲜樱桃'的五音班相媲美。"清末民初是聊城八角鼓的鼎盛时期。后由于军阀混战,灾荒连年,聊城又几经土匪洗劫,民众生活苦不堪言,吴化侠、贾占玉等老一辈八角鼓艺人又相继去世,至 1938 年日本侵占聊城,八角鼓便在城里销声匿迹了。④

---

① 林琳:《简述聊城八角鼓的历史流变及由其生存现状引发的思考》,《内蒙古师范大学学报》(哲学社会科学版)2007 年第 S1 期。
② 山东省文化厅史志办公室、聊城地区文化局史志办公室:《山东省文化艺术志资料汇编》(第 25 辑),聊城地区《文化志》资料专辑,1992 年,第 143 页。
③ 山东省文化厅史志办公室、聊城地区文化局史志办公室:《山东省文化艺术志资料汇编》(第 25 辑),聊城地区《文化志》资料专辑,1992 年,第 143 页。
④ 山东省文化厅史志办公室、聊城地区文化局史志办公室:《山东省文化艺术志资料汇编》(第 25 辑),聊城地区《文化志》资料专辑,1992 年,第 143—144 页。

(二) 20世纪30—70年代

聊城八角鼓之所以能流传至今,离不开第三代传承人逯本荣先生对聊城八角鼓的发扬与传承。逯本荣,男(1860—1962年),聊城市东昌府区刘营村人,八角鼓第三代传人。逯本荣少年时聪明敏捷,13岁时跟随第二代八角鼓传人吴化侠系统学唱八角鼓,由于他悟性极高,加之十分用功,很快就掌握八角鼓所有曲牌,并能自弹自唱。1953年,由李士钊先生引见,中央音乐学院民族音乐研究所邀请其到北京对聊城八角鼓的多个曲牌进行了录音整理。逯本荣先生对聊城八角鼓的发扬传承作出突出贡献,成为演唱八角鼓的一代宗师。

1938年冬,日军侵占聊城。人民生活动荡不安。褚连登、吴化侠等老艺人相继去世后,习唱八角鼓的人越来越少。逯本荣先生将经营的布匹生意结束,回家务农。30年代末40年代初,逯本荣先生在家自立门户,以口传心授的方式先后授徒50余人。他将自己掌握的弹、唱因材施教分别传授于不同的学徒。其中唱以逯焕斌、弹以逯焕英最为著名。但由于社会动荡,这种情况维系时间不长,聊城八角鼓停演。1945年,逯本荣先生逃到聊城东昌府区冯庄村的远方亲戚李汝香家。当时李汝香先生的夫人刚刚过世,为抚慰李汝香14岁儿子李以章的丧母之痛,受李汝香之托,逯本荣开始教李以章学唱八角鼓。虽未正式拜师,但已是除逯焕斌先生外唯一在世的老艺人。[①]

1947年,聊城解放后,在新文艺工作者参与下,聊城八角鼓又渐渐地恢复起来。中华人民共和国成立后,党和政府对文化工作十分重视,聊城八角鼓获得了新生。早在中华人民共和国成立之初,便对八角鼓进行了抢救、挖掘、整理工作。1953年11月,中央音乐学院民族音乐研究所特邀八角鼓艺人逯本荣等4人赴京献艺,将流传至今的八角鼓曲牌全部录制了音响资料。逯本荣的拿手曲目《长坂坡》《女起解》同时也录了音。1955—1965年期间,聊城八角鼓艺人创作出一批现代题材的曲目,参加中央、省、专区文艺会演多次。获得多项奖励,曾受到中华全国总工会、中

---

① 林琳:《简述聊城八角鼓的历史流变及由其生存现状引发的思考》,《内蒙古师范大学学报》(哲学社会科学版) 2007年第S1期。

央文化部、山东省文化局、山东省曲艺协作的表彰。①"文化大革命"时期因唱词中多有一些污言秽语、打情骂俏的词语，以及其他各方面的原因，聊城八角鼓被禁演。"四人帮"粉碎后，聊城八角鼓才又开始演出，但多宣传时事政治思想。至90年代，再也没有像以前那样的演出情况，聊城八角鼓面临绝迹。②

（三）20世纪80年代至今

党的十一届三中全会以后，为抢救民族文化遗产，上级业务主管部门责成聊城市文化局再次对八角鼓进行挖掘整理工作。市文化馆音乐干部多次到刘营、墩台王实地采访，在两地八角鼓老艺人的协助下，将流传下来的36个八角鼓曲牌全部录了音。后又根据音响资料整理出文字资料，还采辑八角鼓传统曲目8个，其中《打面缸》等4个曲目，已经改编成新本。以上资料于1981年4月编辑成册收存。1979年至1982年期间，聊城八角鼓代表队曾4次参加山东省及聊城地区举办的文艺会演并获得多项奖励。③ 2006年，聊城八角鼓被列入聊城市第一批市级非物质文化遗产名录；同年，又被列入山东省首批非物质文化遗产名录。2010年，商刚、王瑞海被命名为聊城东昌府区代表性传承人，并由东昌府区文广新局成立两处八角鼓传习所。聊城工业学校成立了八角鼓社团，请专业老师进行八角鼓传统曲目的教学，并向全校师生推广。④

近年来，为了把八角鼓发扬光大，聊城市经济开发区专门制订了保护计划，使八角鼓保护工作走向制度化规范化。每年筹集一定的保护发展经费，对八角鼓的挖掘整理传承活动等全力支持。成立专门的由办事处文化站和专家学者参加的非物质文化遗产保护机构，培养三弦八角鼓等接班人，继续扩大曲艺团接班人数量。2012年，还专门请来北京的专家来指导。除了挖掘整理传统曲目、创作新的曲目吸引观众外，开发区还有意把八角鼓引入市场机制，与旅游产业结合起来，形成产业链条，做大做强文

---

① 山东省文化厅史志办公室、聊城地区文化局史志办公室：《山东省文化艺术志资料汇编》（第25辑），聊城地区《文化志》资料专辑，1992年，第144页。

② 林琳：《简述聊城八角鼓的历史流变及由其生存现状引发的思考》，《内蒙古师范大学学报》（哲学社会科学版）2007年第S1期。

③ 山东省文化厅史志办公室、聊城地区文化局史志办公室：《山东省文化艺术志资料汇编》（第25辑），聊城地区《文化志》资料专辑，1992年，第145页。

④ 《聊城：有水则灵》编委会编著：《聊城：有水则灵》，山东友谊出版社2018年版，第125页。

化产业，使之成为聊城文化的知名品牌。为把八角鼓传承发展好，东昌府区文广新局组织人员整理八角鼓曲调、剧目，并组织人员向逯焕斌拜师学艺，把八角鼓这一曲艺传承发展下去。目前，曲调、剧目、唱词整理记录工作基本完成，逯焕斌录音整理工作也已完成大部分。

聊城八角鼓具有浓厚的地方特色，在三十六个曲牌中地方性强的曲牌占绝大多数，它吸收了少数单弦曲牌。演唱时随唱段情节变化，旋律高低、节奏长短，不受原曲牌的制约，具有较大随意性，因而在演唱中时而浪涛急流，时而情意缠绵，深入浅出、扣人心弦。它的曲牌来自以下几个方面：第一，吸收当地或外地民歌。如阴阳句、诗篇、坡儿下、莲花落等；第二，从姊妹曲种（如河南鼓子词单弦）中吸收进来的曲牌；如石榴花、倒推船、娃娃腔、太平年、罗江怨、南锣等；第三，从戏曲中吸收部分曲牌如柳子、乱弹等。有些曲牌经过加工提炼后重新编成新曲，如黄莺调、广东歌、京秧歌、十把弦等。经历代相传，不断改革、补充，使八角鼓音乐日益成熟。同时，经过多年来几代艺人和部分专业曲艺工作者（包括音乐工作者）不断加工，而逐渐形成今日较完善的民间曲艺形式。[1]

聊城八角鼓曲目丰富，清唱大段有《送穷神》《耗子告猫》《王二姐摔镜架》《长坂坡》《灞桥挑袍》等；清唱小段，近于北京的岔曲、腰截，多半是咏事咏物、抒情写景之作，有《黄菊开放》《秋景萧条》《尼姑思凡》《牡丹花开》《雁燕催舟》等。化妆演出节目也可清唱，多半是反映民间生活的作品，有《何先生教馆》《母女顶嘴》《老少换》《王小赶脚》《断桥》《王大娘探病》等，长篇书有《莱芜县》。中华人民共和国成立后，对聊城八角鼓进行了发掘整理。中央音乐学院民族研究所曾记录著名艺人逯本荣、史传义演唱的不少传统曲目和音乐唱腔。近年来，又挖掘、整理出了《井台会》《审椅子》《夺印》《老少乐》等传统剧目，且创作编排了《谁不说咱冯庄好》《敬老院里幸福多》等20多个新曲目。[2]

二 聊城八角鼓的传承现状

聊城"八角鼓"是富有浓郁地方特色的艺术瑰宝，基本特征是：唱腔多变，有"九腔十八调七十二哼哼"。八角鼓唱腔为曲牌联套体，以八角

---

[1] 辛力、安禄兴主编：《山东地方曲艺音乐》，内部资料，1987年，第20页。
[2] 杨和平主编：《曲艺艺术赏析》，苏州大学出版社2015年版，第139页。

鼓击节，辅以三弦伴奏，场地适应性强，坐唱、表演、围桌唱均可，为群众喜演好唱、喜闻乐见，及时反映社会生活的艺术形式。对聊城八角鼓的挖掘保护具有以下价值：1. 文化价值：聊城是全国的文化名城，聊城八角鼓则是凝聚着中国曲艺和聊城特色的文化名牌，是聊城优秀传统文化的杰出代表。2. 社会价值：对它的挖掘和保护对丰富聊城的文化积淀，推动群众文化事业的发展，促进社会主义精神文明建设，提高人民的思想、道德素质都将产生极大的作用。3. 艺术价值：聊城八角鼓是具有浓郁地方特色的艺术瑰宝，曲调优美，内容丰富，反映社会生活及时便利，是一种艺术成就较高的民间演唱形式。

聊城八角鼓经历了兴盛、低落以及现在濒临绝迹等不同时期，在这个过程中凝聚了几代艺人的传承。具体的流传谱系如下：

表 7-1　　　　　　　　　　聊城八角鼓流传谱系表①

代别	姓名	性别	出生年月	文化	传承方式	学艺时间	住址
第一代	褚连登	男	不详	不详	师徒传承	不详	博平
	李文明	男	不详	不详	师徒传承	不详	东昌府
	刘广成	男	不详	不详	师徒传承	不详	东昌府
第二代	吴化侠	男	不详	不详	师徒传承	不详	东昌府
	展永福	男	不详	不详	师徒传承	不详	东昌府
	贾占玉	男	不详	不详	师徒传承	不详	东昌府
	汪子鸿	男	不详	不详	师徒传承	不详	敦台王
	张春庚	男	不详	不详	师徒传承	不详	敦台王
	许玉江	男	不详	不详	师徒传承	不详	敦台王
第三代	逯本荣	男	1860 年	不详	师徒传承	1873 年	刘营
	史广义	男	不详	不详	师徒传承	不详	东昌府
	胡学清	男	不详	不详	师徒传承	不详	东昌府
	刘庚寅	男	不详	不详	师徒传承	不详	东昌府
	阎兆德	男	不详	不详	师徒传承	不详	东昌府
	赵金龙	男	不详	不详	师徒传承	不详	东昌府

---

① 张晓园：《聊城八角鼓调查研究》，硕士学位论文，河北大学，2008 年，第 7—8 页。

续表

代别	姓名	性别	出生年月	文化	传承方式	学艺时间	住址
第四代	逯焕斌	男	1935年	不详	家族传承	1946年	孔堂
	逯焕英	男	1928年	不详	家族传承	1940年	刘营
	李以章	男	1932年	不详	师徒传承	1945年	冯庄
	马占奎	男	不详	不详	师徒传承	不详	后菜市
	黄辛胜	男	不详	不详	师徒传承	不详	后菜市
	王维清	男	不详	不详	师徒传承	不详	土城
	麻世荣	男	不详	不详	师徒传承	不详	豆营
	代少林	男	不详	不详	师徒传承	不详	豆营

目前八角鼓第四代传承人逯焕斌和李以章还健在。逯焕斌1935年出生，是八角鼓一代宗师逯本荣的旁侄，也是逯本荣精英班的最后一批学员。他从1946年开始跟从第三代传承人逯本荣先生学唱八角鼓，聪明敏捷，悟性极高，加之十分用功，很快掌握了八角鼓的多种曲牌，且音质、韵味和表演都达到了很高的水平，因而深受师傅的厚爱。逯本荣先生对其要求非常的严格，一句唱词要演唱数十遍甚至百遍才能通过。逯焕斌在师傅的言传身教下学会了三十多首曲牌，几十首长短篇剧目。①

逯焕斌的演唱在艺术表现上极为丰富，内容有故事情节，在演唱中随故事情节的发展而变化万千，时而如高山流水，高瀑低泻，浪涛急流，时而又莺声燕语，情意缠绵，它用淳朴的聊城方言演唱和表白，深入浅出，扣人心弦，引人入胜。1956年，逯焕斌向中央歌舞团的朱崇喜和张印国传授八角鼓演唱艺术；1957年在聊城地区招待所为朝鲜志愿军培训八角鼓唱腔演员；1957年为聊城地区寿张县文化馆演唱整理曲目《长坂坡》；1957年参加了山东省第一届曲艺汇演；1958年多次在聊城县参加文艺汇演；1959年代表聊城地区参加山东省第一届歌舞汇演；1960年转为聊城县文化馆正式演出人员；1960年为山东省前卫歌舞团录制八角鼓唱段；1960年代表聊城地区参加了山东省财贸汇演，曲目《商业战线红旗飘》并获得"优秀演员奖"；1963年为聊城县委宣传部和武装部录制对台湾广播八角鼓演唱节目。1963年代表聊城地区参加山东省汇报演出，在珍珠泉演出

---

① 于秀慧：《简述聊城八角鼓的传承现状》，《戏剧之家》2018年第34期。

《我是一个饲养员》获"优秀演员奖",在南胶宾馆八一礼堂演出《四个老汉夸老伴》获"文艺标兵奖"。1966年和天津长征队联欢演出。聊城市文化馆为了保留住逯焕斌的演唱,曾在其年轻时特意将他所会演唱的曲牌和剧目全部以录音的形式录制了下来,这也是传承的一种方式。只是遗憾的是逯焕斌后面没有了学习的徒弟,也没有正式的传承人,只有他的音频资料成为给后人学习的珍贵资料。[①]

李以章是1932年出生,聊城市经济技术开发区北城办事处冯庄村人。1946—1948年,李以章的父亲李汝香,邀请逯本荣到冯庄村教唱八角鼓。14岁的李以章并没正式拜师学习,但从其父的学习过程中,学到不少曲牌,成为能唱传统曲牌的继承人。2009年6月8日被山东省文化厅认定为省级非物质文化遗产传承人。

冯庄是地处聊城经济开发区北部的一个村庄,因第三代传承人逯本荣到冯庄,又因当地百姓极其喜欢聊城八角鼓,因此逯本荣在生存的同时,教唱冯庄热爱八角鼓的百姓演唱,同时也出现了伴奏团体,也正是如此才成就了后来的冯庄文艺宣传队。冯庄会演唱聊城八角鼓的人相对较多,但在曲牌的演唱上与传承人逯焕斌有异曲同工之处,冯庄的演唱更具有即兴性,原因是学演唱的人众多,师傅是以群教的方式进行教授,而逯焕斌则是师傅一对一,口口相传的方式教授,因此有所区别;另一原因是琴师的影响,在冯庄,聊城八角鼓的主要伴奏乐器是八角鼓和三弦,因三弦为主要旋律伴奏,琴师的即兴演奏也是导致演唱者与逯焕斌不同之处的主要原因。由此看出,聊城八角鼓的另外一个特点就是即兴性较强。[②] 2005年,为保留这一非物质文化遗产,聊城经济技术开发区管委会就开始挖掘整理八角鼓曲目,并筹集经费在冯庄成立艺术团,十几个村民成为固定演出人员。

近年来,聊城市相关部门为保护和传承八角鼓这一传统曲艺做了大量工作。2003年,东昌府区委宣传部召开由区文体育局、有关乡镇、办事处分管书记、文化站长、知名八角鼓艺人参加的"聊城(东昌府)八角鼓工艺研讨",明确提出聊城八角鼓是东昌府区的特色非物质文化遗产,应全力进行保护、发展。2004年,东昌府区第十届人代会和政协第十届委员会

---

① 于秀慧:《简述聊城八角鼓的传承现状》,《戏剧之家》2018年第34期。
② 于秀慧:《简述聊城八角鼓的传承现状》,《戏剧之家》2018年第34期。

上，部分人大代表、政协委员均把保护聊城八角鼓作为重要提案内容，呼吁加强对聊城八角鼓的保护。2005年，市、区有关专家、学者、知名艺人对聊城八角鼓的现状、保护和发展规划等问题进行了深入、细致地研讨。并成立了北城办事处冯庄村八角鼓演唱队，多次提供演出场地和演出机会，给予大力支持。2004—2005年，区政府划拨款2万元，有关镇、办事处通过各种渠道向社会筹集资金3万元，用于聊城八角鼓的发掘、整理、保护和创作。2006年上半年，又拨出专款2万余元用于聊城八角鼓的推介费。2006年对八角鼓传人逯焕斌进行了采访和录音，收录了逯焕斌老人演唱的全部作品，翔实地掌握了第一手资料。为保护聊城八角鼓，东昌府区党委、政府专门制订了五年保护计划，并成立了由分管领导、部门负责同志和部分专家、学者参加的"非物质文化遗产保护委员会八角鼓专门委员会"。

为保护和传承聊城八角鼓这一传统民间艺术，东昌府区委、区政府做了大量抢救和发掘工作，但仍然存在不少难以解决的问题。目前聊城东昌府区能系统演唱八角鼓的在世艺人仅有逯焕斌、李以章二人，且二人均年过八旬，除二人外，再无后继之人。虽然东昌府区现在有艺人传唱八角鼓，但是受场地、人员、经济等条件的约束，也很难相沿成俗，这一宝贵的文化遗产面临着日渐衰落、即将失传的尴尬境地。这种情况的出现，具体来说，主要有以下两点原因：

1. 运河的衰落

众所周知，八角鼓的传播与运河关系密切。运河带来的便利交通为八角鼓在聊城的广泛传播提供了有利的条件，也为其与其他曲艺文化的交流提供了可能。聊城八角鼓有机会学习借鉴其他剧种的演唱特点及优势，更好地树立自己的风格。随着运河的衰落，聊城八角鼓的生存环境发生巨大变化。今天的聊城，交通与经济都不发达，聊城八角鼓很难与其他剧种产生共鸣与交流，进而导致这一说唱艺术的自我更新能力不断下滑，很难适应现在的社会节奏。①

2. 新生娱乐形式的冲击

历史上，去戏楼或茶馆听戏是人们茶余饭后重要的娱乐活动。改革开放以来，随着城市化、市场化的高速发展，使我们看到了一个更加多姿多

---

① 陆晨琛：《对聊城八角鼓的历史衍变及现状的分析与思考》，《学理论》2012年第23期。

彩、多元化的社会，传媒高度发达，娱乐极其丰富，使人们的思想观念、生活方式和欣赏习惯发生了根本性的转变，许多新兴的娱乐项目占据了人们的生活。进入21世纪，互联网逐渐崛起、成熟与普及，其超时空、远距离、大容量、快节奏的传播特点，给人们的文化生活带来了极大便利。以电视和互联网为代表的强势媒体的发展，却给曲艺的传播带来了极大的挑战。这些新生的娱乐形式由于内容新颖，观赏性强，吸引了大部分观众的目光，极大地挤压了聊城八角鼓的生存空间。随着观众娱乐需求和欣赏口味的改变，曲艺过去曾经具有的娱乐功能、教化功能逐渐被边缘化。在许多新兴文化面前，曲艺只能作为人们多种选择中的一种，且面临传承人和欣赏群体日益老化的问题。在许多新生娱乐形式的冲击下，聊城八角鼓被冷落的局面不可避免。[1] 当然这种情况不仅仅发生在聊城八角鼓身上，其他传统曲艺同样面临这一问题。

三 聊城八角鼓的保护与传承策略

中国的传统曲艺，不仅有着悠久的历史，丰富的内涵，有着极其广泛的群众基础，同时它还承载了一代代中国人的集体文化记忆。然而，伴随着经济社会的快速发展，经济全球化和社会现代化以及多元文化格局的日趋形成，人们的社会生活发生了巨大的变化，传统曲艺的命运也随之由昔日的"万众瞩目""一枝独秀"逐渐走向边缘化，有些曲种、曲目甚至几近消失。近年来，随着"非物质文化遗产"这一概念逐步深入人心，关于如何保护和发展传统曲艺艺术，如何更好地发挥其弘扬民族精神，丰富人民文化生活的积极作用，正成为迫在眉睫需要解决的课题之一。[2] 对于聊城八角鼓的保护和传承，我们可以采取以下措施：

（一）利用现代媒体，加大宣传力度

现代传媒在对曲艺的宣传、普及和推广方面发挥了重要作用。无论广播、电视抑或网络（也包括平面媒体），正是借助于他们的传播渠道和传播范围，使得传统曲艺虽然不复有过去的轰动效应，但仍旧不曾远离公众的视野，并能时时唤起人们的文化记忆。因此，我们必须重视传媒的力

---

[1] 陆晨琛：《对聊城八角鼓的历史衍变及现状的分析与思考》，《学理论》2012年第23期。
[2] 蒋慧明：《传播与传承——略谈如何有效利用现代传媒促进传统曲艺的保护与发展》，《曲艺》2008年第4期。

量，充分利用好这有利的平台，使其在传统曲艺的保护与发展方面继续发挥积极作用。① 随着全社会对民族文化的日渐重视，传统文化的复苏正呈现出上升的趋势，传统曲艺的保护与发展也应当有效利用这一契机，努力拓展传播渠道，主动寻求更广泛的舆论支持。

当今强势媒体的登陆，迅速快捷、覆盖面广是它的最大特点，我们可以充分利用这一特点，利用当地的报纸、电视台等媒体开辟聊城八角鼓专栏、八角鼓老艺人的专访等，提高聊城八角鼓的知名度。另外，随着科技文化手段的发展，我们不能忽视当今的现代传媒。因此，在扩大广播、电台、电视台、音像出版等市场的同时，要充分发挥网络传播的优势，积极回应和适应这种高科技的手段，这样才有可能会吸引大批的年轻观众，使聊城八角鼓得到更多年轻人的青睐。②

（二）加大政策扶持，完善保护机制

"传统曲艺与许多民族民间传统文化形态一样，有着不可再生的特点。一旦消失，损失无法估量，也无法用简单的政治和经济尺度衡量。"③ 要想使聊城八角鼓得以生存下来，单靠几个学者、几个企业的力量是不够的，更需要政府以及相关部门的介入。当前现代流行音乐占领了大部分传媒市场，显然它符合了大众的文化欣赏心理，因此深受大众的喜爱，而像聊城八角鼓这种地方传统曲种很难脱颖而出。只有政府制订相关保护政策，并且得到社会的支持和关注才能艰难的生存。

首先，当地政府应制定相应的措施，并组织专家队伍监督执行，形成较为系统的管理体制。对于传统曲艺的保护和发展而言，艺人是最主要的财富，传承是最基本的弘扬。要通过对优秀老艺人的关心和扶助，给他们配备徒弟，为他们提供条件，让他们传授技艺。资助曲艺表演团体，巩固其在繁荣和发展曲艺艺术方面的核心功能与龙头地位。同时，积极采用现代化的技术手段，运用录音、录像和文字记录等方式与手段，及时地抢救性地记录和留存现有的优秀民间老艺人所拥有的重要传统曲艺节目。发掘、征集、整理、编纂和出版散落民间的曲艺文献与文物，包括曲本、稿

---

① 蒋慧明：《传播与传承——略谈如何有效利用现代传媒促进传统曲艺的保护与发展》，《曲艺》2008年第4期。
② 于敏：《聊城八角鼓传播研究》，硕士学位论文，中国传媒大学，2008年，第50—51页。
③ 范曾等：《党员领导干部十九堂艺术修养课》，华文出版社2010年版，第161页。

本、抄本、图片、谈艺录和其他具有历史文化价值的曲艺实物。其次,当地文化部门在制定具体保护、传承规划的同时,要努力营造维系其生存、发展所需要的生态环境。最后,宣传部门应采取定期进行宣传展览、组织学生去向民间老艺人学习、请老艺人进学校传授技法等方式,加大对聊城八角鼓的宣传力度,让更多的人去了解它、接受它。可以考虑在博物馆中开辟相关展室,专门展览八角鼓的相关实物或图片。可以邀请相关专家举办创作专题讲座,以便创作出更多高质量的曲目。同时,可以组织不同规模的八角鼓曲艺大赛,以激励八角鼓的演出队伍,提高八角鼓演唱水平。高校科研人员也应该加强相关研究,以期引起当地文化部门对演唱八角鼓的重视。① 只有如此,聊城八角鼓才能广为人知,它的生命力才能得以延续。

(三) 与运河旅游相结合,打造特色文化品牌

民族文化传承是建设社会主义文化市场的主要根基,在人们长期生产、生活当中,不断得到充实、改善来加以丰富,通过文本的、艺人的、节目的形式传承发展。努力打造民族文化品牌效应,就是要最大限度地贴近基层民众,展现真实可信的人文风貌,在形式、内容上实现时代发展和科学创造。② 聊城八角鼓作为聊城文化的重要组成部分,并且现在已经成功审批为省级非物质文化遗产,这足见其存在的社会价值和艺术价值。我们应当强化品牌意识,将聊城八角鼓与运河文化旅游资源开发相结合,做成聊城运河文化的重要标志性品牌,这不仅是对聊城运河文化的一种提升,对聊城八角鼓的保护也将起到积极作用。③

引导聊城八角鼓参与运河文化旅游开发,首先,艺人的生计问题可以得到解决;其次,提升了旅游的文化内涵,凸显了地域民族文化特征,从而促进了当地旅游业的发展;最后,在给旅客提供艺术享受的同时,聊城八角鼓也为自身做了宣传。当然,在这种与旅游相结合的演出当中,聊城八角鼓要始终保持自己的"原汁原味",不能为迎合客人的需要而轻易改变自己,否则就失去了其传统内涵。④

---

① 于敏:《聊城八角鼓传播研究》,硕士学位论文,中国传媒大学,2008年,第49页。
② 张晓园:《聊城八角鼓调查研究》,硕士学位论文,河北大学,2008年,第37页。
③ 张晓园:《聊城八角鼓调查研究》,硕士学位论文,河北大学,2008年,第37页。
④ 张晓园:《聊城八角鼓调查研究》,硕士学位论文,河北大学,2008年,第37—38页。

（四）紧跟新形势，创作新曲目

保护与发展是当今曲艺事业的主题，保护是为了发展，发展也是为了保护，曲艺的传承保护是关系文化安全的重大问题，"原真性"的存录是其基础和根本，保护一个曲种就要保持曲种质的规定性，曲艺需要不断回归自然，寻找艺术的真谛。在曲艺作为非物质文化遗产保护的过程中，法律保护、专家保护、传承人保护、博物馆保护、教育保护是其主要形式，但我们也要注意，保护不只是把曲艺放进博物馆，我们要在文化生活中继续发挥曲艺的作用，使古老的曲目有人演出，使活跃的曲种有人学习，使新节目有人创作，从而使曲艺的保护与经济、社会、文化建设相互结合、相互促进。①

随着社会的发展变革，生活节奏的加快，大众对各艺术欣赏水平的提高，使观众的欣赏品味发生了很大变化，原来那种传统的曲目不再适合现代人的审美需求。因此，要依据现代社会状况，坚持创作贴近现实生活、适应时代发展新题材的曲目。创编者要及时关注社会中的热点，善于抓住让观众在感情上容易产生共鸣的典型事迹，对其进行加工、创编成激荡观众内心世界的新曲目。② 八角鼓传承人要及时更新思想观念，打破传统观念的束缚，努力对聊城八角鼓曲艺进行变革、创新，丰富和发展对聊城八角鼓曲艺传播的认识，辩证的继承和发展，使聊城八角鼓曲艺逐渐走出文化危机，形成一种多层次的文化格局。③ 现有的八角鼓传承人几乎都为男性，在保护和传承过程中，要突破传统理念，注重发挥女性角色的地位和作用，推进两性平等参与民间艺术的传承和发展。④

（五）建立传承基地，开展戏曲进校园活动

建立传承基地，是当下保护传统曲艺的一个重要举措。特别是在高校建立传承基地，让在世的戏曲传承人及传承团体亲自教授学生演唱，或让学生根据记录的谱例演唱，也是一种极为有效的传承方式。将传统曲艺曲种走进高校课堂，一方面是为了让学生更能直观地去感受书本上的知识，

---

① 黄群：《民族传统曲艺的命运》，中国文联港澳台办公室，中国文联理论研究室编：《传播与融汇：全球化背景下中华艺术的发展与未来——第三届海峡两岸暨港澳地区艺术论坛论文集》，中国电影出版社2012年版，第224页。
② 于敏：《聊城八角鼓传播研究》，硕士学位论文，中国传媒大学，2008年，第49页。
③ 于敏：《聊城八角鼓传播研究》，硕士学位论文，中国传媒大学，2008年，第48页。
④ 张兆林：《聊城木版年画生产传承中的女性角色研究》，《民俗研究》2020年第4期。

直接能亲自学习演唱,达到理论与实践真正相结合。另一方面,在传承本土音乐的这条路上,使传统技艺得以延续,不至于因此中断。① 除了走进大学课堂外,也可以在当地小学教育中适当安排八角鼓表演,制定乡土教材,加强孩子对聊城八角鼓曲艺更多的了解。②

聊城八角鼓是研究明清曲牌、曲谱、八角鼓唱词、唱腔的有力佐证,是聊城地区民间曲艺的杰出代表,具有很高的史料价值、学术价值和艺术价值,是极其宝贵的非物质文化遗产。它的发展也如其他传统曲艺一样,也经历了从辉煌到落寞的局面。随着老艺人的年事已高、后继无人,保护聊城八角鼓已经迫在眉睫。传承、发展是延续传统的动力,是保持传统戏曲生命力的重要方式。只有加大宣传力度,完善传承人保护机制,引导聊城八角鼓参与运河文化旅游开发,不断对传统曲艺加以创新,才能使这一宝贵的非物质文化遗产得以延续和发展。

第三节　传统美术的保护与传承:
　　　　以聊城东昌葫芦雕刻为例

葫芦在我国是一种比较常见的植物,生长历史悠久,作为一种吉祥符号一直深受人们的喜爱。而葫芦雕刻就是在葫芦文化的基础上衍生而出的民间艺术,是民间艺术里一枝独特的艺术奇葩。葫芦雕刻虽然南北皆有,但位于聊城东昌府区的东昌葫芦雕刻更负有盛名。东昌葫芦雕刻艺术有着上千年的传承历史,它流行于宋代,兴盛于明清时期,中华人民共和国成立之后又经历了从衰落到复苏的曲折过程,但依然保存着自己的地域特色和艺术风格。东昌葫芦雕刻造型独特、题材丰富,吉祥寓意浓厚,有着很高的文化价值、学术价值和社会价值。2006年,东昌葫芦雕刻被列入聊城市第一批非物质文化遗产名录。2008年,东昌葫芦雕刻技艺被列入第二批国家级非物质文化遗产名录。

---

① 于秀慧:《简述聊城八角鼓的传承现状》,《戏剧之家》2018年第34期。
② 于敏:《聊城八角鼓传播研究》,硕士学位论文,中国传媒大学,2008年,第51页。

一 聊城东昌葫芦雕刻概述

聊城市东昌府区位于黄河下游的鲁西平原腹地,在历史上就以盛产质量上乘的葫芦而闻名。东昌葫芦雕刻流传区域以东昌府区堂邑镇为中心,辐射周边的梁水、闫寺、柳林、桑阿、辛集等乡镇。①

关于东昌葫芦雕刻的起源有很多传说,当地比较认同的主要有两种说法。一种是宋代王合尚首创说。据传,擅长绘画和雕刻的宫廷艺人王合尚,告老还乡回到现在的东昌府区。因当地盛产葫芦,于是王合尚就地取材,在葫芦上雕刻出精美的图案,用来养自己喜爱的蝈蝈,当地人纷纷仿效,东昌葫芦雕刻便逐渐流传开来。另一种说法则是张骞出使西域归来时,路过堂邑镇,将葫芦种子送给当地老百姓种植,有心人将生殖文化表现在葫芦上,当作陪嫁压箱底的物件。后来,当地人纷纷效仿,将戏文人物、民间传说等内容雕刻其上,葫芦雕刻技艺便由此流传开来。

据文献记载,东昌葫芦雕刻宋代已经很流行。明清时期,紧邻京杭大运河的东昌府是鲁西平原政治、经济、文化的枢纽,商贾云集,繁盛一时,雕刻葫芦一度是运河两岸农家生产的重要商品,随运河销往全国各地。直到20世纪三四十年代,东昌雕刻葫芦还曾远销全国各地。近年来,东昌葫芦雕刻得以慢慢复苏并有所发展,一些作品还流入新加坡、韩国、越南、加拿大、英国等国,成为传播东昌府民间传统文化的载体。

东昌葫芦雕刻用料考究,刻工纯熟,线条流畅,图案丰富,制作精良。其用料多以"大葫芦""亚腰葫芦"和"扁圆葫芦"为主。用料大体分三种:一是"上等葫芦",精选葫芦进行精工细刻,雕刻题材主要是人物、山水等;二是"中等葫芦",用料稍微逊色,多用来雕刻花鸟鱼虫、飞禽走兽;三是"花葫芦",将要雕刻的葫芦染成红颜色后,用粗犷有力的刀法,刻各类植物纹样。进行雕刻的葫芦一定要陈年的,当年的新鲜葫芦因为外部干燥,内部潮湿未干透而不宜使用。在不太老的时候进行采摘,否则会有褶皱不利于线描雕刻。选择光滑无斑或者符合自己构图需要的葫芦进行雕刻。东昌葫芦雕刻加工方式独特,第一道工序是发酵煮葫芦,将成熟的葫芦采摘下来,放在大锅中煮,然后将其全部放在一起发

---

① 冯骥才总主编:《中国非物质文化遗产百科全书·代表性项目卷》(下卷),中国文联出版社2015年版,第603页。

酵，以去掉表层青皮，使葫芦变成黄颜色。第二道工序是在葫芦表面雕刻各种题材图案。第三道工序是上色，雕刻完成图案后，用锅底灰或麦秸灰与棉油或者豆油进行搅拌均匀（或者是加入颜料），抹在雕刻有图案的葫芦面上，最后用布将葫芦表面的余灰擦拭干净，存留在图案凹陷处的油灰会使雕刻图案更加清晰逼真，长时间不会褪色。①

东昌葫芦雕刻的题材内容非常丰富，以写实性的花鸟、鱼虫、走兽、人物、山水居多，其中人物雕刻的取材尤其丰富。②有以四大名著中的故事情节构思入画的，如桃园三结义、金陵十二钗、三打白骨精、武松打虎等；有的从戏剧人物中进行挖掘，如穆桂英挂帅、三娘教子、墙头记、樊梨花征西、四郎探母等；有"八仙过海"等民间故事、神话传说等。林林总总，不计其数，富有浓郁的生活情趣，既能陶冶情操，又具有珍藏价值。在构图上，具有粗犷淳朴的北方风格，注重汲取民间年画、工艺美术、剪纸中有益的表现手法，不断拓宽表现形式的空间。构图力求开合有度，繁简有序，做到繁而不乱，简而不空，亦繁亦简，因地制宜，变化无穷。东昌雕刻葫芦常用工具有定格圆规、斜口刀、直口刀、圆口刀、剪线刀、刻笔、透孔器等二三十种之多，其中有不少工具是艺人在长期的实践中根据实际需要自行创制的，虽无名无姓，但实用价值不菲。

在雕刻技法上，当地艺人也极有新意。别的地方加工葫芦，都只是在葫芦表面上做文章，并不刻透，东昌葫芦雕刻在技法上的最成功之处在于借鉴雕刻工艺的镂雕技法，不仅改善了葫芦的透气传声性能，也增强了葫芦的整体审美效果。看艺人下刀雕刻，是一种非常优美的艺术享受。以葫芦面为画纸，以特制刀具为画笔，技艺高超的艺人在创作时多是不打稿的，只是将葫芦细细凝神把玩，便能心中有数。先是用圆规在葫芦上、下或者腹部划出若干圆线用于固定刻画空间，而后用铁笔在葫芦上直接勾勒线条，但见手中的铁笔运用自如，一会儿细刻精画，一会儿率笔了了。用笔下刀时紧时慢，时疾时徐，线条、刻痕多稳健沉着，轻则如游丝，隐约含蓄，重则如高山坠石，触目心惊。或片，或刻，或镂，手法多变，运用

---

① 荀春艳：《东昌葫芦雕刻艺术的传承与发展研究》，硕士学位论文，重庆大学，2012年，第12页。
② 李宗伟主编：《山东省省级非物质文化遗产名录图典》（第1卷），山东友谊出版社2012年版，第320页。

自如,恰到好处,栩栩如生。①

东昌葫芦雕刻艺术风格淳朴、典雅,洋溢着浓郁的乡土气息。其题材的广泛性、技法的独特性、风格的多样性在中国民间工艺品中实不多见,具有重要的艺术价值。其价值主要体现在以下三个方面:一是文化价值。其内容在神话、民俗、工艺美术领域占有相当重要的位置。其寓意与仙道、富贵、长寿、子孙繁盛等有密切相关,文化内涵极其丰富。二是学术价值。其地域的适宜性,质地的独有性,题材的广泛性,技法的独特性,风格的多样性,在中国民间工艺品中实不多见。三是社会价值。发掘、抢救、保护东昌葫芦雕刻,对丰富聊城市、东昌府区的文化积淀,推动文化事业的全面发展,促进精神文明建设,都将产生重要的促进作用。②

二 东昌葫芦雕刻的传承现状

聊城葫芦种植和葫芦技艺工艺历史悠久,目前葫芦产业发展已取得初步成效,葫芦种植面积达3000多亩,葫芦及雕刻葫芦的年销售额达4000余万元。东昌葫芦不但销往全国各地,而且出口到英国、美国、加拿大等10多个国家。2006年,东昌葫芦先后参加了第二届深圳国际文化产业博览会和山东省首届文化产业博览会,聊城还被命名为山东省"葫芦艺术之乡"。2007年10月,中国江北水城(聊城)首届葫芦文化艺术节召开,邀请了国内知名葫芦文化研究专家参会。2008年9月,第二届中国江北水城·运河古都(聊城)葫芦文化艺术节在聊城运河文化博物馆广场隆重开幕。这次葫芦艺术节是由东昌府区委、区政府和聊城市文化局共同主办的,此次活动的主要内容包括第二届葫芦文化艺术节葫芦工艺大赛、中华葫芦展销交易会、中华葫芦文化产业高端论坛等。

在漫长的发展历史中,东昌葫芦雕刻技艺的传承严格按照师带徒的方式进行,代代相沿不绝,逐渐形成了闫寺、梁水镇和堂邑镇路庄等三大雕刻谱系,三大谱系在葫芦雕刻技巧和艺术表达方式上各有所长。

1. 堂邑路庄雕刻谱系

堂邑路庄雕刻谱系的代表传承人为郝洪然、于凤刚两人。郝洪然,男,1965年生,初中文化程度,虽然学历不高,但其人天资聪明,勇于探

---

① 王芊编著:《民间美术》(下册),贵州人民出版社2017年版,第96页。
② 王芊编著:《民间美术》(下册),贵州人民出版社2017年版,第96页。

索。身为郝氏葫芦雕刻第六代传人,自小就跟随父辈们学习家传葫芦技艺,擅长于"雕""片""镂"雕刻,尤其擅长于"戏葫芦"的雕刻,其法是用针划,辅以刀刻,之后还可用颜色加以点缀,以使线条更加醒目。在色彩运用上,郝洪然在前人多用黑色的基础之上,增加了红色、绿色等,并可以根据画面需要多色并用,具有一定的突破性。[1]

2. 闫寺雕刻谱系

闫寺雕刻谱系的代表人是李玉成,男,1956年生,系东昌府区闫寺办事处李什村农民。早年他在老艺人那里学来基本的雕刻技艺,经过多年倾心研究葫芦雕刻艺术。他在1983年被评为"山东省十大农民青年文化名人",他的作品曾荣获"全省民间工艺博览会银奖"。2002年,在聊城市第一届"中国江北水城文化旅游节"上,李玉成现场向中外游客表演雕刻绝技,他高超的雕刻技艺吸引了众多游客的关注,让游客们大开了眼界,很多游客当场收购了他的葫芦雕刻作品当作珍品收藏。李玉成的葫芦雕刻作品细腻、逼真,雕刻的主要题材包括"二龙戏珠""武松打虎""八仙过海"《三国演义》《西游记》等民间传说和古典名著。[2]

3. 梁水镇雕刻谱系

梁水镇雕刻谱系的代表人是王新生,男,生于1958年,高中文化程度,东昌府区梁水镇后王村农民。自小便随他的父亲学习葫芦雕刻,是王氏葫芦雕刻工艺第六代传人。王新生的雕刻技法为"戏葫芦"和"片葫芦",雕刻图案以吉祥图案、人物、山水为主。[3]

东昌葫芦雕刻现存三大谱系,随着从事雕刻的艺人日渐稀缺,还存在着很多难以解决的问题。现在优秀的葫芦雕艺人大部分年事已高,心有余而力不足,很难再出精品之作,有的已弃刀多年。东昌葫芦雕刻工艺正受到市场经济的发展的冲击,目前市场对雕刻葫芦需求量少且价格低廉,很多艺人都转向市场前景较好的另外一种工艺——烙画葫芦制作,在利益的驱使之下,深入钻研葫芦雕刻静下心来刻苦学习的年轻人越来越少。东昌

---

[1] 苟春艳:《东昌葫芦雕刻艺术的传承与发展研究》,硕士学位论文,重庆大学,2012年,第22页。

[2] 苟春艳:《东昌葫芦雕刻艺术的传承与发展研究》,硕士学位论文,重庆大学,2012年,第23页。

[3] 苟春艳:《东昌葫芦雕刻艺术的传承与发展研究》,硕士学位论文,重庆大学,2012年,第23页。

葫芦雕刻工艺的传承问题已经成为社会各界有识之士的共识，各项保护措施正在不断补充和完善，东昌葫芦雕刻正在困境中慢慢恢复着它青春的活力。

为了传承和发展东昌葫芦雕刻，市、区文化部门通过举办全市雕刻葫芦大赛、民间绝活大赛等形式，让民间艺人们进行学习、交流；通过传、帮、带培养出了"山东省十大农民青年文化名人""全省民间工艺美术博览会银奖"获得者李玉成等一批中青年高水平雕刻人才。当地还成立了多个葫芦研究基地、葫芦工艺公司等，开发出上千个新品种。除了雕刻，还有烙画葫芦、押画葫芦、彩绘葫芦、漆绘葫芦等，千姿百态，异彩纷呈。当地政府目前正在规划建设"东昌葫芦一条街"、准备举办葫芦文化博览会等，为传统工艺葫芦的发展搭建平台，形成民间特色文化区，给非物质文化遗产的保护和发展注入新的生机和活力。[①]

三 东昌葫芦雕刻保护与传承策略

传统工艺美术历史悠久，是传统文化的重要载体。保护、抢救传统工艺美术，是弘扬民族优秀文化遗产，促进产业振兴和发展的基础性工程。这项工作，必须紧紧依靠各级政府发挥主导作用。总的来说，为促进传统工艺美术的保护和传承，相关部门要力求做到以下几点：

一是加强对保护传统工艺美术重要性的宣传，树立保护意识，形成全社会关心、支持保护传统工艺美术的良好氛围。政府部门必须切实关注民间艺术的保护工作，从观念上给予必要的重视，在物质上给予必要的支持，尽可能为民间艺术创建展示的舞台。相关政府部门可以建立专门的工艺美术馆和民俗馆，收藏有学术、艺术价值的实物、文献等，并展示重要的作品、图片、影像资料和史料，介绍特殊的工艺美术手工道具和生产技术流程，进而使其成为传统民族文化教育的重要场所和海内外来宾了解风土人情、文化历史的窗口。[②] 建议把有关非物质文化遗产的内容引入学校的课堂中，作为素质教育的一个重要组成部分，培养他们对民间艺术等的感情，将来工作以后他们才有可能主动去做民间艺术的保护、传承、发展

---

① 苟春艳：《东昌葫芦雕刻艺术的传承与发展研究》，硕士学位论文，重庆大学，2012年，第26页。
② 张亚杰：《关于传统工艺美术的保护与发展的思考》，《科学与财富》2018年第6期。

工作。另外，我们也必须通过有效的教育来挖掘和培养民间艺术人才，因为人才的缺乏也是制约民间艺术保护与发展的一个重要因素。①

二是加快出台传统工艺美术保护规章和办法，做到有法可依，有章可循，使传统工艺美术在法律法规的保护下传承光大。我国关于民间艺术的保护与发展的立法工作相对比较欠缺，目前能够使用的主要是知识产权保护法等几个相关法律，而且这些法律实施起来的难度比较大，再加上很多民间艺术家本身缺乏必要的法律意识，这就给很多不法之徒可乘之机，给民间艺术的正常传承和健康发展带来了很多不利因素，因此必须尽可能制定和完善有关的法律法规，为民间艺术的传承与发展制造一个相对纯净的空间。政府部门应尽快制定比较完善的制度和法律法规，为民间艺术的延续与发展保驾护航。

三是完善和健全保护机制，采取多种措施加强对传统工艺美术遗产的保护。加快建立政府保护性资金，完善使用办法，主要用于人才保护和培养，技艺抢救、保护和创新，传统工艺美术保护基地和大师工作室建设，组织大师开展创作、科研和产品开发，征集、收藏、展示优秀工艺美术代表作等。政府有关部门应深入调查和全面摸清传统工艺美术的现状，建立人才、技艺、特有资源档案库，作为政府实施保护措施的依据。编纂出版相关图书资料，作为文化和产业遗产保护的重要措施。此外，还要强化对传统工艺美术原材料资源保护。对于可再生资源，要划定专门保护区域，确保材料品质，对不可再生的重要专用资源，要建立必要的储备制度，明确开采保护调配权，严禁盲目开采。②

四是加强对传统工艺美术的创新，保护和培养工艺美术人才。创新是一切文化艺术的生命，任何一成不变的文化艺术形式终归要走向枯萎和衰亡。因此，相关政府部门应对传统工艺进行保护、利用，并在创新中保护，在发展中利用。③ 现阶段，工艺美术行业中存在着一些矛盾：第一，许多传统技艺后继无人；第二，现有宝贵人才的作用得不到发挥。因此，相关部门必须充分发挥传统工艺人才的作用，牢固树立人才资源是第一资

---

① 苟春艳：《东昌葫芦雕刻艺术的传承与发展研究》，硕士学位论文，重庆大学，2012年，第31页。

② 段立宏主编：《全面建设小康社会的宏伟蓝图：山东省国民经济和社会发展第十一个五年规划纲要汇编》，山东人民出版社2006年版，第310页。

③ 张亚杰：《关于传统工艺美术的保护与发展的思考》，《科学与财富》2018年第6期。

源的理念，尊重人才、尊重创造，创新人才兴业战略机制，大力培养、积极引进、合理使用各类人才，建设一支结构合理、素质较高的工艺美术人才队伍。要加强大师队伍和创意人才队伍建设，完善师承制度，健全培训体系，优化人才队伍结构，培养和引进专业管理人才，加快建立人才辈出、人尽其才的机制，营造凝聚人才的良好环境。①

具体到东昌葫芦雕刻技艺来说，为促进其保护、传承和发展，我们可以采取以下措施：

1. 进行葫芦种植专业村建设，在基础较好的堂邑镇路庄村等地扩大种植面积，为实现产业化运作打下种植基础。通过本地融资、对国内外招商引资等形式，依托嘉明经济开发区，打造葫芦种植特色园区，使东昌府区的葫芦种植不仅实现区域种植面积的规模化发展，还要实现种植基地建设的特色化运营。与国内外知名农科院所联合，聘请高科技人员利用现代生物种植技术大力研发异形葫芦、色彩葫芦、巨型葫芦等特色品种，形成特色葫芦文化种植产业链。②

2. 非物质文化遗产保护工作的最终目的，就是通过保护非物质文化遗产的有序传承，为我们民族的全面复兴保存更多的文化资源，促进社会主义事业的健康快速发展。"因而，但凡有利于非物质文化遗产保护工作的商业活动，我们都应该支持和鼓励，这也是理性保护工作的必需。"③ 东昌葫芦雕刻是聊城的一大特色，近年来，人们逐渐重视传统工艺的发展，在政府的大力支持下，它给聊城的旅游起了积极的推动作用，经常以工艺品或者装饰用品的形式被当作聊城特产赠送亲朋好友，在聊城的旅游景区和大街小巷都能看到葫芦产品的身影，给人们带来喜庆的味道，陶冶人们的情操，还具有返璞归真的意境。但是葫芦雕刻旅游产品的现状并不乐观，因为它一直以传统的形态出现在人们的生活中，没有功能性的应用，很多葫芦产品在人们买回家里之后被挂在墙上，或者被扔在地板上当作垃圾处理掉。政府应该加大管理力度，充分利用现有的资源，如可以成立葫芦文

---

① 段立宏主编：《全面建设小康社会的宏伟蓝图：山东省国民经济和社会发展第十一个五年规划纲要汇编》，山东人民出版社2006年版，第311页。
② 苟春艳：《东昌葫芦雕刻艺术的传承与发展研究》，硕士学位论文，重庆大学，2012年，第27—28页。
③ 张兆林：《非物质文化遗产保护实践中的商业活动探究——以我国传统木版年画为核心个案》，《艺术百家》2018年第1期。

化研究组织，专门针对雕刻葫芦文化的发展进行专业研究，从而开发葫芦产业的延伸项目。① 扩大葫芦文化产业的范畴，初步尝试与医药业、美食业、动漫业、茶品业等产业间的交流和融合。大力发展葫芦动漫业和葫芦文化影视业，使葫芦文化的传播具有新的市场价值和文化价值。② 在挖掘葫芦文化更多可能性的同时，对丰富聊城的历史文化也具有重要的意义，还可为聊城葫芦雕刻的销售做无形的宣传。

3. "工艺美术生产具有物质生产和艺术创作两种属性，生产者不仅按照艺术设计和工艺流程完成从原材料到成品的制作，而且在制作中还要进行再创作和艺术加工。"③ 这种艺术创作和加工在很大程度上影响并决定着产品能够有更大的经济效益。在满足多元化、个性化的市场需求时，产品通常需要不断地进行创新，只有这样，其发展的空间才会更加广阔。可以通过举办相关赛事，激发传承人的创新潜力，进一步拓展艺术加工的空间。通过报告讲座、专题会议等形式，增强彼此之间的学习和交流，不断提升传承人的专业技能和工艺水平。在鼓励传承人进行创新的同时，还要强化与各大美院，工艺研究所的联合，力争在艺术表现和文化内涵上实现创新和突破。除在传统技法上有所创新外，还要打破国界，将世界上各民族的优秀的文化嫁接到葫芦上来，形成民族文化与世界文化的完美融合。④

4. 统一以前传统家庭作坊制的分散状况，如统一葫芦的质量标准、收购标准、销售价格等，这样可以让产品更能够顺应市场，在葫芦销售方向上少走弯路，为葫芦产业做大做强打下坚实基础。⑤ 加强对东昌工艺葫芦文化的挖掘整理，为东昌工艺葫芦的底蕴注入更多的活力，更好地宣扬东昌葫芦雕刻独特的品牌文化。⑥ 聊城东昌雕刻葫芦器具有很强的实用性，

---

① 路颖颖：《中国传统"匏器"的设计方法与再生途径研究——以聊城东昌雕刻葫芦为例》，硕士学位论文，南京艺术学院，2012年，第34页。
② 荀春艳：《东昌葫芦雕刻艺术的传承与发展研究》，硕士学位论文，重庆大学，2012年，第30页。
③ 朱怡芳：《传统工艺美术产业发展与政策研究：文化、社会、经济的视角》，北京理工大学出版社2013年版，第58页。
④ 荀春艳：《东昌葫芦雕刻艺术的传承与发展研究》，硕士学位论文，重庆大学，2012年，第27—28页。
⑤ 路颖颖：《中国传统"匏器"的设计方法与再生途径研究——以聊城东昌雕刻葫芦为例》，硕士学位论文，南京艺术学院，2012年，第34页。
⑥ 荀春艳：《东昌葫芦雕刻艺术的传承与发展研究》，硕士学位论文，重庆大学，2012年，第28页。

而且葫芦的造型优美,有很高的可塑性。将其引入现代的设计教育,开展相应的教学课程,不仅有利于创造出新的题材出来,还可以让葫芦文化得以流传,对促进传统文化的传承和发展具有重要作用。①

5. 加大葫芦文化产业的经济效益和社会效益宣传,参照发展服务业的优惠政策,制定葫芦文化产业发展的优惠政策,对葫芦文化产业进行重点扶持。开办工艺美术培训班,在下岗职工,待业青年和在校学生中招收学员,培养葫芦工艺美术加工人才。瞄准国际市场,从大学应届毕业生中培训具有专业外语基础的葫芦营销人才,突破原有销售模式。加强葫芦加工人才的统筹和培养工作,建立一支专业性强的葫芦工艺加工队伍。与日本、美国、韩国等国家的葫芦协会联系合作,筹备国际葫芦文化艺术博览会,真正让东昌葫芦雕刻文化走出国门、走向世界。②

东昌葫芦雕刻选料讲究,构思精巧,雕刻精湛,内容丰富,具有浓郁的地方特色以及很高的文化、学术、历史和社会价值。近年来,随着国家对发展文化产业的重视,东昌葫芦雕刻日益走向产业化。我们必须用文化创意来激活葫芦产业,把文化资源优势转变为产业优势,引导葫芦加工不断提升文化创意水平。在对东昌雕刻葫芦经济效益挖掘和扩展葫芦文化艺术形式的同时,也要用理性的思维思考东昌雕刻葫芦的传承和发展,使之在为当地带来经济效益的同时不失去其自身独有的技艺个性与特色,使东昌葫芦雕刻文化得到更好的传承和发展。

第四节　传统技艺的保护与传承:
以临清贡砖烧制技艺为例

临清贡砖烧制技艺是我国古代建材烧制技艺的重要代表,因其烧制砖窑位于山东临清而得名。临清贡砖广泛运用于明清皇家及官府建筑,具有"敲之有声,断之无孔,坚硬茁实,不碱不蚀"的特点,历经几百年仍坚

---

① 路颖颖:《中国传统"匏器"的设计方法与再生途径研究——以聊城东昌雕刻葫芦为例》,硕士学位论文,南京艺术学院,2012年,第33页。
② 苟春艳:《东昌葫芦雕刻艺术的传承与发展研究》,硕士学位论文,重庆大学,2012年,第28页。

硬如石，显示了临清贡砖烧制工艺的高超。2008年6月7日，临清贡砖烧制技艺被列入第二批国家级非物质文化遗产名录。

一 临清贡砖烧制技艺概述

临清贡砖开始于明永乐年间，当时明成祖朱棣为了迁都，用15年时间在北京大兴土木营建皇家城池。由于临清傍临运河，运输方便，土质特别，水质不碱，成为当时生产贡砖的首选之地。于是官府在临清划地营建官窑数百座，专设"工部营缮分司"督烧，验收合格的贡砖用黄表纸封装好，通过船只运送到天津直沽厂，复检后运送北京。据清乾隆五十年（1785）《临清直隶州志》记载，"朝廷岁征城砖百万"。在北京城，除了故宫和十三陵外，天坛、地坛、日坛、月坛及各城门楼、钟鼓楼、文庙、国子监、清东陵、清西陵等，无不闪现着临清贡砖的身影。可以毫不夸张地说，是临清贡砖撑起了北京皇城。清代末年，随着北京皇城建设的基本结束，前后共延续了五百余年的临清贡砖官窑停烧。一直到中华人民共和国成立，临清贡砖的烧制都没有恢复。直到1996年，景永祥在临清西陶屯村建起了永祥贡砖厂，才恢复了一度在临清绝迹的贡砖生产。

临清贡砖烧制工艺包括选土、碎土、澄泥、熟泥、制坯、晾坯、验坯、装窑、焙烧、洇窑、出窑、成砖检验等多道工序。用土时，先将土用大、小筛子各筛一遍再用水过滤，待其沉淀后将泥取出，用脚反复踩踏均匀后脱砖坯。砖坯要求棱角分明，光滑平整；脱好的砖坯经晾干之后便可装窑烧制。每窑砖需烧制半个月，再经一周时间洇窑后出窑。[①] 临清贡砖生产工艺复杂精细，用料也非常讲究，土必须是当地特有的"莲花土"，水则必用漳卫河水（俗称"阳水"），就连烧造临清贡砖的燃料也有要求。"打官司的是秀才，烧砖的是豆秸"，讲的就是烧贡砖一定要用豆秸秆。[②]

临清贡砖烧制技艺是劳动人民勤劳和智慧的结晶，具有重要的历史、社会、科学和经济价值。首先，研究临清清贡砖的生产、检验、运输等内容，对于探讨明清两代的漕运史、政治史、经济史和社会史具有重要意

---

① 冯骥才总主编：《中国非物质文化遗产百科全书·代表性项目卷》（下卷），中国文联出版社2015年版，第777—778页。
② 李宗伟主编：《山东省省级非物质文化遗产名录图典》（第1卷），山东友谊出版社2012年版，第419—420页。

义。其次，临清当地的贡砖烧造技艺，体现了明清时期窑户匠人们的知识体系和价值观念，对保护文化的多样性、社会和谐性有重要的意义。再次，临清贡砖烧制技艺为我们提供了极其丰富的史料和极有学术价值的资料，有助于我们从材料学、建筑学、人类学、民族学、历史学、社会学等多种学科领域去进行相关的科学研究和认识活动，具有很高的科学价值。最后，临清贡砖烧制技艺传承人——景永祥于1996年恢复了贡砖生产，使得临清贡砖回归市场。既延续着传统的烧造工艺，又创造着经济价值，还能为当地创造就业机会，使得其经济价值也极为显著。①

二 临清贡砖烧制技艺的传承和保护现状

20世纪七八十年代期间，故宫、天坛、光岳楼等古建筑先后展开维修，纷纷来临清购买贡砖，却发现历史上曾经名震全国的临清贡砖，几乎已经无人烧制，令人扼腕痛惜。1996年，在有关部门的大力支持下，临清贡砖烧制技艺第五代传承人景永祥建立了西陶屯砖厂，恢复了贡砖烧制业务。2008年，临清贡砖烧制技艺列入第二批国家级非物质文化遗产名录；2009年，景永祥被山东省政府确认为临清贡砖烧制技艺代表性传承人。临清贡砖恢复生产后，已先后用于蓬莱阁城墙、济南大明湖大殿和成都杜甫草堂以及临清舍利宝塔的维修。近年来，全国各地都在主打旅游品牌，重修古建筑，聊城古城开发、阳谷狮子楼维修、台儿庄古城以及德州魏氏庄园建设等都相继联系订货。昔日曾经被人们冷落的临清贡砖，如今逐渐成了"香饽饽"，成为享誉全国的知名品牌。

景永祥自砖厂建成之后，便开始着手贡砖烧制技艺的非遗申报，期间他的砖厂规模也在不断扩大，在市文化局的帮助下，临清的贡砖烧制技艺终于被确定为第二批国家级非物质文化遗产，景永祥也被确定为贡砖烧制技艺的传承人。根据学者的调查，真正的传承人是存在争议的，因为各种资料都显示真正的传承人是临清市河隈张庄的程氏一族，但考虑到景永祥在恢复贡砖生产方面所做出的努力，程氏并没有提出异议，毕竟贡砖烧制技艺之所以能够再次受到关注与景永祥的功劳密不可分。②

---

① 刘昆：《非遗视野下的临清贡砖烧制技艺价值研究》，《环球人文地理》2016年第10期。
② 马丽林：《传统手工技艺与民众生活变迁——以临清贡砖制造业为例》，硕士学位论文，山东大学，2016年，第23页。

十几年来，为了临清贡砖的工艺传承和发展，景永祥历经千辛万苦。他曾慕名到全国各地同行业进行考察、观摩、学习，在工艺上取长补短，使贡砖烧制技艺不断完善，产品质量更加过硬。在沿袭传统工艺的基础上，他对贡砖烧制技术进行了有益的探索和改革，如改进烧窑燃料，增强了砖的抗压程度，既缩短了生产周期，又提高了产量。用生产陶瓷的练泥机替代了人工熟泥，既节省了时间，又使得泥坯中气孔减少，更加均匀细腻。对原来传统的土窑也进行了重新包装，外表用砖培起，既减少了风化，又让砖窑更加美观。为适应市场需求，还增加了砖的品种，开发出了包括"方砖"在内的十几种规格的吉砖。2011年，在景永祥的努力下，政府投资了3万元在景永祥的贡砖厂建立了一处贡砖博物馆，主要陈列展览一些出土的贡砖以及贡砖生产的模具，供人前来参观。如今景永祥的古砖厂在社会上已有较高的知名度，各路媒体纷纷对其进行报道。[①]

近年来，因仿古建筑修建兴起及古建筑修缮产生的贡砖需求，极大地刺激了临清贡砖的需求量与生产量，有力地促进了临清贡砖文化的传承和发展。目前，临清永祥贡砖生产基地的砖窑已由原来的6座扩大到8座，总占地面积40余亩，各种规格的贡砖年产量已超过200万块。为了进一步扩大影响，打造临清贡砖品牌，景永祥在当地政府有关部门的大力支持下，正筹划建造贡砖展厅，优化周边环境，准备将基地建设成为集项目传承、生产销售、文化展览、生态旅游于一体的文化遗产胜地。

除景永祥的砖窑外，临清魏湾镇还有两处贡砖生产基地，分别为位于魏湾镇东北不远的赵回村的魏家湾贡砖展示基地和魏湾镇北面不远由马村的魏湾老官窑李氏贡砖传承展示基地，两个基地现已形成稳定的产业体系。其中魏家湾贡砖展示基地是2008年建立的，传承人为赵庆安。赵庆安的祖父就是贡砖窑的掌柜，他七八岁跟父亲赵孝达学会了贡砖全套制造技艺。目前该基地已生产13年，每年能出200万块砖。2019年年底，基地与故宫一古建公司签订了常年供货合同，供故宫修缮墙体。另外，还给聊城古城区、湖北武当山五龙宫、泰山岱庙、大汶口文化遗址、鲁班广场、北戴河秦始皇行宫等地方供过货，甚至还远销韩国和日本。魏湾老官窑李氏贡砖传承展示基地于2009年建成，传承人为李维见。他从小跟父

[①] 马丽林：《传统手工技艺与民众生活变迁——以临清贡砖制造业为例》，硕士学位论文，山东大学，2016年，第24页。

辈们学会了贡砖制造技艺，现已传承给四五个徒弟。目前，魏湾老官窑李氏贡砖传承展示基地主要给枣庄、临沂、河南、河北、山西等地供货。①

三 临清贡砖烧制技艺的保护策略

（一）生产性保护

生产性保护是在非物质文化遗产保护实践中，针对传统技艺、传统美术和传统医药类等具有较强的实践性、社会参与性，并且在市场环境中具备较强生存能力的非物质文化遗产项目提出的保护方式。2012年2月2日，文化部发布的《关于加强非物质文化遗产生产性保护的指导意见》指出，非物质文化遗产生产性保护是指在具有生产性质的实践过程中，以保持非物质文化遗产的真实性、整体性和传承性为核心，以有效传承非物质文化遗产技艺为前提，借助生产、流通、销售等手段，将非物质文化遗产及其资源转化为文化产品的保护方式。②

生产性保护以保持传统工艺流程的整体性和核心技艺的真实性为原则，尊重非物质文化遗产传承发展的规律，其出发点和落脚点都是非物质文化遗产的保护与传承。这与当前社会上普遍流行的工艺品的产业化开发不同，非物质文化遗产生产性保护虽然倡导项目保护单位或企业采用现代产业化模式，参与市场竞争，但与一般的文化产业有本质的区别。它不以市场需求、利益最大化为导向，不能为追求利润而肆意改变传统的技艺方式和生产模式，尤其不能以机械化取代手工技艺。③

在临清贡砖烧制技艺的生产性保护实践中，政府可以为贡砖生产厂家提供政策扶持，如为传承人使用天然原材料、珍稀原材料提供帮助和支持，鼓励和支持传承人在传承传统技艺、坚守传统工艺流程和核心技艺的基础上对技艺有所创新和发展；支持和帮助代表性传承人开展产品宣传，为代表性传承人提供技艺展示、产品销售的渠道和平台等。此外，各级政府还应有计划地建设一批非物质文化遗产生产性保护基础设施，为代表性

---

① 庞玉伟：《细数聊城非遗：两位市级传承人成临清贡砖传承主力》，聊城新闻网，2020年5月18日。
② 汪欣：《中国非物质文化遗产保护十年（2003—2013年）》，知识产权出版社2015年版，第189页。
③ 汪欣：《中国非物质文化遗产保护十年（2003—2013年）》，知识产权出版社2015年版，第189页。

传承人提供必要的生产、展示和传习场所。除了政府发挥引导功能，个人、企业和社会组织等社会力量的参与对于推动非物质文化遗产生产性保护也具有重要作用。专家学者及研究机构，要努力为临清贡砖的生产性保护实践提供智力指导；相关企业和组织也应促进行业自律和行业监管，推动非物质文化遗产生产性保护健康发展。

（二）整体性保护

"整体性保护"是非物质文化遗产三大基本保护方式之一。整体性原则也是非物质文化遗产保护的重要原则之一。王文章《非物质文化遗产概论》最早对"整体性"做了定义，即"要保护文化遗产所拥有的全部内容和形式，也包括传承人和生态环境。从整体上对非物质文化遗产加以关注并进行多方面的综合保护"①。在非物质文化遗产保护工作开展之初，就有学者提出非物质文化遗产的"整体性保护"原则。国家非物质文化遗产保护工作专家委员会副主任委员刘魁立在其《非物质文化遗产及其保护的整体性原则》一文中指出"世界非物质文化遗产保护的目的是以全方位、多层次和非简化的方式来反映并保存人类文化的多样性。它涉及整体性文化的各个方面，几乎包括了传统和民间文化的所有表现形式，而不仅仅是个别文化形式的有限综合"。"如果不能从整体上对非物质的文化遗产加以关注并进行综合保护，如果仅仅以个别'代表作'的形式对已经认证的文化片段进行'圈护'，那就可能在保护个别文化片段的同时，漠视、忽略、遗弃或者伤害更多未被'圈护'的优秀文化遗产。""保护非物质文化遗产的整体性原则不仅是就空间向度而言，也表现在时间向度上。……不应割裂这种文化传统与民众生活方式的关联，把这种文化传统固定在既有的时态上，遏制了它在新的生存时空下的新发展。"②

以上论述体现了三方面内容，第一，非物质文化遗产本身具有整体性，是一种综合的文化形态，而非孤立的单一的文化形式；第二，在保护实践中，要从整体上对非物质文化遗产进行综合保护，而非孤立保护某些文化片段；第三，非物质文化遗产的整体性包括空间向度和时间向度，既要看到文化的区域性，又要看到文化的历史性。

---

① 王文章：《非物质文化遗产概论》，教育科学出版社2010年版，第292页。
② 刘魁立：《非物质文化遗产及其保护的整体性原则》，《广西师范学院学报》（哲学社会科学版）2004年第4期。

在我国非物质文化遗产保护实践中，人们也逐渐认识到"整体性"原则的重要性。非物质文化遗产名录申报制度，使人们看到的是单一的非物质文化遗产项目。这些非物质文化遗产项目呈现的是孤立的文化表现形式，或为一项技艺，或为一个剧目，或为一个传说，或为一首歌曲。在保护过程中，人们也从某个具体项目出发制定相应的保护措施，所保护和传承的内容为该项目本身。这种单一的保护模式，直接导致了文化的"碎片化""片段化"。这种保护方式，就如同将某一文化要素从历史长河中截流，使其成为文化海洋中的一块孤石。没有"文化背景"的非物质文化遗产在不断发展的传统文化历史流中显得单薄无力，而这"文化背景"就是与非物质文化遗产相互依存的文化环境。而整体性保护，则是将文化要素置于其生存发展的文化环境之中，将这一文化要素视为环境整体的一部分，实施综合保护。这种保护模式，不再将文化要素孤立，不再使文化"碎片化"，也正是非物质文化遗产保护对维护其整体性的诉求。①

非物质文化遗产尽管具有非物质形态，但其生存与发展离不开特定的文化土壤，没有生态环境就失去了非物质文化产生的源头活水。生态环境包括自然生态环境和文化生态环境，两者相辅相成、相得益彰。运河文化广泛地存在于运河两岸人们的生产生活当中，与沿岸居民的生产、生活、文化交流活动相融合，为当地民众所适应，成为人们生活的重要组成部分。运河文化与地理、环境、生态密切关联，与周围的生态环境互相阐释、互为依存，完全依赖生态环境作为文化背景才能显现其文化特色。对临清贡砖烧制技艺实行"整体性保护"，既要保护非物质文化遗产本身，也要保护产生它的生命之来源，比如非遗传承人、传承环境、非遗本身相关的材料和工具、非遗流通环节等。②

我国的非物质文化遗产保护工作，像世界上的很多国家一样，都是以政府主导发挥着重要的推动作用。但同样重要和不可忽视的是，在保护工作中不断提高社会公众的参与意识，形成社会公众主动参与保护和承担保护职责的文化自觉，特别是重视发挥好传承主体与保护主体的作用，才是实现保护工作目标、持久做好保护工作的根本。

---

① 汪欣：《中国非物质文化遗产保护十年（2003—2013年）》，知识产权出版社2015年版，第191页。
② 刘昆：《临清贡砖烧制技艺整体性保护研究》，《资治文摘》2015年第3期。

第七章 运河非遗保护和传承的个案研究

非物质文化遗产是植根于民族民间文化土壤的活态文化,是发展着的传统的行为方式和生活方式,它不能脱离传承主体而独立存在。它的延续与发展永远处在活态传承与活态保护之中,尊重传承人,调动和发挥传承人的积极性和聪明智慧,使他们自觉地、主动地承担传承的责任,依靠他们的传承使非物质文化遗产得以延续,这是做好保护工作的基础。① 从整体上保护临清贡砖烧制技艺,关键是要保护好该项技艺的传承人。要加强对临清贡砖烧制技艺传承人或传承群体的管理,随时了解他们的生活状况,给予其一定的经济补助和精神奖励,为其生产和发展提供力所能及的支持和帮助,营造良好的社会氛围,使其能够专心地从事该项技艺的传承和发展,是整体性保护该项传统技艺的关键所在。

"我国非物质文化遗产保护工作是围绕非物质文化遗产项目及传承人开展的,实施途径是通过非物质文化遗产项目认定一定数量的传承人,保护措施即通过保护传承人来力求实现对具体项目的保护。"② 对非物质文化遗产实行整体性保护,需要充分发挥非物质文化遗产保护主体的作用。非物质文化遗产保护主体与传承主体都是非物质文化遗产保护主体指负有保护责任、从事保护工作的国际组织、各国政府相关机构、团体和社会有关部门及个人。各类不同的保护主体承担不尽相同的保护职责,但形成社会公众自觉参与保护工作的良好氛围,是各类不同的保护主体行使保护职责的基础。同时,各种非物质文化遗产是在基层社区、群体、公众生活中衍变和发展的,它也是人们生活或生产方式的重要组成部分。联合国教科文组织《保护非物质文化遗产公约》指出:"承认各社区,尤其是原住民、各群体,有时是个人,在非物质文化遗产的生产、保护、延续和再创造方面发挥着重要作用,从而为丰富文化多样性和人类的创造性做出贡献。"这就要求各个国家"在开展保护非物质文化遗产活动时,应努力确保创造、延续和传承这种遗产的社区、群体,有时是个人最大限度的参与,并吸收他们积极地参与有关的管理"。这是因为,非物质文化遗产就在我们身边,保护可以从我做起。广大民众既是非物质文化遗产的保护者,也是它的享有者,只有顾及两方面,非物质文化遗产的延续和发展也才有了深

---

① 王文章:《汇真集》,北京时代华文书局2017年版,第301页。
② 张兆林:《非物质文化遗产集体性项目传承人保护策略研究——以聊城木版年画为核心个案》,《文化遗产》2019年第1期。

厚的土壤。① 在具体保护临清贡砖烧制技艺的过程中要协调传承人、政府等方面的利益诉求。这其中包括非遗传承人个人的利益诉求，有提高个人收入、改善生活环境的基本追求；行政部门的政绩作为和商业单位的追求利润；学校教育部门希望借此，来满足开辟新的教学思路和创作资源的初衷。所以，在具体操作过程中，千万不能利益严重失衡，否则会对文化遗产所赖以生存的价值观念造成根本性的破坏。②

临清贡砖烧制技艺是我国古代建材烧制技艺的重要代表，因其烧制砖窑位于山东的临清而得名。贡砖的烧造最早始于明永乐初期，这种烧制技艺是临清当地劳动人民在长期生产实践中积累下来的独特经验，具有重要的历史、文化和社会价值。临清贡砖烧制技艺产生于京杭大运河漕运兴盛时期，是一种与运河联系较为密切的传统手工技艺。"任何一项非遗文化事象，都是存在于整个民族文化系统当中的，抢救和保护这部分遗产，不能割断和脱离开它与相关环境和背景的联系。"③ 在保护和传承过程中，我们要坚持生产性和整体性保护原则，充分发挥非物质文化遗产保护主体和传承人的作用，加大对运河生态环境的保护。既要保护非物质文化遗产本身，也要保护产生它的生命之来源，努力做到产品生产与技艺传承协调发展、共同进步，使其在当代社会中重新焕发生机和活力。

第五节 传统音乐的保护与传承：
以武城运河号子为例

京杭大运河是沟通我国南北方的一条人工大运河，在交通不是那么便利的古代，运河成为全国政治信息沟通、南北物资输送、全国人才交流的最重要通道。它不仅是南北物资交流的大动脉，也是各种文化交汇融合的重要通道。由于京杭运河的流经，运河沿岸地区出现了各式各样的劳动号子，其中就包括武城运河号子。武城运河号子与当地的社会历史、自然环

---

① 王文章：《汇真集》，北京时代华文书局2017年版，第302页。
② 刘昆：《临清贡砖烧制技艺整体性保护研究》，《资治文摘》2015年第3期。
③ 刘昆：《非物质文化遗产整体性保护研究——以临清贡砖烧制技艺为例》，《长江丛刊》2016年第15期。

境息息相关，是山东运河非物质文化遗产的重要组成部分，在运河区域传统音乐中占有极为重要的地位。2006年，武城运河船工号子入选山东省第一批省级非物质文化遗产名录。

一 武城运河号子概述

武城县隶属于德州市，位于鲁西北平原，京杭大运河穿境而过，是山东运河沿岸重要城镇之一，也是运河文化极为丰富的地区。武城段运河现在称"漳卫南运河"，南起老城镇吕洼村，北至四女寺，隋唐时称"永济渠"，明代称"卫河"，清代以后称"南运河"，是京杭大运河重要的一段。武城运河号子根据其使用的场合、劳动特点不同，分为夯号和船号两大类。其中，夯号是在打夯的过程中演唱，船号则主要用于行船的过程中。夯号根据其旋律不同，又分为大号、小号和川号三种类型；船号根据船工们劳动时的动作不同，分为打篷号、摇橹号等十一个种类。

（一）运河船工号子

武城运河船工号子始于元代，鼎盛于明清，直至1978年漳卫南运河断流，运河号子随着水运的废止而衰落。武城有近百个村庄濒运河而居，做船工是武城人谋生的一条出路，船工号子也一直在武城船工中一代一代演生传承。可以说，武城是运河船工号子的发祥地之一。[①]

追溯武城运河船工号子的历史，自元至元二十六年（1289）京杭大运河全线贯通，南来北往的漕运船队络绎不绝，武城运河船工号子应运而生，但已无确切的历史记载。船工号子与运河航运关系密切，明清两代，运河漕运兴盛，来往船只众多，这一时期是武城运河船工号子发展的鼎盛时期。不同地域、不同色彩的船工号子也在这繁荣兴盛的运河漕运中互相借鉴，取长补短，吸取精华，发扬光大，这是促进武城运河船工号子不断发展趋臻完美的有利因素。据老船工们讲，明清两代，运河上来往船只络绎不绝，船工号子此起彼伏，打篷、拉纤、摇橹、撑篙各种号子声响彻云霄，形成了"南来北往船如梭，处处欣闻号子歌"的热闹景象。光绪二十七年（1901），清政府废止漕运，黄河北至临清段运河因黄河泛滥淤成平陆，南北交通中断，但临清至天津段仍然通航，并可到达临清南之馆陶、

[①] 德州市文化广电新闻出版局编：《德州市非物质文化遗产集粹》，内部资料，2010年，第41页。

新乡、道口等码头口岸，承载着道口、新乡、馆陶、临清、德州、沧州至天津的商旅运输，是中原地区衔接京津的水上交通要道，船工行业兴盛不衰，船工号子也继续得以延续。

中华人民共和国成立后，运河的航运出现了繁荣兴旺的局面，解放了的船工们哼出的号子声更加热情奔放、委婉动听，充满了对新生活的热爱和对党的感恩，县文艺工作者根据运河号子旋律谱曲的武城民歌"唱秧歌"，就充分体现了武城运河船工号子的特点，在1964年的"上海之春"音乐会上颇受专家与观众的好评，并制成唱片多次在电台、电视台播放。1978年后，运河断流，水运中断，干涸的河床里没有了桨声帆影，船工号子也随之匿迹，武城运河船工号子完成了它的历史使命。

武城的运河船工号子经过世代船工们的传承和发展，不仅体现了浓郁的地方色彩，也体现了南北运河船工号子交流借鉴的互补特征。运河船工号子是由一人领、众人和的形式进行演唱的。根据劳动过程的特点和其复杂程度，运河船号又可分为十一种特定的号子。按照行船过程划分，依次为打篷号、拉冲号、打锚号、拉纤号、撑篷号、摔篷号、摇橹号、绞关号、警戒号、联络号和出舱号。按照行进方向分上行号和下行号。上行号包括拉帆号、开船号、拉船号，下行号包括打锚号、撑船号和摇橹号。除拉冲号、拉纤（行船）号由号工随同纤夫在岸边步行外，其余号子号工均在船上。由于运河水流平缓，因此，运河号子的结构、旋律、节奏也有所不同。除"打篷号""拉冲号""起锚号""绞关号"给人以紧凑、浑厚高亢、雄壮有力之感外，其余号子多为中速稍慢或慢速，在曲调上则趋于宛转、优美，且带有叙事、抒情的韵味。①

打篷号：船只上航（逆水航行）时首先要打篷，实际上就是升篷。打篷时唱的号子就是打篷号。

打锚号：卫运河中的船上，船头船尾都有锚，起船时便有四五个人一起去打锚，此时号工领唱，船工应唱，大家一起把锚打起。

拉冲号：船在直行航道中，当号工喊起"拉冲号"，纤夫们便铆足力气前冲一段，使船靠惯性前行。

拉纤号：上航时，由于逆水而上，单靠篷的推动力是不够的，所以要

---

① 李宗伟主编：《山东省省级非物质文化遗产名录图典》（第1卷），山东友谊出版社2012年版，第94页。

用人去拉纤,一般小船有六七把纤,一百吨位的一般用十三四把纤,拉纤号分起号、行号。

撑篙号:为使船顺利而又较快地转入正常航行,船上的船工撑起长篙,随着号子一拍一步地向船后身走,船也随之向前开动了。

揎篙号:揎篙号一般用于下航,这时航速较快,为了确保行船的安全,必须用撑篙的办法来应付河道中随时出现的险情,由于撑篙的速度和动作相对地快而急,所以此时唱的号子叫"揎篙号"。

摇橹号:卫运河道的许多地方,河道较直,河面宽阔,河水平稳,此时采用摇橹推动船前行。

绞关号:枯水季、河水较浅,达不到船吃水的深度,此时就用绞关的办法把船拖过浅滩。绞关号就是绞关过程中唱的号子。

警戒号:警戒号主要应用于夜晚或大雾天,是为了防止船与船之间发生危险而唱的号子。

联络号:联络号与警戒号基本曲调相同,但用途不同。联络号是船上船下、船与船之间进行联络用的号子。

出舱号:船开到目的地,驶进码头,船工们就负责把载运的成百吨货物从舱中起出来,这时唱的劳动号子就是出舱号。

运河船工号子伴随着船只从起航到收航,从船上到船下的各种劳动场面,具有浓郁的生活气息和鲜明劳动节奏,直接体现出船工们的劳动动作和情绪。其主要作用是为了缓解船工们在劳动过程中的疲劳,协调动作,鼓舞精神。歌声高昂、豪放,音乐材料简练,歌词和旋律朗朗上口,易于传唱,充分体现了勤劳勇敢的船工们战胜困难的信心和乐观主义精神。

(二) 运河夯号

山东运河沿岸的夯号,德州发现的较多,这与德州的地理位置有关。"德州南靠黄河,北近京畿,地势较低,过去这一河段险情较多,两岸人民为保平安,经常修筑堤坝,这是该地区夯号较为丰富的一个重要原因。"[①] 由于运河越过黄河北上,行至鲁西北平原一带时,河床增高,水位上涨,古代经常决口,几乎连年洪水成灾。别说人民生活艰难,衣不蔽体,食不果腹了,就连生命随时都有被河水吞没的危险。可当地人民并没有因这恶劣的地理条件和常年的自然灾害而气馁、而绝望,反而一代一代

---

① 张桂林主编:《传统音乐》,山东友谊出版社 2008 年版,第 49 页。

不懈地和自然作斗争，和洪水夺吃穿，争生存，长年累月的斗争和劳动，使这里英雄辈出，涌现了可歌可泣的动人事迹。同时，又创作了大量丰富多彩的修筑运河大堤的"运河夯号"。归纳起来，可分为"大号""小号""川号"三大类。

大号：实为操作大夯工具进行劳动的号子。这得用大力气才能使夯起夯落，才能砸得大堤重而实，固而牢，其速度也自然较慢和较自由，曲调比较流畅，音符多为疏散型的。领唱者多是唱完一个数小节的乐句之后，群声起而合之，也多是数小节的乐句。这就是"大号"或称"重号"的特点，因此又有"呼号"之称。①

小号：实际是较为轻快、热烈而诙谐，曲调流畅抒情的号子。表现了鲁北人民战胜河水灾害的信心及乐观情绪，可说是号子化的民间歌曲，或称民间歌曲号子化。题材内容多为民歌中常有的"对花""落莲花""三朵花""十字花""东北风""十针扎"等等。②

川号：大多是在劳动情绪比较高涨、激烈时所唱的号歌。其节奏轻快，情绪活泼，曲调流畅平顺，夯起夯落的速度因而也加快了。节奏多为2/4拍子，领唱一小节，合者也为一小节。为便于演唱词字较多的句子，常常要加用快板句式，形成"唱中有说，说中带唱，说唱灵活结合"的欢快紧张气氛。③川号多以一小节为一乐句，而且常常是一字一音，领唱与合唱衔接紧密整齐、顿挫有力。另外，唱词中加入的念白，突出了地方方言音调特色。川号一般持续时间较短，如《百草花》《越大越带劲》《七星北斗》等。

（三）武城运河号子的价值

首先，它是劳动人民用汗水凝结成的旋律，反映了在特定的历史条件下人们的社会需求及精神状态，对研究运河区域劳动人民的生产生活及地方文化都有着重要的意义。武城运河号子的产生反映了武城运河沿岸劳动人民的智慧，它以一种极具特色的音乐形式表现了运河劳动人民的精神生活，是运河沿岸民众创造的宝贵财富。虽然运河号子早已退出了历史的舞台，但它对于人们研究运河文化、当地民风民俗以及船夫们过去的生活等

---

① 张玉柱主编：《齐鲁民间艺术通览》，山东友谊出版社 1998 年版，第 224 页。
② 张玉柱主编：《齐鲁民间艺术通览》，山东友谊出版社 1998 年版，第 224 页。
③ 张玉柱主编：《齐鲁民间艺术通览》，山东友谊出版社 1998 年版，第 224 页。

内容仍具有重要价值。

其次,运河号子在唱词中包含了较多的风俗人情、历史故事及神话传说等,加之劳动人民的智慧将其有机的结合并进行再加工成为口耳相传的旋律艺术,拥有较高的文化和艺术价值。在运河号子的用词上,由于运河号子与劳动形式紧密结合的特点,船工们选择了没有实词的吆喝声来创作号子,不使用实词。一方面,吆喝起来朗朗上口,便于对旋律的记忆;另一方面,也可以给他们鼓劲、减轻身体上的疲惫。这种用词的方式也可以运用在现代的生产生活中。①

最后,武城运河号子对于研究运河文化具有重要意义。运河沟通南北,不仅带来了物资的交流和互补,也促进了文化上的南北交流,运河文化的一个重要特点就是交融性。② 作为运河文化的重要载体,这种交融性特点在武城运河号子中也有所体现。武城运河号子吸收了来自各地的民歌小调、戏曲等其他艺术形式的曲调,表现力丰富,形式多样,不论是在唱词内容、旋律曲调还是表现形式,都充分体现了这一特质。③

二 武城运河号子传承现状

武城运河号子产生于劳动,并且服务于劳动,它兴盛于运河兴盛时期,同时,随着运河的停运也使该种音乐形式随之没落。随着经济的不断发展以及生产方式的转变、生产力的提高,运河号子所赖以生存的"土壤"也发生了重大的变化,这使运河号子的处境变得不容乐观。京杭大运河德州段早已失去了其辉煌时期的重要性,已经被公路、铁路所替代;运河上行驶的木船也已经被机动船给代替;运河的修筑也已经由机械机器所替代,不再需要号子声来协调劳动和鼓舞士气,运河号子赖以生存的环境已经不复存在了。现如今在武城运河岸边,能够唱上几句运河号子的老纤夫、老艄公们已经为数不多了,当他们渐次地离开人世间时,这种劳动与艺术的完美结合的音乐形式就真的变成了"千古绝唱"。造成武城运河号子濒临失传的原因主要有以下几点:

---

① 商怡:《山东德州运河号子研究》,硕士学位论文,聊城大学,2016年,第35页。
② 李德敬:《德州运河号子的艺术特征及其成因探略》,《德州学院学报》2019年第3期。
③ 解淑红:《德州运河号子的音乐特征与地域文化特色探微》,《德州学院学报》2014年第1期。

1. 京杭大运河的断航

京杭大运河自元至元二十六年（1289）全线通航后，德州一直是漕运重要的码头，并于中华人民共和国成立后成立了航运局。在运河航运兴盛的年代，家家户户几乎都有人靠当船夫谋生，所以就有了"处处闻号子"的景象。1979年，卫运河因水源枯竭断航，航运局解散，船夫们也另寻他路。目前，京杭大运河德州段所包含的南运河和卫运河已基本断流，漕运的消失、运河断航直接导致德州号子变为了"千古绝唱"。①

2. 现代机械化的普遍运用

运河号子产生于农耕时代，与自然环境、劳动方式相互依存。改革开放以后，随着社会的发展，经济的快速提高，科学技术也在日新月异地发生着巨大的变化。现代机械化也逐渐代替了人力劳动，尤其是修筑运河这种大型的、耗费大量劳力的劳动项目。运河号子的产生是为了调节劳动者在劳动过程中的劳累，协调统一节奏的，而大型机械化的机器将这种劳动代替，劳动人民不再需要花大量的时间和精力放在这种劳作中。运河号子的实用性没有了，它也就不再被人民传唱下去了。②

3. 流行音乐的冲击

运河号子一个显著的特点就是使用了地方方言，无论在歌词创作，还是演唱上，都突出了当地方言的特色。如今普通话全面推广，从幼儿园到中小学，几乎所有孩子从开始学说话起就接触普通话。普通话相对德州方言来说缺少了地方韵味，这就使德州运河号子的传唱受到了限制，阻碍了运河号子的发展。③随着现代传媒技术的发展、普及，再加上互联网和电视等强大媒介的传播和推广，使流行音乐的传播力度是越来越大。流行音乐的旋律朗朗上口、歌词即时尚又赶潮流，非常受音乐爱好者的追捧。尤其是年轻的音乐爱好者，因为流行音乐反映的是年轻人们的情感，在内容上也具有浓厚的时代气息，语言也是通俗易懂，非常能够迎合年轻人的需要，旋律朗朗上口，结构短小，比较容易学唱。④德州地区运河号子的产生本身是为了配合劳动作业，因而多数曲体结构简单、旋律起伏不大，

---

① 商怡：《山东德州运河号子研究》，硕士学位论文，聊城大学，2016年，第36—37页。
② 范丽丽：《山东聊城运河号子研究》，硕士学位论文，聊城大学，2014年，第38页。
③ 商怡：《山东德州运河号子研究》，硕士学位论文，聊城大学，2016年，第36页。
④ 范丽丽：《山东聊城运河号子研究》，硕士学位论文，聊城大学，2014年，第38—39页。

唱词也多是语气衬词，其艺术性相对较弱。因此在传承过程中，几乎没有人愿意去学习这种艺术形式，观众也不愿意单独聆听运河号子的作品。①再加上如今德州已经失去了往日的风采，年轻人对运河文化的兴趣更是大大减弱，这也是导致运河号子传承困难的重要原因。②

由于船工号子是船工们在劳作过程中，用以统一步调、行动，激发力量的口号，现在只能靠老号工抽象的描绘，如不通过科学的手段加以搜集、整理、记录，运河船工号子将濒临消亡。2006年，原武城县文化馆退休干部陈仲魁开始走访运河武城段沿岸，搜集运河船号的种种过往。在走访中，陈仲魁结识了运河船号的第六代传承人、时年85岁的老人梁永和。陈仲魁拜梁永和为师，开始学唱运河船号，不仅完整地把运河船号用乐谱记录下来，还在此基础上进一步改编与再创作。同年，武城运河船工号子入选山东省第一批省级非物质文化遗产名录。2008年，在陈仲魁的带动下，武城县运河艺术团成立，如今团员已经发展到了160多人。2017年9月，德州市第二届民间艺术展演中，武城运河号子首次登上舞台，陈仲魁成为"号头"，带着武城运河艺术团的"号工"们，将号子成曲，以一种特殊的艺术形式，将其呈现在当地民众面前。

三 武城运河号子保护与传承策略

任何艺术形式都有其存在的意义，所以，艺术实践者及民俗文化人员理应对存在过的民间艺术进行归纳整理，运河号子的保存与整理也变得尤为重要。尽管在现实生活中运河号子失去了其功用，但它所蕴含的价值却是一直存在的。武城运河劳动号子作为一种地方民族音乐，同时又是运河文化中重要的载体，它代表着鲁西平原运河流域的一种精神，一种艺术内涵，它是特定时代的一种社会风俗展现，是那个时代政治、经济、文化的一道缩影，必须对其进行抢救性保护。所谓"抢救性保护"，是指通过调查、采集、整理、建档等方式，记录、保存和研究被列入各级非物质文化遗产名录或散落民间的、处于濒危状态的非物质文化遗产的保护方式。它是非物质文化遗产保护中的基础性工作。要实现对非物质文化遗产的活态

---

① 李龙骁：《德州地区运河船号调查与研究》，硕士学位论文，山东大学，2017年，第39页。

② 商怡：《山东德州运河号子研究》，硕士学位论文，聊城大学，2016年，第37页。

保护，使其得到传承和发展，首先要做好非物质文化遗产的抢救性保护工作，保存文化基因。① 具体来说，可以采取以下措施：

（一）增强保护意识，完善各项规章制度

保护非遗项目代表性传承人对于抢救保护非物质文化遗产至关重要。传承人是非物质文化遗产的活态载体，是"活珍宝"。非物质文化遗产保护必然要以保护传承人为重点。我国以命名"项目代表性传承人"的方式，对与非物质文化遗产名录项目相对应的优秀技艺持有者进行认定，并制定相应保护措施。通过扶持濒危项目的代表性传承人，使其将这些即将消失的珍贵技艺、技能和知识延续、传承下去，是抢救保护非物质文化遗产的最有效途径。另外，传承人作为非物质文化遗产的重要组成部分，对其口述史、作品等有关资料的记录、采集和建档，也是抢救保护非物质文化遗产的重要内容。②

建档是抢救性保护非物质文化遗产不可或缺的手段。对于普查搜集的非物质文化遗产资料（包括文献、图片、影音以及实物资料），文化部和各地文化主管部门通过建立资料馆、展示馆、专题博物馆以及数字博物馆或数据库等方式进行归档保存，以便于非物质文化遗产保护工作者、研究者以及社会公众共享资源。对于入选各级非物质文化遗产名录的项目，各地在开展保护工作的过程中，也采取建档的方式，保存和共享非物质文化遗产资源。目前，我国实施的"非物质文化遗产数字化工程"，就是以数字档案的形式，实现非物质文化遗产资源的数据化保存以及更便捷的共享。非物质文化遗产博物馆（非物质文化遗产展示馆、传习所、专题博物馆等）也是保存和展示非物质文化遗产资料（包括文献、图片、影音以及实物资料）的有效途径。③

政府相关部门应增加资金投入，关心传承人的生活状况，为其提供一定的生活补助，使其免除后顾之忧，可以专心从事运河号子的保护和传承。对目前还能演唱运河号子的老纤夫、老艄公们进行访谈，并录制相关

---

① 汪欣：《中国非物质文化遗产保护十年（2003—2013年）》，知识产权出版社2015年版，第187页。

② 汪欣：《中国非物质文化遗产保护十年（2003—2013年）》，知识产权出版社2015年版，第188页。

③ 汪欣：《中国非物质文化遗产保护十年（2003—2013年）》，知识产权出版社2015年版，第188页。

视频和音频资料,再由专业的记谱人员对各种运河号子的谱例进行记录和整理,通过建立资料馆、展示馆、专题博物馆以及数字博物馆或数据库等方式进行归档保存。相关部门要利用各种媒体手段,大力宣传运河号子,让更多的人去认识它、了解它、接受它。要努力推动运河号子进课堂、进校园活动。由政府组织运河号子的传承人到高等学校和中小学中进行传授和交流,扩大运河号子的知名度和影响力。

(二)保留原生态文化,实施原真性保护

非物质文化遗产中的传统音乐包含民谣、民歌和民乐,是劳动人民在长期生活过程中集体创作、口头(手把手)相传,且在表现过程中不断完善的音乐表现形式。根据非物质文化遗产申报的要求,对传统音乐代表作申报及评定标准必须具备以下四个条件:第一,有深厚悠久的历史传统和清晰的传承脉络;第二,有特定的传播区域和稳定的表现形式;第三,具有独特的艺术风格;第四,存活于民族民间,是代表当地民众音乐审美趣味的重要载体。传统音乐只有加强保护、不断创新、协调发展、保持特色,才能继续跻身于音乐艺术之林,显示其独特的魅力。[1]

"原真性"是指文化遗产在形成时所具备的基本状况及其沿袭过程中的自然状态。它是文化遗产保护领域定义、评估和监控遗产保护质量的一项基本因素。[2] 保护非物质文化遗产,赋予非物质文化遗产以生命力,既要延续发展其物质形态,更要保护其"真实本体"。[3] 尤其是民间原本存续的各项民俗事项、节庆活动、音乐舞蹈等,按照原真状态开展活动并加强真实性的维护,显得尤为重要。原真性保护应该作为首要原则,贯彻于各个项目的各个环节。在保护运河号子的过程中,我们要坚持原真性保护原则,尽量减少政府和人为的干预,避免对其做过多的改动或修饰,充分发挥传承主体的积极性和主动性,才能使其价值得到真正的展现。

(三)保护运河生态,实施整体性保护

"非物质文化遗产是一个有机整合的文化整体,是一个系统生成的文化形态,其内涵是一个相互联系、相互依存的层次结构。"[4] 山东运河非物

---

[1] 池小霞:《走进福州非遗》,海峡文艺出版社2015年版,第121页。
[2] 卢渊:《陕北米脂传统石雕技艺与传统建筑环境的共生性保护、利用研究》,天津大学出版社2016年版,第178页。
[3] 熊国平:《村俗文化生态保护区规划》,东南大学出版社2017年版,第182页。
[4] 邹珺:《民族非物质文化遗产保护与传承》,吉林大学出版社2016年版,第68页。

质文化遗产种类多样,内容丰富,是沿运地区民众勤劳和智慧的结晶。虽然在具体内涵、形式、功能上有所不同,但它们都是运河文化的衍生物,具有内在的统一性,是同源共生、声气相通的文化共同体。我们所要保护的正是这样一个文化整体。应当将非物质文化遗产视作一个有机的整体,在保护中贯彻整体原则,具有整体保护的视野和方法。

对非物质文化遗产进行整体保护,首先是保护其自身的完整性。"任何一种非物质文化遗产,都是由多种技艺、技能,以及相关的物质载体共同构成的,只保护其中的技艺、技能,是不能将其完整地传承下来的;没有了这些物质载体,非物质文化遗产也难以体现。必须对其技艺技能、全部程序以及相关物质载体实施全方位的保护。"[①] 武城运河号子承载着丰富的社会文化信息,反映着运河沿岸特有的历史文化和风情面貌,体现着沿岸民众的非凡创造力和特有的地域文化精神,是运河文化的核心所在。保护运河号子,不但要保护遗产本身,更要注意保护其所依赖、所因应的生存环境。要高度关注和细心呵护运河号子赖以生存、赖以依托的自然生态环境与文化生态环境,提高对保护运河非物质文化遗产真实性的认识,使其成为展示德州运河文化的重要窗口。要特别注重运河文化内部的关联性,坚持整体保护与杰出传承人保护相结合,坚持生态保护与人文保护相结合,让运河号子在当代社会环境中继续存活、传承和发展。

(四)发展运河旅游,打造运河文化品牌

德州位于山东省西北部,自古就有"九达天衢""神京门户"之称。历史上德州是大运河的一个重要码头,是南北文化交流、沟通之要地。大运河见证德州的辉煌历史,彰显德州的深厚文化底蕴,是德州城市记忆和文化传承的重要载体。德州运河文化遗产种类多样,内涵丰富,价值突出,在发展运河文化旅游方面具有得天独厚的优势。随着2014年6月中国大运河成功申遗,运河文化的开发和利用受到社会各界更多的关注与重视。德州应以运河成功申遗为契机,大力发展运河文化旅游业。借助旅游及品牌效应,对德州运河号子这一非物质文化遗产进行推介和宣传,将其打造成德州运河文化的重要标志之一。这不仅对德州运河文化旅游是一种提升,对德州运河号子的保护也能起到一定的推动作用。在对运河文化旅游资源进行开发的过程中,可利用景点效应,在部分景区或场馆内内采用

---

① 李荣启:《非物质文化遗产保护研究文集》,文化艺术出版社2016年版,第263页。

声光电技术还原其当时真实的历史场景，让游客或观众亲自体验打夯打硪或者参与到船工的劳作之中，在真实的历史情境下体会运河号子的魅力。要运用图片、音频、视频以及传承人示范讲解等手段对运河号子进行宣传和介绍，让更多的人了解运河号子，熟悉这一民间传统音乐。

（五）遵守艺术规律，弘扬优秀文化传统

艺术发展的规律，就是艺术发展的本质、必然、稳定的联系。"艺术产生于人类社会生活，是从人类物质生产活动中产生而来的精神生产活动。各种社会活动因素形成的合力促使艺术活动的发生，社会实践活动是推动艺术起源最根本的力量。"① 运河号子作为运河文化重要的组成部分，它随着社会的变迁而发展，其传承也是一个文化精神的整合过程，同样遵循艺术发展的普遍规律。运河号子不仅仅作为一种艺术形式而被人们关注，其背后所承载的独特文化内涵及精神意蕴以及在民间场景中发挥的作用更为重要。"无论是探索运河号子的传承方式还是保护措施，都必须要以艺术形式的发展规律为依据，这样才不会盲目的继承，才能科学的发展。只有通过对运河号子的本质、艺术元素及精神内涵方面作出合理的措施，才能真正的传承与发展运河号子。"②

"文化传统是指长期形成的持续对一个民族起作用的某一文化体系，它是在一定时空范围内形成的价值观念、思维模式、行动准则、道德规范、风俗习惯等的总和。"③ "文化传统是在人类历史发展过程中逐渐形成的，经历了人类与历史的选择，与人类的生活息息相关，从古至今不断地影响着人们的生活。我们理解文化传统，就是把握文化形成与发展的主要脉络。"④ "非物质文化遗产保护工作的最终目的是要从非物质文化遗产中获得传统文化优秀的品质，获得可以让当代人领悟和鼓舞的人文精神，唤起全民对本民族优秀文化的自豪感和认同感，唤起公众对我们伟大传统的热爱和尊重，认识到文化遗产的价值并摒弃文化糟粕。"⑤ "武城运河号子

---

① 顾晓梅主编：《艺术概论》，人民美术出版社2011年版，第14页。
② 白心玉：《聊城运河号子的音乐艺术研究》，硕士学位论文，聊城大学，2018年，第41页。
③ 闵家胤主编：《社会—文化遗传基因（S-cDNA）学说》，漓江出版社2012年版，第47页。
④ 王晓鹏：《文化学概要》，福建人民出版社2017年版，第101页。
⑤ 周云水：《客家花灯文化研究》，暨南大学出版社2016年版，第110页。

是中国劳动号子的重要组成部分,是历代武城船工创造的优秀传统文化,具有浓郁的地域特色和独特的艺术风格。虽历经沧桑岁月的洗礼,却越来越显示出无穷无尽的魅力,闪烁着运河文化的风采。"① 我们要充分认识武城运河号子的历史、文化和艺术价值,加强对其进行挖掘、整理和研究,增强保护意识和重视程度,努力让运河号子在当代社会得以传承和发展。

运河号子作为运河文化的典型代表,具有重要的历史、文化和艺术价值。无论是在修筑堤坝时民工所唱的工程号子,还是大运河通航时纤夫们所唱的船工号子,都是沿岸民众生活的真实写照,是他们勤劳和智慧的结晶。武城运河号子是流淌在运河之上的一种活态文化,它随运河而起,随运河而兴。"透过运河号子这一独具地域特色的活态物象,我们可以清晰地感知中国漕运兴衰、社会制度、城市经济、文化艺术的发展历程。"② "随着社会的发展,运河岸上繁重的体力劳动已被现代的机械化所取代,运河号子也已销声匿迹了,但是消逝的只是其实用性,号子的艺术价值将会长期存在。"③ 在运河局部断航、机械取代人力的今天,追根寻源及时抢救运河船工号子,是挖掘民间艺术、弘扬运河文化的需要,也是当代人义不容辞的神圣使命。我们要在对其进行抢救性保护的基础上,坚持原真性和整体性保护原则,在遵守艺术发展规律的同时,努力让运河号子这一优秀传统文化在当代社会焕发出新的生机和活力。

第六节 传统舞蹈的保护与传承:以聊城伞棒舞为例

聊城伞棒舞,又称"运河秧歌",是以伞棒舞为核心,兼唱小曲、扭秧歌、火流星为一体的综合表演艺术形式。伞棒舞伴随着运河航运的繁荣而发展起来,在数百年传承与中形成了豪迈、刚健粗犷奔放的艺术特征和表演风格,有着深厚文化内涵,是运河文化的典型代表,极具挖掘整理和

---

① 李宗伟主编:《山东省省级非物质文化遗产名录图典》(第1卷),山东友谊出版社2012年版,第94页。
② 解淑红:《德州运河号子的音乐特征与地域文化特色探微》,《德州学院学报》2014年第1期。
③ 李德敬:《德州运河号子的艺术特征及其成因探略》,《德州学院学报》2019年第3期。

保护传承价值。由于历史社会原因以及市场经济的冲击，这项传统舞蹈有着面临失传危险。如果不及时加保护，这门古老的艺术将难以为继。及时地对伞棒舞进行系统、全面深入挖掘整理与研究，对于弘扬运河文化，保护和传承聊城民间艺术具有重要意义。

一 聊城伞棒舞发展概述

伞棒舞发源于聊城市东昌府区梁水镇梁闸村，后流传到临清、聊城、茌平一带。该舞蹈的形成和发展与运河漕运关系密切。据当地民间艺人介绍，梁闸村原是古运河的水闸码头，明朝末年的一个春天，百余艘运粮船行至梁闸码头南，因枯水而搁浅了七七四十九天，押粮京官闲居无聊，便令地方官邀聚当地艺人登船献艺，但听遍丝竹管弦，仍觉索然无味。地方官为讨好粮官，着令当地武术行家梁某献艺。梁某几套空手拳脚过后，押粮官要梁某持器械与人相搏。梁某灵机一动，戏称须借用粮官头顶上撑的绫罗盖伞与差役们手中持的黑红棍。粮官居然应允。于是，梁某持伞，邀数人持棍，又折挑粮扁担为板，边耍边舞，击棍为节，回旋有序。粮官见后大喜，遂重赏地方官及梁某。此后，每逢旧历年节或有重大庆典，当地艺人即自做大伞和黑红相间的棍棒，或五人，或七人，或九人持之相舞，故称之为"伞棒舞"。[①]

伞棒舞动作豪迈粗犷，多与武术套路相糅合，强度高，力度大，加之配以民歌民曲，更显得铿锵有力。在当地，每逢旧历年节或遇重大庆典，都有伞棒舞助兴。演出时，可登台表演，也可在广场围圈演出，或沿通衢边舞边唱边行进。若在舞台表演，则以伞领舞，板、棒排成双队，以"双龙出水"式绕场出台，继之按序表演；若在广场围圈演出，则先以棒舞开场，然后，舞伞者引诸人登场。持伞者先唱赞语，如："正月十五挂红灯，男女老少喜盈盈，舞动伞棒求吉利，秋后又是好年景。"紧接着，伞旋棒击，舞队中的各种角色可自由穿插表演，或甲按角色表演，或乙按曲调演唱，各走图形插科打诨，互相逗乐。演唱的曲目有《姨娘斗》《秃子闹房》《闺女出嫁十二难》《王眉还家》《小磨坊》等。在长期演变过程中，还曾出现多种表演形式，如在伞棒之外增添"火流星"以及其他角色，组

[①]《中国民族民间舞蹈集成》编辑部编：《中国民族民间舞蹈集成·山东卷》，中国 ISBN 中心 1998 年版，第 1011 页。

成各种舞队等。伴奏方面增加了唢呐,并配之以鼓、锣、钹、螺号等。吹奏的曲子有《斗鹌鹑》《小开门》等。①

伞棒舞的承传方式是口授身教,师徒间多是血缘或地缘关系。传授时先传口诀,如持伞的口诀是"三尺红伞手中旋,一手虚握一手转,身形随着伞儿舞,不可死抓硬扛伞",然后再教授身法和步法。② 梁水镇共有梁闸村和王屯村两支"伞棒舞"表演队伍。其中梁闸村的代表性传承人为侯金峦。他自幼习武,后随其叔父侯春香学习"伞棒舞",尽得真传。舞时步法娴熟,腰活腕转,打车轮,翻跟头,令人叫绝。数十年间,每当外出表演,无不引起一方轰动。他的棒舞有"偷不到手"的说法,即看会了打棒的路线,也打不出他的神韵。因此伞棒舞流传方圆几百里,唯有伞棒舞至今仍然是梁闸村的独门绝活。王屯村的代表性传承人为李彦龙。他自幼习武,后随其邻村师父李金林学习舞伞,尽得真传。他在继承伞棒舞传统技艺的同时,糅进了当地武术的特殊技巧,使伞棒舞的表演得到进一步的发展。后传授于儿子李秀伦等。③

聊城伞棒舞的素材多取源于人民群众身边的物、人、情,是当地居民生活实景的真实、生动再现,舞蹈的主题也往往与古老的礼仪文化、古运河文化等原始文化有着非常密切的联系,因此其艺术风格比较浓郁、粗犷、豪放、柔韧。不仅体现了广大民众借以表达心愿、抒发情怀、陶冶情操,同时也体现了我国文化传统的审美观、理想情趣和精神追求,是一种非常珍贵的艺术形式。④

伞棒舞作为聊城地区的民间艺术,现在仍是当地最重要的群众文化活动之一。聊城伞棒舞吸收了我国传统民俗文化的特点,无论其表演形式来说,还是表演技艺来说,都是从古老的习俗中流传下来的,带有历史印记;它的表演形式不仅给人以洒脱、刚劲的美感,同时还体现了男子汉顶天立地的形象和个性,高度概括了我国民族精神的形象;其表演丑角的插科打诨,在动作、服装、道具以及化妆上都非常的风趣、幽默,充分体现

---

① 中国民族民间舞蹈集成编辑部编:《中国民族民间舞蹈集成·山东卷》,中国 ISBN 中心 1998 年版,第 1011—1012 页。
② 张玉柱主编:《齐鲁民间艺术通览》,山东友谊出版社 1998 年版,第 387 页。
③ 梁辰、黄玉松:《聊城"运河伞棒舞"初探》,《聊城大学学报》(社会科学版)2012 年第 6 期。
④ 高阳:《聊城"伞棒舞"的发展与传承探析》,《文艺生活》2014 年第 12 期。

了中国传统民间舞蹈所共有的特征以及中国人传统意识中的以"闹"为乐的性格,因此具有深厚的文化内涵和历史文化价值。另外,从伞棒舞的表演内容上来说,其动作的完成需要伞、板与棒之间、伞与各角色之间的完美配合,体现各角色之间的情感交流;流畅、重复的大场和小场表演,也体现了中国人在看待事物和处理问题时友善、和平的态度,是儒家和道家思想的具体表现。可见,此舞蹈融会了中国传统文化精神,具有深刻的民族文化底蕴和文化传承价值。[①] 1984 年,山东省电视台来梁水镇梁闸村研究考察并录制了"大秧歌"电视片。1994 年,"伞棒舞"被编入《中国民族民间舞蹈集成·山东卷》。2006 年,伞棒舞(运河秧歌)被列入聊城市第一批非物质文化遗产名录。2015 年,聊城伞棒舞被列入山东省第四批非物质文化遗产名录。

二 聊城伞棒舞的发展现状

聊城伞棒舞自形成以来,经历了数百年的传承和演变,仍然保持着独特的地方特色和艺术风格,蕴涵着丰厚的历史文化底蕴。然而面对社会转型带来的人们行为方式、价值观念和生活方式的剧变,以及受以西方体育文化为核心体系的现代体育文化的猛烈冲击,伞棒舞这一极具地方特色的民俗体育活动的发展陷入困境。当前,聊城伞棒舞的传承和保护所面临的问题和挑战主要表现在以下几个方面:

(一) 生存环境发生很大改变

任何文化的产生、发展、演化都离不开一定的时间和空间。随着现代经济社会的快速发展,现代流行文化对传统固有文化产生了巨大冲击,聊城伞棒舞的生存环境已发生很大改变,活动空间越来越窄,表演团队数量急剧减少。随着时间的推移,一些老艺人相继过世,致使伞棒舞部分技艺失传,很多相关资料缺失。

(二) 人才队伍老化、后继乏人

在当今市场经济条件下,年轻的一代大多在校学习或在外务工,很少有人愿意学习和演练难度较大、技术要求较高的伞棒舞。"村里的老艺人都 70 多岁了,很多已经不能参加演出活动,能参加表演的也大多力不从

[①] 高阳:《聊城"伞棒舞"的发展与传承探析》,《文艺生活》2014 年第 12 期。

心,致使伞棒舞表演队伍结构老化,后继乏人。"①

(三) 缺少经费支持

在民族民间舞蹈中,有相当一部分是借助道具来完成的。"作为人类的一种文化创造,舞蹈道具凝聚了无数人的智慧,是文化的精髓所在。"②伞棒舞属集体性质的舞蹈项目,人物角色多,不仅组织排练难度大,而且服装、道具和演出补助等投入也较大。由于资金投入不足,经费紧张,伞棒舞全靠群众捐资和商业演出筹资,运作十分困难。

4. 传承观念较为保守

伞棒舞有一套完整严谨的师徒相传方式,这种方式是300多年来约定成俗的,收徒必须有着一定的血缘和亲缘关系。他们认为伞棒舞是梁闸村的绝活,不能外传。伞棒舞在传承过程中受到农民传统的家族、宗族观念的影响,带有浓厚的家族色彩,使伞棒舞的传承和发展失去应有的活力和生命力,不利于其广泛普及和流行推广。③

三 伞棒舞保护与传承策略

非物质文化遗产由于其高度的个性化、传承的经验性、浓缩的民族性以及与物质载体的紧密联系性,很容易随人的主观意识受到外界环境的影响而发生改变,且一旦破坏,其价值重拾较难实现,很可能面临消亡的危险,因而具有很强的脆弱性。④ 如某些传统手工技艺或表演艺术,由于年轻人价值观念的不同,不热衷于传承此技艺,因此这些非物质文化遗产难以有效传承,甚至会随着身怀绝艺的老人的去世而消失。同时,非物质文化遗产又具有重要的历史、文化和艺术价值,是祖先留给我们的宝贵精神财富,这就决定了我们必须对其进行保护和传承。针对聊城伞棒舞的保护和传承,我们可以采取以下措施:

(一) 加强宣传和推介

目前,虽然各级政府和相关部门对伞棒舞进行了广泛的宣传,但从总

---

① 李新红、薛明陆:《运河秧歌的传承与发展研究》,《山东体育科技》2014年第5期。
② 陈一林:《民族民间舞蹈文化探讨与传承发展研究》,吉林人民出版社2017年版,第14页。
③ 李新红、薛明陆:《运河秧歌的传承与发展研究》,《山东体育科技》2014年第5期。
④ 周灿:《德昂族非物质文化遗产保护与民族村寨旅游》,云南人民出版社2014年版,第10—11页。

体上讲，社会民众对其了解和认知还存在一定的不足。要积极利用报刊、广播、电视、互联网等各种新闻媒体，广泛宣传、报道伞棒舞演出动态和保护工作成果；要组织编写伞棒舞的相关书籍和材料，拍摄制作光盘，并出版发行；在条件允许的情况，建立伞棒舞展示馆，通过文字图片展示、演出道具服装陈列、表演场景制作、演出视频资料播放及参观者现场体验表演等形式，全面展示该舞蹈的艺术价值。充分挖掘伞棒舞蕴含的文化资源，实现伞棒舞与其他运河文化资源的优化和整合，塑造具有聊城地方特色和浓厚运河文化底蕴的伞棒舞文化品牌，借助聊城市打造"江北水城·运河古都"的广阔平台，提高伞棒舞的知名度。

（二）加强对传承主体的保护

"非物质文化遗产的传承主体，是指民间文化艺术的优秀传承人，即掌握着具有重大价值的民间文化技艺、技术，并且具有最高水准的个人或群体。"[①] "传承主体是进行非物质文化遗产保护的核心因素。如果从事非物质文化遗产的传承人日益减少，乃至青黄不接、后继乏人，一些民间传统艺术、技艺就会不断消亡。所以，保护传承主体是做好非物质文化遗产抢救与保护工作的根本。"[②]

从整体上保护伞棒舞等民间舞蹈类非物质文化遗产，关键是要保护好它们的传承人，要加强伞棒舞表演艺人或传承人、传承群体及环境的管理。对从事表演伞棒舞的民间艺人和传承人要进行翔实的登记，纳入政府文化主管部门保护的名录之中，随时了解他们的生活状况，给予一定的经济待遇和政治待遇，使他们能专心带徒弟，为保护和传承伞棒舞贡献智慧和余生，这项工作是保护和传承的关键所在。当地政府应加大对伞棒舞的扶持力度，改善伞棒舞演练和开展的各种物质条件。尤其是对伞棒舞的发源地梁闸村，更应该重点扶持，划拨伞棒舞专项资金，做到专款专用，建设伞棒舞演练和开展的专用场地，配备足够的器械和服装。充分利用农闲季节和节庆日，在各级政府的组织下广泛开展伞棒舞的巡演活动，并为之提供足够的经费支持。要把保护规划中的重点任务列入相关部门的年度工作计划，并进行考核；要建立代表性传承人的命名、表彰制度，激励传承人和骨干表演团队做好项目传承和传播工作；要努力营造良好的社会环

---

① 李荣启：《非物质文化遗产保护研究文集》，文化艺术出版社2016年版，第12页。
② 王文章主编：《非物质文化遗产概论》，教育科学出版社2013年版，第270页。

境，积极组织伞棒舞团队参加国内外演出、展示和交流活动，鼓励该项目表演"走出去"，实现表演、传承常态化。

(三) 建立健全保护和传承体系

在非物质文化遗产传承过程中，事实上存在着这样两个与非物质文化遗产传承息息相关的主体：它们一个是非物质文化遗产的传承主体，一个是非物质文化遗产的保护主体。所谓"非物质文化遗产传承主体"，是指我们通常所说的"非物质文化遗产传承人"。一个国家非物质文化遗产的传承，无论是民间文学、表演艺术的传承，还是民间技艺、传统仪式的传承，主要是通过他们来进行的。这一点，亘古以来，从未改变。除艺人、匠人等传承主体外，还存在着一个以政府为主导的非物质文化遗产保护主体。所谓"非物质文化遗产保护主体"，是指那些处于传承圈之外，虽与传承无关，但却对非物质文化遗产传承起着重要推动作用的外部力量。这一群体包括我们的各级政府、学界、商界以及新闻媒体等。[1] 其中，各级政府部门是最为重要的保护主体，在保护和传承非物质文化遗产中发挥了关键作用。

政府相关部门要对伞棒舞进行深入调查研究，全面了解它的产生和历史沿革，充分挖掘它的文化内涵；运用文学、录音、录像、摄影等手段进行全面、系统地记录，充实和完善数字化资料库建设，实施长期、妥善保存和利用；要建立健全伞棒舞项目保护和传承体系，努力实现伞棒舞保护与传承工作的科学化；要建立规范的传承培训制度，加强传习所建设，扩大演出和传承队伍；通过激励措施，不断扩大伞棒舞表演队伍，使伞棒舞的分布范围和表演者的年龄、结构、层次更加合理；逐步恢复伞棒舞排练和演出制度，鼓励伞棒舞进校园、进课堂，既组织学生观赏，也向学生传授表演技艺；文化主管部门也要利用每年的农闲时间，定期举办伞棒舞培训班，通过传承人的讲解、指导和现有表演团队的示范教学，使新学员逐渐掌握伞棒舞的舞蹈技艺。

(四) 坚持原真性和整体性保护

"原真性是指保护非物质文化遗产本来的、原生的、真实的原貌，也包含遗产的完整性，即遗产的保护是不能与其生存环境相分离的，强调整

---

[1] 苑利、顾军：《非物质文化遗产保护前沿话题》，《非物质文化遗产保护理论与方法丛书》，文化艺术出版社2017年版，第186页。

体性的保护。"① 对非物质文化遗产进行原真性保护,首先是保护其自身的完整性。任何一种非物质文化遗产,都是由多种技艺、技能以及相关的物质载体共同构成的,只保护其中的技艺、技能,是不能将其完整地传承下来的;没有了这些物质载体,非物质文化遗产也难以体现。具体来说,保护传统舞蹈,就需对道具、场所、传承人等实施全面保护。

对伞棒舞进行资源调查、科学研究、保护和传承都应建立在"原真性"保护基础之上,在明确两者遗产特征和价值主体的同时,探寻两者之间的关联。通过有效的保护和传承,进一步培育伞棒舞赖以生存、发展、繁荣的土壤。要按照"保护为主、抢救第一、合理利用、传承发展"的指导方针,正确处理好保护和利用的关系。注重伞棒舞项目的真实性、整体性和传承性,实施原真、整体、活态保护,使该项目得到社会的普遍确认、尊重和弘扬,实现保护成果社会共享。当地的政府和文化部门应积极组织专业的人员对其进行全面的挖掘和整理,特别是对伞棒舞的套路要有专业人员掌握和学习,对它的演出程序、各角色内容、舞伞者和舞棒者的动作和技巧等要进行详细的挖掘,并整理成详细的文字和图解说明,以便后人更清晰准确地再现其原始的艺术风格,使这一流传300多年的运河文化瑰宝世代相传,发挥其独特的民俗活动价值。②

(五)静态和活态保护相结合

活态性是非物质文化遗产的一个重要特征。非遗的传承必须以人为载体,无论是民间文学、音乐、舞蹈、民俗,还是传统手工技艺或医药等,它们都需要通过人们的行为活动来表现。在这些行为活动中,民间故事的叙说,民族史诗的传唱,音乐、舞蹈、戏剧等艺术的表演,民俗习惯的表现以及传统医药的运用都是动态的。"这种动态特征贯穿于非遗的整个行为过程中,使得非遗具有活态的特征和生命力,从而和静态形式存在的物质文化遗产明显区别开来。"③ "非物质文化遗产存在于当下特定的民间生活方式中,甚至就是他们生活的本身。"④ "它是流动的,活态的,像水流

---

① 张魏:《非物质文化遗产旅游开发系统的动态仿真研究》,江西人民出版社2014年版,第35页。
② 李新红、薛明陆:《运河秧歌的传承与发展研究》,《山东体育科技》2014年第5期。
③ 张魏:《非物质文化遗产旅游开发系统的动态仿真研究》,江西人民出版社2014年版,第30页。
④ 丁淑梅、陈思广:《身份的印迹:中国文学论片》,长江文艺出版社2015年版,第18页。

一样滚滚向前,川流不息,不会永远停留在一个点上不变。"① 因此,非物质文化遗产传承的最有利方式是活态传承。

所谓"活态传承",是指在非物质文化遗产生或发展的环境中进行保护和传承,是在人民群众生产生活过程中进行传承与发展的传承方式。活态传承能达到非物质文化遗产保护的终极目的,是区别于以现代科技手段对非物质文化遗产进行"博物馆"式的保护,用文字、音像、视频方式记录非物质文化遗产项目方方面面的方式。死水养不出活鱼,要让一池水都活起来,就不能仅仅只是对某一个非遗项目的收录保护,而是让其生存环境变成一池活水,体现出活态传承的原则。民间舞蹈是动态的艺术,表演空间是其生存的文化境域,丰富而又多样的文化空间是保护民间舞蹈文化多样性的必要保证。而在当代社会语境下,聊城伞棒舞的传承则应"静态"和"动态"相结合,一方面可以在当地建立博物馆、展览馆开展舞蹈文献、服饰、道具等的静态展示;另一方面则可以通过鼓励民众恢复传统民俗活动、建立民俗文化园等,构筑其赖以生存和传承的社会生态环境,保证伞棒舞的"活态"传承。

近年来,聊城各级政府高度重视伞棒舞的保护与开发,并制定了一系列静态和动态保护措施:一是继续全面深入细致地开展普查工作,彻底摸清伞棒舞的历史沿革以及艺人的状况,将普查资料归类、整理、存档,开展理论研究工作。二是以梁水镇梁闸村为重点,建立伞棒舞文化保护村,对秧歌队成员实行重点保护;定期开办培训班,打造人才新生代;依托一年度的春节、"中国江北水城文化旅游节",组织"秧歌展演"主题活动,使这一古老的民间舞蹈艺术重新焕发生机和活力。②

(六) 与运河文化旅游相结合

伞棒舞作为一项民俗活动,它既是一种民俗现象,又是一种社会文化现象。经过三百多年的传承和演变,其文化主题与古老的运河文化密不可分,它的内容、结构、形式和特点仍然保持着独特的地方民俗和运河文化特征。我们要挖掘伞棒舞器械、行为和心理上的文化特征,这些文化特征是其传承和发展的具体表现。如果把这一独特的运河文化价值挖掘出来,定会丰富运河文化研究,也会带来一定的社会价值和经济效益,这样伞棒

---

① 安静:《藏区非物质文化遗产的法制保护》,西南交通大学出版社2015年版,第5页。
② 李群总主编,李建国主编:《传统舞蹈》,山东友谊出版社2008年版,第245页。

舞才能更好地传承和发展。①

聊城市是中国历史文化名城，多年来聊城市打造"江北水城"的城市品牌，在全国享有较高的知名度。随着经济的发展、人们闲暇时间的增多以及聊城市交通越来越便利，聊城市围绕以"江北水城、运河古都"为核心，以"三河一湖"为主线，五大重点旅游带为支撑，以九大旅游节点为框架，形成具有竞争力的文化旅游和休闲度假产品。聊城市应充分利用这一优势，将伞棒舞活动的演出和开展植入旅游产品中去，进行合理的包装和宣传，精心打造出独具运河文化特色民俗体育旅游产品，以创造出更多的社会价值和经济效益，只有这样，伞棒舞的传承和发展才会更具生命力和活力，最终持续、长远的传承和弘扬下去。②

伞棒舞是聊城一项独具地方特色的民俗体育项目，是集武术、舞蹈、音乐于一体，并杂糅了当地民俗风情的民间艺术活动。伞棒舞历史悠久，其形成与京杭运河聊城段的地理环境、民俗风情、审美观念以及聊城古代商业活动的繁荣有着密切的关系，是一种极具地方特色的民俗体育文化。在现代社会文化的冲击下，伞棒舞的传承和发展面临着巨大的挑战和困惑，处于失传的边缘境地，聊城市各级政府应致力于伞棒舞的传承和保护，从扩大宣传、改善条件、稳定队伍、加强挖掘和整理、走进校园和开发旅游等环节，推动伞棒舞的可持续发展，以弘扬古运河文化，满足聊城市城乡居民的精神文化生活需求，提高聊城市运河文化旅游品牌的知名度，推动聊城市旅游业的迅速发展。

---

① 李新红、薛明陆：《运河秧歌的传承与发展研究》，《山东体育科技》2014年第5期。
② 李新红、薛明陆：《运河秧歌的传承与发展研究》，《山东体育科技》2014年第5期。

结　　语

　　山东段运河历史悠久，早在春秋战国时期，山东境内就有了人工开挖的运河。隋朝大运河贯通南北，其中的永济渠从山东西北部穿境而过，后来这条运道曾长期发挥作用。通常所说的山东段运河主要是指京杭大运河山东段。它南起苏、鲁两省交界处的大王庙闸，北至德州市德城区第三店，流经枣庄、济宁、泰安、聊城、德州 5 市 18 个县、市、区，全长 643 公里。山东段运河始凿于元至元十九年（1282），至元二十六年（1289）会通河开凿之后全线贯通。明清两代是运河鼎盛时期，这种状况持续了 400 年之久。历史上，大运河山东段一直是沟通中国北方政治中心和南方经济中心的生命线，是南粮北运、商旅交通、军资调配的交通动脉，有"国家漕运江南四百万，寄径于山东漕河一线"之称。黄河以南段长期承担着重要的航运功能，是全省内河航道网的主要组成部分。大运河山东段拥有运河、泰山、曲阜三孔等世界文化遗产，8 段河道、15 个遗产点入选大运河遗产名录。沿线拥有南运河德州段、中河台儿庄段、汶上南旺分水枢纽、东平戴村坝等诸多物质文化遗产和丰富多样的非物质文化遗产，是全方位展现中华文化多样性的代表性区域。

　　京杭大运河在通航的 600 多年间，不仅在山东境内留下了异常丰富的物质文化遗产，也留下了内涵深厚、外延广泛的非物质文化遗产。这些类型多样、特色鲜明的运河文化遗产，凝结了山东运河两岸劳动人民的智慧和心血，具有很高的历史、科学和艺术价值。按照其属性，我们可以将其分为水利水运工程（水工）遗产、运河城镇、运河相关遗存、非物质文化遗产四大类。历史上，山东运河沿线的德州、临清、聊城、济宁等城市都曾是交通枢纽和商贸重镇，历史遗存丰富，各具特色。在众多遗产类型中，最为重要的无疑是河道遗产。运河河道不仅自身有着很高的科技价值，它还联系着众多的水利枢纽、运河城镇等其他重要运河文化遗产，是

结　语

运河物质文化的集中体现,是大运河文化遗产资源的精髓部分,具有不可替代的整体价值和地位。运河在孕育了丰富灿烂的物质文化遗产的同时,也孕育了大量非物质文化遗产。运河非物质文化遗产涉及的内容极为广泛,与运河相关的传统技艺、戏曲、音乐、舞蹈、民俗等均属于运河非物质文化遗产的范畴。这些非物质文化遗产凝结着运河沿岸劳动人民的勤劳和智慧,从中我们可以了解当时人们的生存状态、生活方式、生活习俗以及他们的思想感情、思维方式、价值取向和艺术追求。

山东运河源远流长,流经德州、聊城、济宁、泰安、枣庄五市,有大量文化遗产分布于沿线,这些遗产数量多、科技含量高、文化内涵丰富,具有重要的历史、文化价值。近年来,在各级部门和社会各界的共同努力下,包括运河文化遗产在内的遗产保护工作取得了显著成效,但仍存在一些问题。济宁以北河道除部分作为景观河道仍能通行游船外,多数已淤塞不通,河道内既有大量的闸、坝等文化遗产,同时还有部分已被种植上庄稼、树木,难以有效利用。目前,除一些重点文物得到较好的保护外,大多数遗产由于缺乏保护资金、认识管理不到位、规划不科学等,保护现状不容乐观;部分运河城镇由于不适当开发,历史真实性及风貌完整性遭到破坏。随着经济的高速发展,生活水平的不断提高,运河区域大量的风俗信仰、戏曲曲艺、文学歌谣、民间艺术等非物质文化遗产也在日趋消亡,运河非物质文化遗产的保护不容乐观。各地市之间由于重视程度的不同和开发力度的不同,导致在运河文化遗产保护、传承和利用方面出现较大差异,短时间内很难消除。

运河文化遗产的保护是一项长期而艰巨的工程,需要各地市、各部门及社会各界共同的努力。我们要通过网络、媒体、出版物等方式扩大运河文化的宣传,增强全社会保护运河文化遗产的意识。各地相关部门要结合当地实际,制定运河文化遗产保护工作规划,完善和健全相关法律法规,明确保护范围、措施和目标,并认真付诸实施。要重点推进河道水系治理,保护运河生态环境。统筹大运河文化保护传承利用与城乡建设、区域发展,促进区域的整体发展。要加强对山东运河文化的研究,促进研究成果向现实社会转化,努力扩大运河研究的知名度和影响力。要以科学发展观为统领,正确处理好保护与利用的关系,既要注重保护历史文化资源的真实性、风貌的完整性,又要注意科学利用和合理开发。

旅游开发作为文化遗产保护和利用的有效方式,能够更好地展示和宣传文化遗产，为遗产保护注入资金，培养受众群体，促进文化遗产更好的保护和传承。山东运河文化积淀深厚，沿运地区旅游资源丰富，吸引力强，旅游开发价值很高，具有极大的开发潜力，如何在保护的前提下实现山东运河文化遗产旅游的可持续发展是一项重要的现实课题。近年来，山东省充分发挥大运河旅游资源优势，倾力打造"鲁风运河"文化旅游品牌。沿运各地也都在充分挖掘运河文化，开展各具特色的运河旅游项目。虽然山东沿运地区对运河文化旅游开发高度重视，并做了大量的工作，但由于先天自然原因和后天人为因素的存在，造成现在运河文化遗产资源开发水平不高，运河文化旅游的品牌没有打响。主要体现在水资源问题突出、缺少统筹协调、旅游产品结构单一、旅游与相关产业融合不够、基础设施相对滞后等方面。针对以上问题和不足，山东省应坚持可持续发展、保护和利用相结合、特色开发、市场化导向等原则，采取加强宣传推介、促进区域合作、优化空间布局、丰富产品体系、提升服务能力、打造特色旅游品牌等举措，在保护运河文化遗产的前提下，对其进行科学、合理的开发，促进沿线地区经济和社会发展。

山东运河历史积淀深厚，文化遗产丰富，文化潜能巨大。大运河申遗的成功给了山东一个向全国人民、向世界人民展示自己历史文化底蕴、彰显城市文化实力的良好机遇，加快培育独具特色的山东运河文化，推动运河文化的大繁荣、大发展是历史的选择，也是时代的呼唤。必须用世界文化遗产的标准来重新认识大运河，从历史、文化、经济、生态等方面重新审视山东运河物质和非物质文化遗产的价值，既要倍加珍惜和爱护运河文化遗产，也需要合理地开发和利用，发挥其应有的历史文化与社会经济价值，让山东运河文化绵延不断、生生不息。

参考文献

一 著作

《马克思恩格斯选集》(第2卷),人民出版社1972年版。

(明)陈仁锡撰:《皇明世法录》《四库禁毁书丛刊》史部第15册,北京出版社2005年影印本。

(明)宋濂等:《元史》,中华书局1976年标点本。

(明)张学颜等撰:《万历会计录》,北京图书馆古籍珍本丛刊第53册,书目文献出版社1998年影印本。

(清)谷应泰:《明史纪事本末》,上海古籍出版社1994年影印本。

(清)汪鸿孙修,刘儒臣纂:宣统《重修恩县志》,清宣统元年刊本。

(清)叶方恒:《山东全河备考》,《中国水利志丛刊》第18册,广陵书社2006年影印本。

(清)张伯行:《居济一得》,中华书局1985年标点本。

(清)张潮辑,王根林校点:《虞初新志》,上海古籍出版社2012年点校本。

(清)张廷玉等:《明史》,中华书局1974年标点本。

安静:《藏区非物质文化遗产的法制保护》,西南交通大学出版社2015年版。

安作璋主编:《中国运河文化史》,山东教育出版社2001年版。

包泉万、许伊莎编著:《中国民族民间艺术读本》,辽宁大学出版社2013年版。

陈清义:《聊城运河文化研究》,山东画报出版社2013年版。

陈晓霞:《新时代传统文化创新性发展研究》,中国国际广播出版社2018年版。

陈一林:《民族民间舞蹈文化探讨与传承发展研究》,吉林人民出版社

2017年版。

程丽：《非物质文化遗产的旅游开发研究》，东北师范大学出版社2016年版。

程瑞芳：《旅游经济学》，重庆大学出版社2018年版。

丛振：《敦煌游艺文化研究》，中国社会科学出版社2019年版。

单霁翔：《大运河遗产保护》，天津大学出版社2013年版。

董文虎等：《京杭大运河的历史与未来》，社会科学文献出版社2008年版。

杜江、业晓凯：《合众艺术馆：艺术修养》，上海科学技术文献出版社2016年版。

冯骥才总主编：《中国非物质文化遗产百科全书·代表性项目卷》（下卷），中国文联出版社2015年版。

冯天瑜等：《中华文化史》，上海人民出版社1990年版。

傅崇兰：《中国运河城市发展史》，四川人民出版社1985年版。

傅崇兰：《中国运河传》，山西人民出版社2005年版。

高建军编著：《山东运河民俗》，济南出版社2006年版。

郭春：《环境法的建立与健全：我国环境法的现状与不足》，山西经济出版社2017年版。

郭学东主编：《曲艺》，山东友谊出版社2008年版。

何佳梅、王德刚主编：《山东省文化资源旅游开发研究》，齐鲁书社2004年版。

胡春景、魏桢编著：《文艺常识（精编本）》，东华大学出版社2014年版。

胡克诚：《漕赋治理与明代江南财赋管理体制的变迁》，科学出版社2019年版。

胡梦飞：《明清时期京杭运河区域水神信仰研究》，江苏凤凰科学技术出版社2018年版。

胡梦飞：《明清时期山东运河区域民间信仰研究》，社会科学文献出版社2019年版。

胡梦飞：《徐州运河史话》，黄河水利出版社2019年版。

胡梦飞：《中国运河水神》，山东大学出版社2018年版。

胡梦飞：《中国运河文化遗产概论》，黄河水利出版社2020年版。

胡郑丽：《文化资源学》，光明日报出版社2016年版。

黄靖：《宝卷民俗》，古吴轩出版社2013年版。

霍艳虹：《基于"文化基因"视角的京杭大运河水文化遗产保护研究》，天津大学出版社2018年版。

嵇果煌：《中国运河三千年》，上海科学技术出版社2020年版。

济宁市文化局编：《济宁非物质文化遗产集粹》，山东美术出版社2008年版。

济宁市政协文史委员会编：《运河名城：济宁》，中国文史出版2010年版。

济宁市政协文史资料委员会编：《济宁运河文化研究》，山东友谊出版社2002年版。

济宁市政协文史资料委员会编：《济宁运河文化》，中国文史出版社2000年版。

贾鸿雁、张天来编著：《中华文化遗产概览》，东南大学出版社2015年版。

江小角主编：《安徽非物质文化遗产》，安徽文艺出版社2015年版。

江燕玲：《重庆市旅游业竞争力研究》，重庆大学出版社2016年版。

雷建峰主编：《聊城非物质文化遗产选粹》，山东友谊出版社2019年版。

雷晓琴、谢红梅、范丽娟主编：《旅游学导论》，北京理工大学出版社2018年版。

李芳芳：《中原非物质文化遗产产业化的法律调控研究》，吉林文史出版社2017年版。

李国平、宋梅、孙长龙主编：《中国民俗文化与民间艺术》，河北人民出版社2016年版。

李良品、彭福荣、余继平：《重庆民族地区非物质文化遗产研究》，重庆出版社2012年版。

李泉、王云：《山东运河文化研究》，齐鲁书社2006年版。

李群总主编，李建国主编：《传统舞蹈》，山东友谊出版社2008年版。

李烨：《非物质文化遗产旅游化生存模式及风险研究——以天津为例》，南开大学出版社2015年版。

李宗伟主编：《山东省省级非物质文化遗产名录图典（第1卷）》，山东友谊出版社2012年版。

梁国楹主编：《德州运河文化遗产保护与开发研究》，线装书局2015年版。

聊城地区史志办公室，山东省出版总社聊城分社编；齐保柱、高志超主编：《聊城风物》，山东友谊书社1989年版。

《聊城：有水则灵》编委会编著：《聊城：有水则灵》，山东友谊出版社

2018年版。

廖培:《旅游规划方案评价的理论与技术研究》,四川大学出版社2016年版。

林坚:《文化学研究引论》,中国文史出版社2014年版。

临清市政协文史委员会编:《运河名城:临清》,中国文史出版社2010年版。

刘春俊主编:《枣庄运河》,青岛出版社2006年版。

刘庆余:《世界遗产视野下的线性文化遗产旅游合作研究——以京杭大运河为例》,中国经济出版社2016年版。

刘文峰:《非物质文化语境下的戏曲研究》,文化艺术出版社2016年版。

刘玉梅:《李渔生活审美思想研究》,中国社会科学出版社2017年版。

刘玉平、高建军主编:《运河文化与济宁》(下册),中国社会出版社2012年版。

刘玉平、贾传宇、高建军编著:《中国运河之都》,中国文史出版社2003年版。

罗明义编著:《旅游融合发展:旅游产业与相关产业》,中国环境出版集团有限公司2016年版。

孟昭贵主编:《齐鲁八景诗大观》,山东省地图出版社2007年版。

倪妍:《大运河文化景观遗产的调查与保护》,中国水利水电出版社2019年版。

欧阳正宇:《非物质文化遗产旅游开发》,吉林出版社2016年版。

山东省地方史志编纂委员会编:《山东史志资料》(第3辑),山东人民出版社1983年版。

山东省政协文史资料委员会编:《山东文史资料选辑》(第32辑),山东人民出版社1992年版。

《山东运河航运史》编纂委员会编:《山东运河航运史》,山东人民出版社2011年版。

申茂平编著:《贵州非物质文化遗产研究》,知识产权出版社2009年版。

宋久成主编:《千年古县概览》,社会科学文献出版社2013年版。

宋俊华、王开桃:《非物质文化遗产保护研究》,中山大学出版社2013年版。

宋立杰:《山东水文化》,中国社会科学出版社2017年版。

苏金豹、王珺、王瑞花主编：《当前视域下旅游管理学新探》，中国商业出版社2018年版。

孙宝明、程相林主编：《中国运河之都运河文化高层论坛论文集》，山东人民出版社2007年版。

孙大光：《体育文化概论》，高等教育出版社2013年版。

孙国学、赵丽丽编著：《旅游产品策划与设计》，中国铁道出版社2016年版。

孙雪亮编著：《高校教材管理实务》，复旦大学出版社2010年版。

泰安市地方史志编纂委员会编：《泰安历史文化遗迹志》，方志出版社2011年版。

覃业银、张红专编著：《非物质文化遗产导论》，辽宁大学出版社2008年版。

谭徐明等：《中国大运河遗产构成及价值评估》，中国水利水电出版社2012年版。

谭徐明、刘建刚：《中国大运河文化遗产保护技术基础》，科学出版社2013年版。

唐学锋、苟世祥：《中国西部旅游发展研究》，重庆出版社2001年版。

田贵宝、田丰：《德州运河文化》，线装书局2010年版。

田里主编：《旅游管理学》，东北财经大学出版社2015年版。

田青编：《音乐类非物质文化遗产保护的理论与实践：个案调查与研究》，安徽文艺出版社2012年版。

涂师平：《中国水文化遗产考略》，宁波出版社2015年版。

汪林、张骥：《大运河的传说》，黄河出版社2009年版。

汪欣：《中国非物质文化遗产保护十年（2003—2013年）》，知识产权出版社2015年版。

王明：《大数据视域下贵阳市非物质文化遗产研究》，中国科学技术大学出版社2018年版。

王文章：《非物质文化遗产概论》，教育科学出版社2008年版。

王文章：《非物质文化遗产保护研究》，文化艺术出版社2013年版。

王文章：《汇真集》，北京时代华文书局2017年版。

王新民主编：《枣庄非物质文化遗产荟萃》，山东文化音像出版社2009年版。

王永桢、王志明编:《著名传统手工业产品小传》,轻工业出版社 1987 年版。

王云:《明清山东运河区域社会变迁》,人民出版社 2006 年版。

王志华、李渊、韩雪编著:《旅游规划与开发的理论及实践研究》,中国商务出版社 2018 年版。

乌丙安:《民间口头传承》,长春出版社 2014 年版。

吴超:《中国民歌》,浙江教育出版社 1995 年版。

吴国清、申军波:《智慧旅游发展与管理》,上海人民出版社 2017 年版。

肖绪信:《非物质文化遗产旅游开发研究》,北京工业大学出版社 2017 年版。

徐凤:《甘肃非物质文化遗产概论》,甘肃人民出版社 2014 年版。

徐望:《文化资本时代的中国文化产业论》,中国经济出版社 2017 年版。

许大海:《京杭运河区域(山东段)民间手工艺的现状与对策研究》,江苏大学出版社 2019 年版。

荀德麟:《京杭大运河非物质文化遗产》,电子工业出版社 2014 年版。

杨达、马军、朱希江主编:《聊城古城故事》,华艺出版社 2009 年版。

杨富斌编:《旅游法教程》(第 2 版),中国旅游出版社 2018 年版。

杨杰主编:《德州市非物质文化遗产集萃》,济南出版社 2019 年版。

杨妮主编:《中国旅游文化》,西安交通大学出版社 2011 年版。

姚汉源:《京杭运河史》,中国水利水电出版社 1998 年版。

姚小云、刘水良主编:《武陵山片区非物质文化遗产保护与旅游利用》,西南交通大学出版社 2015 年版。

姚子刚:《城市复兴的文化创意策略》,东南大学出版社 2016 年版。

于德普、梁自洁主编:《山东运河文化文集·续集》,齐鲁书社 2003 年版。

于海广主编:《探寻、追忆与再现:齐鲁地区非物质文化遗产调查与研究》,山东大学出版社 2007 年版。

袁宏:《齐鲁文化概览》,山东大学出版社 2015 年版。

苑利、顾军:《非物质文化遗产保护前沿话题》,非物质文化遗产保护理论与方法丛书,文化艺术出版社 2017 年版。

张从军主编:《山东运河》,山东美术出版社 2013 年版。

张国廷主编:《音乐鉴赏》,武汉理工大学出版社 2012 年版。

张慧、朱移山:《新安江之恋》,合肥工业大学出版社 2018 年版。

张庶平、张之君主编：《中华老字号》（第五册），中国商业出版社2007年版。

张魏：《非物质文化遗产旅游开发系统的动态仿真研究》，江西人民出版社2014年版。

张新科编著：《淮海地区非物质文化遗产概论》，商务印书馆2017年版。

张燕主编：《音乐欣赏》，上海交通大学出版社2017年版。

张玉柱主编：《齐鲁民间艺术通览》，山东友谊出版社1998年版。

张自清修，王贵笙纂：《民国临清县志》，《中国地方志集成·山东府县志辑》第95册，凤凰出版社2004年影印版。

赵尔巽等：《清史稿》，中华书局1976年标点本。

赵静：《山东运河沿线城市空间形态解析及济宁运河遗产活化研究》，华中科技大学出版社2019年版。

郑民德：《明清京杭运河沿线漕运仓储系统研究》，中国社会科学出版社2015年版。

郑志龙主编：《行政管理学》，中央广播电视大学出版社2000年版。

政协台儿庄区委员会编：《台儿庄运河文化》，人民日报出版社2002年版。

《中国民族民间舞蹈集成》编辑部编：《中国民族民间舞蹈集成·山东卷》，中国ISBN中心1998年版。

中华人民共和国年鉴社编：《中国国情读本（2015年版）》，新华出版社2015年版。

钟敬文：《民俗学概论》，上海文艺出版社2009年版。

周灿：《德昂族非物质文化遗产保护与民族村寨旅游》，云南人民出版社2014年版。

周和平主编：《第一批国家级非物质文化遗产名录图典》（下册），文化艺术出版社2006年版。

周良等主编：《大运河的传说》，文化艺术出版社2004年版。

邹宝山等编著：《京杭运河治理与开发》，水利电力出版社1990年版。

二 学术论文

白硕：《大运河沿岸非物质文化遗产现状、问题与对策》，《人口与社会》2018年第6期。

卞长永：《大运河（山东段）文化遗产活态保护路径》，《当代旅游》2020

年第 17 期。

陈希：《活态传承活在当下——浅谈山东非物质文化遗产的传承与保护》，《人文之友》2019 年第 16 期。

丛瑞雪：《德州市非物质文化遗产保护和可持续发展路径研究》，《新西部》2017 年第 22 期。

崔玉珍、李志超：《后申遗时代的大运河德州段保护开发利用》，《人文天下》2019 年第 14 期。

董嫱嫱：《关于规划建设枣庄运河文化带的思考》，《枣庄学院学报》2020 年第 4 期。

董运启：《枣庄运河核心区文化遗产保护刍议》，《枣庄学院学报》2020 年第 4 期。

高阳：《聊城"伞棒舞"的发展与传承探析》，《文艺生活》2014 年第 12 期。

何永年、吴玉山：《淮安运河两岸的民俗风情》，《江苏地方志》2013 年第 5 期。

胡梦飞：《明清时期运河城市饮食业发展考论——以山东济宁为例》，《中国名城》2020 年第 2 期。

胡梦飞：《山东武城县四女祠传说考辨》，《德州学院学报》2020 年第 3 期。

胡梦飞：《山东运河区域传统音乐保护与传承研究——以武城运河号子为例》，《淮阴工学院学报》2020 年第 4 期。

胡梦飞、王伟：《东昌运河毛笔制作技艺传承与发展研究》，《湖北职业技术学院学报》2020 年第 1 期。

黄晓玲：《论枣庄运河号子中的音乐性和文学性》，《戏剧丛刊》2014 年第 3 期。

贾国华、丁继国：《京杭大运河（聊城段）保护传承利用工作探讨》，《水利发展研究》2018 年第 7 期。

蒋慧明：《传播与传承——略谈如何有效利用现代传媒促进传统曲艺的保护与发展》，《曲艺》2008 年第 4 期。

解淑红：《德州运河号子的音乐特征与地域文化特色探微》，《德州学院学报》2014 年第 1 期。

李成银：《临清肘捶的历史渊源与技法体系研究》，《山东体育学院学报》

2011 年第 10 期。

李德敬：《德州运河号子的艺术特征及其成因探略》，《德州学院学报》2019 年第 3 期。

李德楠：《文化线路视野下的大运河文化遗产保护》，《中国名城》2012 年第 3 期。

李秋英：《试述山东三大秧歌》，《大众文艺》2011 年第 5 期。

李新红、薛明陆：《运河秧歌的传承与发展研究》，《山东体育科技》2014 年第 5 期。

梁辰、黄玉松：《聊城"运河伞棒舞"初探》，《聊城大学学报》（社会科学版）2012 年第 6 期。

林琳：《简述聊城八角鼓的历史流变及由其生存现状引发的思考》，《内蒙古师范大学学报》（哲学社会科学版）2007 年第 A1 期。

刘春强：《承续永嘉精神：夏鼐早年治学的心路历程及其学术风格》，《史学月刊》2020 年第 2 期。

刘春强：《"以考古经世"：唯物史观与历史语言研究所时期夏鼐的考古学研究》，《史学理论研究》2020 年第 3 期。

刘临安、黄习习：《真实性与完整性原则下的大运河遗产保护——以大运河济宁段为例》，《中国文化遗产》2019 年第 3 期。

刘晓静、边懿：《运河文化背景下的临清时调》，《齐鲁艺苑》2011 年第 1 期。

刘耀辉、付丙喜：《乡村振兴战略背景下运河文化保护与旅游资源开发研究——以山东省德城区二屯镇为例》，《德州学院学报》2019 年第 3 期。

刘玉梅：《山东运河区域美食文化遗产资源的开发与利用——以枣庄美食为例》，《美食研究》2016 年第 4 期。

陆晨琛：《对聊城八角鼓的历史衍变及现状的分析与思考》，《学理论》2012 年第 23 期。

吕明笛、姜春宇、李雪婷、杨明慧：《京杭运河济宁段历史文化遗产的旅游开发策略探讨》，《全国流通经济》2019 年第 18 期。

马盛德：《我国非物质文化遗产保护现状、问题及对策》，《非遗传承研究》2018 年第 2 期。

马永通：《非物质文化遗产视野下齐鲁武术文化的保护与发展》，《山西师大体育学院学报》2011 年第 2 期。

马知遥：《非遗保护的困惑与探索》，《民俗研究》2010 年第 4 期。

任晓剑：《非物质文化遗产视角下山东武术产业发展研究》，《现代企业教育》2013 年第 20 期。

舒方涛：《京杭大运河聊城段文化遗产构成和保护研究》，《资治文摘》2016 年第 12 期。

苏琪：《台儿庄古城文物保护与旅游发展关系研究》，《科技致富向导》2011 年第 20 期。

孙法印：《台儿庄历史文化街区保护和发展的思考》，《枣庄学院学报》2013 年第 3 期。

孙猛、王英璟：《非物质文化遗产法视野下传统武术保护研究》，《搏击（武术科学）》2011 年第 12 期。

孙英芳：《非遗保护语境下民间传说的传承与发展——以晋南"赵氏孤儿传说"为例》，《晋中学院学报》2019 年第 5 期。

谭徐明、王英华、万金红、张念强：《大运河遗产保护规划编制过程中的认知与研究——以大运河山东德州段为例》，《中国水利水电科学研究院学报》2010 年第 3 期。

王冠龙：《南北文化的碰撞与融合——济宁运河区域非物质文化遗产研究》，《中国文艺家》2020 年第 1 期。

王静：《后申遗时代大运河沿岸城镇遗产保护与商业开发探析：以淮安、枣庄、济宁段为例》，《城市》2015 年第 8 期。

王若楠：《民间文学资源的使用与旅游景区文化的构建——以山西盂县藏山景区赵氏孤儿传说的调查为例》，《忻州师范学院学报》2016 年第 3 期。

王新蕾：《运河城市（聊城市）遗产旅游产品体系的构建及其旅游开发》，《乐山师范学院学报》2011 年第 1 期。

吴海涛：《京杭大运河（聊城段）文化带工作浅析》，《水资源开发与管理》2019 年第 1 期。

吴元芳：《基于遗产廊道模式的运河旅游开发研究——以山东省枣庄市为例》，《枣庄学院学报》2008 年第 1 期。

吴元芳：《山东省运河区域民俗旅游开发研究》，《经济问题探索》2008 年第 2 期。

辛灵美：《聊城市传统民俗文化旅游资源保护现状及开发对策》，《赤峰学院学报》2009 年第 12 期。

徐奇志、王艳：《大运河（山东段）文化遗产及其活态保护》，《理论学刊》2018 年第 6 期。

徐淑升：《京杭大运河遗产廊道生态文化旅游开发探讨——以山东南段为例》，《旅游纵览（下半月）》2017 年第 2 期。

徐苑琳、孟繁芸：《后申遗时代运河文化遗产的保护与开发》，《山西档案》2018 年第 2 期。

许大海：《组织·生产·管理：社会经济史视域中的手工生产——以运河聊城区段手工艺传承为中心的考察》，《理论学刊》2019 年第 6 期。

许士红：《繁华过后落寞的运河音乐文化——以运河秧歌"伞棒舞"为例》，《北方音乐》2015 年第 5 期。

于秀慧：《简述聊城八角鼓的传承现状》，《戏剧之家》2018 年第 34 期。

张秉福：《京杭运河非物质文化遗产保护与旅游开发互动机制研究》，《中州学刊》2019 年第 8 期。

张宁宁：《浅谈民间美术》，《美术大观》2009 年第 5 期。

张思坚：《山东运河文化的历史意义与现实价值》，《山东行政学院学报》2015 年第 6 期。

张晓蕾：《地方社会变迁与民间音乐传承的嬗变——以鲁西北地区临清架鼓为例》，《民俗研究》2019 年第 1 期。

张缨、周家权、孙振江：《水利工程文化遗产的保护与开发探讨——以京杭运河德州段为例》，《中国水利》2016 年第 6 期。

张永虎：《山东运河文化带体育旅游市场发展路径探究》，《山东体育学院学报》2014 年第 6 期。

张兆林：《非物质文化遗产保护实践中的商业活动探究——以我国传统木版年画为核心个案》，《艺术百家》2018 年第 1 期。

张兆林：《非物质文化遗产集体性项目传承人保护策略研究——以聊城木版年画为核心个案》，《文化遗产》2019 年第 1 期。

张兆林：《聊城木版年画刻版艺人的考察与思考》，《长江大学学报》（社会科学版）2018 年第 5 期。

张兆林：《聊城木版年画生产传承中的女性角色研究》，《民俗研究》2020 年第 4 期。

赵春雪：《山东运河的开发历史及其旅游对策探析》，《科技视界》2012 年第 26 期。

赵静、李昕阳、叶青、赵强：《山东运河古城空间形态探析》，《城市住宅》2020 年第 4 期。

赵雅丽：《大运河的非物质文化遗产》，《北京观察》2019 年第 3 期。

赵云、吴婷、李慧、罗颖：《大运河遗产会通河段的闸坝工程遗产》，《古建园林技术》2012 年第 2 期。

郑民德：《聊城运河文化遗产的保护》，《中国名城》2018 年第 10 期。

郑民德：《"运河文化带"视阈下的遗产保护与利用研究》，《华北水利水电大学学报》（社会科学版）2019 年第 1 期。

郑亚鹏、唐金玲：《山东运河文化遗产品牌开发探究：基于"互联网+"思维》，《美术大观》2018 年第 9 期。

钟行明：《山东运河遗产廊道的旅游协作策略与路径》，《中国名城》2014 年第 5 期。

周嘉：《地方神庙、信仰空间与社会文化变迁——以临清碧霞元君庙宇碑刻为中心》，《民俗研究》2019 年第 6 期。

朱季康：《大运河文化带沿线城市非物质文化遗产保护与传承工作的现状、分析和提升策略》，《地域文化研究》2020 年第 4 期。

朱晓东：《京杭运河沿岸城镇发展策略探讨——以京杭运河聊城段旅游产业综合开发规划为例》，《工程技术研究》2019 年第 14 期。

三　学位论文

白林兵：《非物质文化遗产视角下的临清潭腿研究》，硕士学位论文，天津师范大学，2012 年。

白心玉：《聊城运河号子的音乐艺术研究》，硕士学位论文，聊城大学，2018 年。

边懿：《山东"临清时调"研究》，硕士学位论文，山东大学，2010 年。

狄静：《京杭运河山东段旅游资源价值评价研究》，硕士学位论文，中国海洋大学，2009 年。

董巍：《聊城市米市街历史文化街区的保护更新策略研究》，硕士学位论文，北京建筑大学，2018 年。

杜丽画：《消退的斑斓：临清哈达艺术调查研究》，硕士学位论文，山东艺术学院，2012 年。

范丽丽：《山东聊城运河号子研究》，硕士学位论文，聊城大学，2013年。

范铜钢：《传统武术传承评价指标体系构建研究》，硕士学位论文，上海体育学院，2013年。

高成强：《传统武术流失现状与保护对策的研究》，硕士学位论文，苏州大学，2008年。

高美玲：《山东省部分农村武术发展现状与对策研究》，硕士学位论文，山东师范大学，2011年。

高娜：《山东运河文化的旅游开发研究》，硕士学位论文，山东大学，2002年。

高兴：《临清传统武术文化特色研究》，硕士学位论文，山东师范大学，2015年。

高勇：《齐鲁传统体育文化现代化发展的模式和策略研究》，硕士学位论文，曲阜师范大学，2007年。

苟春艳：《东昌葫芦雕刻艺术的传承与发展研究》，硕士学位论文，重庆大学，2012年。

郭守靖：《齐鲁武术文化研究》，硕士学位论文，上海体育学院，2008年。

郭文娟：《京杭大运河济宁段文化遗产构成和保护研究》，硕士学位论文，山东大学，2014年。

黄敬：《临清驾鼓研究》，硕士学位论文，聊城大学，2014年。

霍萌萌：《德州扒鸡文化的传承和保护研究》，硕士学位论文，山东大学，2012年。

贾飞：《大运河山东段文化旅游开发研究》，硕士学位论文，山东师范大学，2018年。

贾婧：《申遗背景下京杭大运河的景观设计研究：以山东聊城段为例》，硕士学位论文，湖北工业大学，2012年。

姜珊：《京杭大运河山东段建筑文化遗产的景观地理研究》，硕士学位论文，山东大学，2017年。

金艳霞：《山东聊城地区木板大鼓的研究》，硕士学位论文，聊城大学，2017年。

孔祥波：《京杭运河济宁段航运遗产滨水景观再生设计研究》，硕士学位论文，山东建筑大学，2019年。

李翠甜：《李成银武学思想阐微》，硕士学位论文，山东师范大学，

2014年。

李建君:《聊城运河旅游资源开发研究》,硕士学位论文,扬州大学,2012年。

李丽明:《聊城地区传统民居文化研究》,硕士学位论文,东北林业大学,2012年。

李龙骁:《德州地区运河船号调查与研究》,硕士学位论文,山东大学,2017年。

李宁:《中国传统武术可持续发展研究》,硕士学位论文,山东师范大学,2009年。

梁辰:《山东聊城"运河秧歌"艺术特征研究》,硕士学位论文,聊城大学,2014年。

林琳:《山东聊城八角鼓音乐形态研究》,硕士学位论文,内蒙古师范大学,2008年。

刘东:《运河河道及周边环境的治理研究——以会通河临清段为例》,硕士学位论文,聊城大学,2016年。

刘国正:《水环境影响下的山东运河区域传统文化景观研究》,硕士学位论文,北京林业大学,2018年。

刘昆:《临清贡砖烧制技艺保护研究》,博士学位论文,中国艺术研究院2015年版。

刘影:《聊城传统民居建筑艺术文化研究》,硕士学位论文,青岛理工大学2015年版。

马丽林:《传统手工技艺与民众生活变迁——以临清贡砖制造业为例》,硕士学位论文,山东大学,2016年。

牛津:《大运河遗产判别与登录方法研究:以大运河山东济宁段为例》,硕士学位论文,北京大学,2009年。

商怡:《山东德州运河号子研究》,硕士学位论文,聊城大学,2016年。

沈涛:《先秦时期齐鲁体育文化研究》,硕士学位论文,陕西师范大学,2007年。

史晓玲:《明清时期聊城商业发展与城市变化》,硕士学位论文,聊城大学,2014年。

宿宁:《山东省传统武术发展现状及对策研究》,硕士学位论文,曲阜师范大学,2011年。

谭淡：《济宁城南运河沿岸民间传说探析——以村落传奇人物传说为例》，硕士学位论文，南京师范大学，2011年。

唐慧超：《大运河遗产廊道构建——以大运河聊城段为例》，硕士学位论文，北京大学，2009年。

唐志云：《制约传统武术发展的因素分析与对策研究》，硕士学位论文，广西师范大学，2010年。

王明建：《武术发展的社会生态与社会动因：以村落武术为研究个案》，博士学位论文，上海体育学院，2013年。

王颖：《聊城"运河伞棒舞"的功能研究》，硕士学位论文，福建师范大学，2017年。

王哲：《临清时调研究》，硕士学位论文，河南师范大学，2011年。

吴彬：《台儿庄古城地方饮食文化资源的旅游开发》，硕士学位论文，青岛大学，2017年。

许士红：《运河（聊城段）三种民间乐舞的变迁研究》，硕士学位论文，哈尔滨师范大学，2016年。

于敏：《聊城八角鼓传播研究》，硕士学位论文，中国传媒大学，2008年。

于秀慧：《聊城八角鼓变迁研究》，硕士学位论文，聊城大学，2016年。

昝金波：《齐鲁传统武术分布现状及发展对策研究》，硕士学位论文，中北大学，2011年。

翟继萍：《临清肘捶的历史传承与保护研究》，硕士学位论文，山东体育学院，2016年。

张超：《大运河山东段古桥遗产价值与保护策略研究》，硕士学位论文，北京建筑大学，2019年。

张翠芳：《京杭运河聊城段城市旅游竞争力评价及提升对策研究》，硕士学位论文，聊城大学，2019年。

张凤英：《济宁市体育非物质文化遗产保护现状的研究》，硕士学位论文，聊城大学，2014年。

张辉：《山东省冠县查拳运动发展现状的调查分析和对策研究》，硕士学位论文，上海交通大学，2011年。

张健健：《山东省冠县张氏查拳的传承与发展研究》，硕士学位论文，青海师范大学，2016年。

张静静：《京杭运河山东段体育旅游资源开发研究》，硕士学位论文，中国矿业大学，2016年。
张乐：《山东运河流域传统武术文化传承与发展研究》，硕士学位论文，山东师范大学，2018年。
张钦：《枣庄市运河文化资源的旅游开发》，硕士学位论文，中央美术学院，2017年。
张晓园：《聊城八角鼓调查研究》，硕士学位论文，河北大学，2008年。
张志成：《非物质文化遗产视角下的山东传统武术研究》，硕士学位论文，山东师范大学，2011年。
赵富斌：《知识产权视野下的传统武术保护》，硕士学位论文，上海体育学院，2013年。
赵浩辉：《文化生态视域下山东省民族民间体育的保护、继承与发展研究》，硕士学位论文，曲阜师范大学，2013年。
赵静：《山东运河沿线城市空间形态解析及济宁运河遗产活化研究》，博士学位论文，天津大学，2017年。
赵娜：《山东胶州秧歌研究》，硕士学位论文，山东师范大学，2010年。
赵鹏飞：《山东运河传统建筑综合研究》，博士学位论文，天津大学，2013年。
赵一诺：《文化线路视角下京杭运河沿岸古镇保护发展探究——以山东段微山湖区域南阳古镇为例》，硕士学位论文，中央美术学院，2017年。
周保分：《现代武术发展研究》，硕士学位论文，山东师范大学，2009年。
朱会芳：《女神文明的解构与重塑：山东德州四女寺传说研究》，硕士学位论文，内蒙古师范大学，2019年。

后　　记

　　我本身是历史专业出身，从事运河文化遗产研究纯属偶然。我的家乡是山东临沂南部的一个小村庄，这里并不靠运河。小的时候，除了书本上所看到的大运河地图外，对贯通南北的大运河并没有什么直观印象。2009年9月本科毕业后，我考入徐州师范大学历史文化与旅游学院，跟随杨绪敏教授攻读中国古代史专业硕士学位。在杨老师的指导和帮助下，选择将明清时期徐州运河与区域社会作为自己硕士学位论文的研究对象，从此与运河结下不解之缘。

　　2015年7月博士毕业后，我直接来到聊城大学运河学研究院工作。研究院秉持延续多年的学术传统，每年都会组织多次田野考察。五年多的时间里，我们先后考察和走访了山东运河沿岸的德州、聊城、东平、济宁、枣庄等地。在考察过程中，看到那些历经沧桑的运河历史遗迹，对运河文化也有了更多的感悟。多年的田野考察和耳濡目染让我运河文化遗产产生了浓厚兴趣。从2018年开始，我决定立足自己熟悉的山东运河，撰写一本有关运河文化遗产保护、传承和利用的著作。在接下来一年多的时间里，我一直在做搜集资料、撰写论文等工作。由于之前没有任何的专业背景和研究基础，刚刚涉足这一领域时，感觉有些手足无措，曾一度想过要放弃。2019年初，中共中央办公厅、国务院办公厅联合印发《大运河文化保护传承利用规划纲要》，为运河文化遗产的保护、传承和利用提供了难得的历史机遇，也让我看到了从事运河文化遗产研究的光明前景。同年12月，中共中央办公厅、国务院办公厅联合印发《长城、大运河、长征国家文化公园建设方案》，并要求沿运各省市积极贯彻实施。该《方案》颁布后不久，山东省发展和改革委员会委托研究院编写《山东省大运河国家文化公园建设保护规划》（建议稿）。我有幸成为课题组成员，并参与了其中部分内容的编写。在编写过程中，接触到了大量有关山东运河文化遗产的政策性资料，为我开展此项研究打下了坚实的资料基础，在此也向省发改委的各位领导和同志表示感谢。2020年2月，该选题获得山东省社会科学规划项目资助，坚定了我继续从事该项研究的信心和勇气。至同年8月，书稿初步完成。又经过半年多的修改和完善，最终有了这本小书。自己研究运河文化遗产完全是"外行"，当书稿真正呈现在眼前，内心在感到忐忑不安的同时，也充满了兴奋和感激。

首先要感谢丁延峰副院长、郑民德副院长、王云教授、李泉教授、吴欣教授、罗衍军教授、杜宏春教授以及聊城大学人文社科处张兆林老师等领导和同事对我的关心、支持和帮助。2016年6月，我有幸跟随山东大学历史文化学院马新教授从事博士后相关研究。在做博士后期间，得到马老师的悉心指导和大力帮助，在此也向马老师致以深深的谢意。书中参考和引用了部分学者的研究成果，在此也一并表示感谢。此外，还要感谢中国社会科学出版社的安芳等老师为本书的出版所做的努力。

最后要感谢我的家人。岳父、岳母任劳任怨，承担起做饭、照看孩子等家务，对他们的感激无法用言语表达。还要感谢远在故乡的父亲、哥哥，他们的关心和支持激励我不断前行。要特别感谢的是我的妻子王双双博士，为了让我能够安心写作，她牺牲了自己很多的时间和精力，为我创造了一个良好的写作环境。女儿若楠天真可爱，在我写作过程中，给我带来了许多惊喜和乐趣。2020年2月20日，儿子铭泽降生，也给我的写作带来莫大动力。本书出版之时，不知不觉已36岁，在此也感谢所有在我学术成长道路上关心和帮助过我的人，是为记。

胡梦飞

2020年12月于聊城